副总主编朱亚兵先生简介

1974年5月生，毕业于复旦大学经济学院获经济学博士学位、西安建筑科技大学获工学学士和硕士学位。现任上海立信会计学院监察处处长、副教授，兼任上海立信会计学院投资建设研究中心副主任、上海基建优化研究会理事及房地产委员会副秘书长。主要研究方向为拍卖理论及其运用，在基建投资、土地与房地产政策、国有企业改革、教学管理与教学研究、党建与思政等相关研究领域发表论文近20篇，主持各级各类研究课题近10项，主编教材《房地产开发企业经营与管理》，出版专著《产权竞争与国企改制》，参与编写《房地产开发与经营》、《房地产现代建设工程与造价》、《审计风险管理研究》等教材和专著多部。现正参与总主编"沪江商学丛书"、"立信投资与建设丛书"和"新世纪经济管理博士丛书"等。

副总主编陈远腾先生简介

1960年8月生，广东人，高级信用管理师。先后就读于中央广播电视大学、美国纽约大学。在政府机关工作8年。1987年投身商界，历任深圳服装集团党委委员、办公室主任兼地产部经理，深圳艺丰实业集团股份有限公司董事副总裁，香港潮江城控股有限公司董事总经理，现任上海凯基置业有限公司董事长，有二十多年房地产投资和物业管理经验。现为上海基建优化研究会理事，《基建管理优化》理事会副秘书长，上海企业家协会理事，中国物业管理协会理事，中国中小型企业协会理事，上海市物业管理招投标评标专家，上海立信会计学院投资建设研究中心兼职教授。曾参与出版的专著：《物业管理学》、《物业管理学案例集》（高等教育出版社）；《物业管理市场营销学》、《物业管理企业经典案例》（清华大学出版社），并在《中国物业管理》等刊物发表多篇论文。2005年获中国优秀民营企业家和共和国经济建设功勋人物称号，2006年获中华慈善之星称号。现正参与总主编"沪江商学丛书"、"立信投资与建设丛书"和"新世纪经济管理博士丛书"。

副总主编李懿先生简介

副总主编俞冲先生简介

1971年4月生，同济大学学士、硕士，上海交通大学管理学博士。高级经济师、高级工程师、国家注册房地产估价师。现担任上海市基本建设优化研究会常务理事、上海立信会计学院投资建设研究中心兼职教授，研究方向为房地产及工程项目管理，专著有《房地产宏观金融制度分析》，并在《上海金融》、《管理科学》、《预测》等学术刊物上发表过多篇文章。在专业管理领域中，现担任上海平土实业（集团）有限公司总经理，带领集团公司开发过多个优秀的房地产项目，取得很好的经济和社会效益，并成功进行了多项投资。在社会事业领域中，还担任同济大学发展基金会理事，并担任中国科技管理研究院理事，为教育科技事业的发展作出了自己的一份贡献。他十分重视企业文化，现正参与总主编"沪江商学丛书"、"立信投资与建设丛书"和"新世纪经济管理博士丛书"。

1971年10月生，毕业于中国空军工程管理学院，工商管理硕士。现任上海冲佳电力工程安装有限公司董事长、总裁。兼任《基建管理优化》理事会副秘书长，英国专业管理协会会员。他长期从事电力工程投资与建设研究，并有丰富的实践经验和管理能力，参加过第四届、第五届中国管理学家论坛暨中国管理创新大会，发表论文多篇，主编《全国投资与建设研究成果集》等著作，正在参与编辑《证券投资学导论》、《中国证券投资基金业绩控制》、《企业投融资》、《建设工程项目管理》、《房地产经营管理》等著作。已获得英国高级经理证书。公司在他的领导和管理下，通过了ISO9000：2000版质量管理体系论证，获得多项优秀工程嘉奖，为电力事业作出了卓有成效的贡献，多次受到有关部门的嘉奖，并荣获"有突出贡献优秀青年企业家"的称号。现正参与总主编"沪江商学丛书"和"立信投资与建设丛书"。

新世纪经济管理博士丛书

基于认知演化视角的

企业技术创新研究

湛 泳 著

上海财经大学出版社

图书在版编目(CIP)数据

基于认知演化视角的企业技术创新研究/湛泳著.—上海:上海财经大学出版社,2014.1
(新世纪经济管理博士丛书/黄汉江总主编)
ISBN 978—7—5642—1656—6/F.1656

Ⅰ.①基… Ⅱ.①湛… Ⅲ.①企业管理—技术革新—研究 Ⅳ.①F273.1

中国版本图书馆 CIP 数据核字(2013)第 114659 号

责任编辑: 张小忠
封面设计: 周卫民
责任校对: 卓 妍 廖沛昕

JIYU RENZHI YANHUA SHIJIAO DE QIYE JISHU CHUANGXIN YANJIU
基于认知演化视角的企业技术创新研究

湛 泳 著

上海财经大学出版社出版发行
(上海市武东路 321 号乙 邮编 200434)
网 址:http://www.sufep.com
电子邮箱:webmaster@sufep.com
全国新华书店经销
常熟市兴达印刷有限公司印刷装订
2014 年 1 月第 1 版 2014 年 1 月第 1 次印刷

850×1168 1/32 11.875 印张(插页:1) 297 千字
印数:0 001-2 100 定价:35.00 元

委　员

马　一	国家发展改革委员会投资研究所研究员
马志福	国家发展改革委员会投资研究所研究员、经济学博士后
王宏经	西安建筑科技大学教授、《基建优化》总编辑
王洪卫	上海财经大学副校长、教授、博导
王剑琴	华南理工大学管理系教授
王新友	同济大学教授、博导,上海东江集团公司总裁
方荷生	苏州大学财经学院教授
甘培根	中国人民银行总行金融研究所原所长、研究员
石礼文	上海建工集团原董事长、教授级高工
龙英锋	上海立信会计学院文法学院院长、教授博士
史立辉	上海京兆置业有限公司董事长、博士、客座教授
卢　谦	清华大学教授、深圳大学教授
卢祖安	国家统计局投资统计司副司长、高级统计师
白　瑛	国家建设部著名建筑管理学家
付文军	中国基本建设优化研究会副会长兼秘书长、博士
冯　彬	对外经济贸易大学国际经济研究所副所长、教授
吕长江	吉林大学商学院副院长、教授、博导
伍　平	湖南大学教授
庄俊鸿	江西财经大学教授
关振民	东北财经大学教授
刘红薇	国家财政部部长助理、高级会计师
刘启瑞	国家财政部预算司原副司长
刘学敏	天津商学院教授
刘隽亭	天津商学院教授
刘惠生	山西财经大学教授
朱亚兵	上海立信会计学院监察处处长、副教授、博士

孙兆康	西安交通大学教授
杨　劲	重庆大学建筑学院管理学教授
杨兰茹	国家建设部审计局局长、高级经济师
杨季美	西南交通大学管理学教授
李　懿	上海平土实业集团总经理、高工、博士、客座教授
李云峰	国家电网经济技术研究院战略所长、博士、研究员
李启明	东南大学土木工程学院副院长、教授
李慧中	复旦大学经济学教授
邱元拔	集美大学副校长、教授
何　征	重庆大学建筑学院管理学教授
何万钟	重庆大学建筑学院管理学教授
邱华炳	厦门大学经济学院教授、博导
沈荣芳	同济大学管理学院原院长、教授
应望江	上海财经大学教授、博士
邵以智	中国人民大学教授
陈康民	上海理工大学原校长、教授、博导
陆　鸣	上海市浦东新区副区长、高级经济师、客座教授
陆海平	原上海市建设委员会副主任、教授级高工
张　达	中央广播电视大学第一副校长、教授
张屹山	吉林大学商学院院长、教授、博导
张华镛	安徽大学经济学院副院长、教授
陈伟峰	上海瀛通(集团)有限公司董事长、客座教授
陈远腾	上海凯基置业有限公司董事长、客座教授
陈霜华	上海金融学院国际贸易系常务副主任、教授、博士
武克敏	上海对外贸易学院党委书记、教授
林　勇	中国人民大学教授、博士
林少培	上海交通大学建筑学院教授
林应清	上海市房地局副局长、高级工程师、客座教授

罗永泰　天津财经学院首席教授、博士

金润圭　华东师范大学商学院原院长、教授、博导

郎荣燊　中国人民大学教授

赵国杰　天津大学管理学院教授、博导

赵海宽　中国人民银行总行金融研究所原所长、研究员

赵铁生　天津大学管理学院副院长、教授

郝文贤　内蒙古财经学院教授

胡　昊　上海交通大学建工学院教授、博士后

侯　昶　南京工业大学教授

俞　冲　上海冲佳电力工程安装有限公司董事长、客座教授

姚梅炎　中央财经大学教授

聂名华　中南财经政法大学教授、博导

顾士俊　浙江大学教授

顾孟迪　上海交通大学管理学院教授、博导

钱从龙　东北财经大学教授

钱昆润　东南大学教授

徐　衡　天津财经学院教授

徐文通　中国金融学院原院长、教授

徐君如　贵州财经学院教授

唐海燕　上海立信会计学院院长、教授、博导

郭康玺　沪港国际咨询集团有限公司董事长、兼职教授

黄汉江　《基建管理优化》总编辑、上海立信会计学院工商管
理学院院长、原上海理工大学投资与建设学院院长、
教授、荣誉博士、博导、政协委员

黄良文　厦门大学教授

盛松成　中国人民银行上海分行原副行长、博导、教授

屠梅曾　上海交通大学管理学院系主任、教授、博导

葛玉辉　上海理工大学管理学院教授、博士

董肇君　天津城市建设学院管理系主任、教授
景宗贺　原中国建设银行投资研究所所长、研究员
傅建华　上海浦东发展银行原行长、高级经济师
雷良海　上海理工大学管理学院总支书记、教授、博导
雷仲篪　中南财经政法大学教授
廖　承　湖南大学教授
臧新民　上海浦东新区人民政府副区长、高级工程师
樊行健　西南财经大学副校长、教授、博导
潘正汇　山东经济学院教授
潘其昌　上海华晖建设集团董事长、总裁、高工、客座教授
戴复东　同济大学高新建筑技术研究所所长、教授、院士

总　序

　　人类进入 21 世纪,就进入了科学技术突飞猛进的新时代、进入了知识经济迅速兴起的新时代。为应对新世纪知识经济的挑战,人类必须坚持科学创新、技术创新、管理创新、理论创新和知识创新。因而,我们诚邀经济学博士和管理学博士们撰写"新世纪经济管理博士丛书",以传播创新的经济管理前沿知识。"新世纪经济管理博士丛书"由上海市基本建设优化研究会、上海基本建设优化研究所、《基建管理优化》编辑部和上海立信会计学院工商管理学院、投资建设研究中心等单位联合组织编纂。

　　上海市基本建设优化研究会成立于 1985 年,原名中国基本建设优化研究会上海分会,由上海市市委宣传部批准,属上海市社会科学界联合会成员,系学术性社会团体。本会的宗旨是遵守宪法、法律、法规和国家政策,遵守社会道德风尚,应用国内外先进的优化理论、方法,积极开展基建优化研究,为我国尤其是上海的现代化建设贡献力量。该研究会会员遍布上海投资与建设领域,其理事会由浦东新区人民政府、上海市建设委员会、上海市计划委员会、上海市教育委员会、上海市财政局、上海市民政局、上海市市政工程管理局、上海市房地局、宝钢集团、上海市建工集团、上海市房地集团、上海市城建集团、上海市建材集团、中国建设银行上海市分行、上海各大建筑设计院、国家有关部委建筑设计单位和建筑局(公司)、复旦大学、交通大学、同济大学、上海理工大学、上海财经大学、华东理工大学、上海大学、华东师范大学、上海社会科学院、上海立信会计学院等领导、专家、学者、教授组成。

　　上海基本建设优化研究所于 1992 年由上海市市政工程管理

局批准成立，主要从事基建领域四技服务和基建设计优化、基建施工优化、基建投资优化、基建管理优化等方面的科学研究，同时也参与策划、编纂本专业方面的著作、教材、工具书等。

《基建管理优化》创刊于1989年，立足上海、联合华东、面向全国，拥有全国一流的基建管理研究阵营：国家有关部委领导任顾问；220多名副教授、高级工程师等以上职称的专家、学者组成的编辑委员会；110多名教授、研究员等全国著名专家、学者和厅局级以上干部组成的常务编委会。真是精英荟萃！《基建管理优化》得到了国家建设部、国家财政部、国家发改委、国家新闻出版总署、国家铁道部、国家统计局、中国建设银行、中国建筑总公司等有关部门领导或专家、学者的大力支持；得到了中央党校、清华大学、中国人民大学、复旦大学、交通大学、同济大学、上海理工大学、上海财经大学、上海大学、华东理工大学、华东师范大学、上海立信会计学院、浙江大学、南京大学、东南大学、南京工业大学、厦门大学、天津大学、重庆大学、哈尔滨建筑大学、深圳大学、东北财经大学、中南财经政法大学、中央财经大学、对外经济贸易大学、西南财经大学、江西财经大学、湖南大学、山西财经大学、西安交通大学、天津财经学院、贵州财经学院、新疆财经学院、浙江财经学院、山东经济学院、天津商学院等40多所大专院校领导或学者、教授的大力支持；得到了中国社会科学院、国家发改委投资研究所、中国建设银行投资研究所、冶金部建筑研究总院以及《求是》杂志等30多个研究机构领导或学者、专家的大力支持。该刊主要研究投资经济管理、基建经济管理、建筑经济管理、房地产经济管理、市政工程经济管理等学科。

上海立信会计学院是上海市人民政府举办的全日制普通高等院校，其前身为立信会计专科学校，由"中国现代会计之父"、教育家潘序伦先生始创于1928年，并在教育实践过程中，开辟了会计学校、会计师事务所、会计图书用品社三位一体的办学模式。1952

年,全国院系调整时,学校同其他财经院校合并。1980 年复校,隶属于上海市人民政府。2003 年设置上海立信会计学院。

学校有松江和徐汇两个校区,占地面积 828 亩,总建筑面积近30 余万平方米,校园风景秀美,设施一流,是求学求知的理想之地。拥有管理学、经济学、理学、法学、文学五个学科门类,设有会计与财务学院、工商管理学院、金融学院、财税学院、经贸学院、数学与信息学院、外语学院、文法学院、高等职业技术学院、继续教育学院、思政教研部和体育教学部 12 个教学院部,现有会计学、财务管理、工商管理、国际经济与贸易、金融学、英语等 22 个本科专业,教职工 800 余人,其中教授 42 人、副教授 140 余人。全日制在校学生 1 万人。

工商管理学院下设工商管理研究所、市场营销研究所和房地产开发管理研究所,开设的主要专业为市场营销、工商管理和房地产开发与管理。学院具有较强的师资队伍,副教授以上职称者占60%,教授占 16%,具有博士学位的专业教师的 80%。许多教师具有丰富的理论和实践经验,并积极从事教学和科研工作。近 5年来,学院教师在各类期刊发表论文近 200 篇,出版各种专著与教材 80 多部,并取得了许多重大的成果,多项获得全国以及地区性和行业类奖励。工商管理学院将继承优良传统,使之发扬光大,并在实践中不断创新、不断赋予其新的内容。

投资与建设研究中心实行产、学、研联合办学的新体制,使产业、教学、科研密切结合,使理论与实践密切结合,切实提高教学质量和科研水平,培养出符合我国现代化建设需要的专业人才,迎接知识经济新时代的到来。该中心与有关投资单位、建设单位、设计单位、建筑安装企业、建筑装饰企业、市政建设企业、房地产公司等多种投资与建设公司以及有关科研单位紧密联合,建立师生科研基地、学生实习基地和就业基地。

"新世纪经济管理博士丛书"编辑委员会委员主要来自相关财

经大学和有关综合性大学的经济管理学界的知名学者和教授以及国家有关部委的知名专家、学者。其作者均是经济学或管理学博士或博士后。

我们真诚地预祝"新世纪经济管理博士丛书"的编纂工作圆满成功！同时衷心感谢丛书顾问、领导、编委和作者们的大力支持和热情关心！

新世纪经济管理博士丛书

总　主　编：黄汉江

2014 年 1 月

前　言

　　技术创新理论已成为众多学科研究的共同兴趣所在,但由于技术创新的复杂性和经济学传统的惯性,技术创新研究至今还远未跻身于正统经济学的主流。主要原因在于,技术创新测度的不确定性与复杂性,其作为经济系统的内生变量难以量化,阻碍了其进入正统经济学分析的范式。目前的研究,主要关注松散的技术创新的各个侧面,尚未建立一个更广泛、更有效的分析框架。为更好地理解技术创新的本质,需要对认知有更深入的了解。

　　正如我们所知,认知是指那些使主体获得知识和解决问题的操作和能力,即认识和知识,既包含了一种动态性的加工过程(认识),也包含了一种静态性的内容结构(知识)。然而,经济学理论中对认知的研究一直被忽视。主流经济学和新制度经济学出于各自的理由都忽略了认知的研究。在主流经济学看来,对认知的研究属于心理学的范畴,而新制度经济学之所以忽略对认知的研究,则是建立在这样一种逻辑基础之上:产权结构或者契约关系决定了对经济主体的激励结构,而受到激励的主体本身就会产生选择行为,即在"产权—激励—行为"的逻辑中,没有为认知的存在留下空间。从认知的视角对技术创新进行研究,有利于把握创新的真正内在机制和本质,从而对技术创新有一个全新的动态认识。无论对企业创新活动的开展,还是国家政策的制定,都会产生重要的积极影响。由此可见,从认知的角度研究技术创新等问题具有理论和实践上的必要性,但总的来说,这方面的研究还很少。

　　基于上述原因,本书是在综合哲学、认知心理学、社会学、管理学和脑科学的研究基础上,采用从个体到组织、层层推进的研究方法,从认知的角度分析了企业的技术创新。

本书的主要内容如下:

第一,对技术创新理论和认知理论进行了回顾与评述。首先,评述技术创新理论的演进与发展过程,以及研究技术创新的多维度视角。其次,分析认知经济学的研究内容和方法。认知经济学是研究通过对环境的感知来提取信息的过程以及通过交流生产知识的一门学科。认知经济学与演化经济学关系密切。认知科学对技术创新的贡献主要在于描述了技术轨道的产生,也为创新经济学提供了新的研究方法。波兰尼(Polanyi)的知识理论、西蒙(Simon)等学者对有限理性及企业本质的阐述、哈耶克的心智理论及学习理论都构成了技术创新研究的基础。

第二,从认知心理学和社会学分析了知识的性质和特性。技术创新用认知来诠释的话,它的本质是一种技术知识的生产。因此,理清知识的一些相关问题,是以认知为根据来分析企业技术创新的基础性前提。首先,从认知心理学的角度阐述了知识的建构与表征以及知识与创新力的关系。其次,阐述了知识的特性:语境依赖性、默示性、离散性、路径依赖性。再次,从认知的角度结合组织学和管理学的方法将知识分为三类:明示性知识与默示性知识、个体知识与组织知识、科学知识与技术知识。最后,探讨了知识存在的脑神经科学证据。

第三,研究了认知学习与技术创新的关系。企业技术创新与认知学习是必然联系在一起的,企业技术创新是一个将新思想、新设计引入生产体系的过程。这一过程,离不开大量的理论与实践、成功与失败的试验。从本质上来讲,技术创新是一个动态的学习过程。在这里,认知学习的结果即表现为技术知识。如何通过认知学习获得知识并形成合理有效的心智模式(隐性知识)是认知学习的最终目的,也是企业技术创新的基本要求。为此,首先,本书阐述了认知学习的哲学和心理学基础,指出认知学习不是认知主体对已存在的所谓客观的认知客体所进行的简单摹写,而实际上是一个认知主客体之间相互作用的过程。其次,研究了个人认知学习机制与组织认知学习机制。从系统建构认知的角度来看,学习是学习者主动地建构内部心理表征的过程,建构一方面是对新信息的意义的建构,另一方面又包含对原有经验的改造和重组。通过学习,个人改变了知识存量和认知结构,从而相对突破有限理性的约束。组织学习不同于个人认知学习,但是,组织学习离不开个体成员的学习过程,以个人学习为基础的组织学习是提高组织创新能力的必要手段。最后,对技术创新进行了个体认知分析,通过案例研究了技术创新的认知机制,提出了技术创新的脑科学证据。

第四,提出了企业技术创新的认知演化机制。企业技术创新过程不同于个体的心智创新理论,它是发生在组织环境之下的。首先,本书探讨了企业认知理论的渊源,认为企业是一个自动生成的认知系统,具有一定的创造力。其次,分析了企业技术创新中的企业家主体的认知特征,企业家与非企业家的不同认知特征是在后天环境中形成的。再次,提出了企业技术创新的认知模型,认为生产者的、用户的、媒介的解释系统相互作用塑造了技术的变化。由于生产者、用户、媒介的不同历史背景形成不同的认知框架,造成了他们对技术的不同解释,因而推动了技术的演化。最后,通过PDA案例分析,进一步论证了生产者的、用户的和媒介的解释系统在新技术演化过程中相互作用的方式。

第五,阐述了技术创新的认知特征与创新型组织的构建。由于企业是一种组织,企业内的各种经济活动,包括技术创新活动,都是通过组织的不同单元来实现的。企业组织的不同设计,决定了企业内不同部门的联系方式,自然会影响企业技术创新活动的绩效。因此,寻求一种最佳的组织设计,以有效推动企业的技术创新是一个非常重要的课题。首先,本书从知识的角度阐述了组织设计的基本理论,不同组织结构形式的出现和更替可以看做是知识总量、知识结构和知识特性发生变化的必然结果,同时也分析了技术创新认知特征对创新型组织结构的要求,即创新型组织结构必须在"探索"和"利用"中寻求平衡。其次,分析了创新型企业组织创新能力的构成要素:吸收能力、转化能力、学习能力,并以此构建技术创新的企业组织模式。最后,根据技术创新的认知观点构建了创新型组织先进性的评价体系。

第六,重新构建了企业技术创新的认知环境。技术创新是一个复杂的系统认知建构过程,它需要创新主体与创新环境的共同参与。技术创新系统本身所具有的开放性、自组织性等特征,客观上要求系统与环境相适应。因此,只有培育适应技术创新特征的企业内部和外部创新环境,才能促进企业技术创新系统的发展。

本书的理论贡献与主要创新概括如下:

1. 本书对企业的性质从新的视角进行了研究,提出了不同于传统理论的新观点。传统企业理论要么把企业视为一个黑箱,要么把企业视为与市场等价的知识和信息的加工和转化器,都没有从知识和信息的创造主体出发认识企业,从而无法解释企业的竞争力来自何处。本书认为,企业实际上是一个通过知识创造形成自我创新能力的认知系统,企业的成长和竞争力的形成均是基于企业的独特的认知模式和知识创造能力。该观点丰富了现代企业理论对企业性质的研究。

2. 本书从认知的角度对技术创新机制进行了探讨,提出企业技术创新既是默示知识与明晰知识在企业组织内相互转化、相互作用的过程,也是个体知识与组织知识相互转化、相互作用的过程,默示知识的转化是创新的关键,这个过程通过个体学习和组织学习来完成。在创新过程中,企业中个体采用的是认知启发式策略,即在创新过程中,创新思维过程与"手段—目的"启发式策略类似,找出问题空间中问题的初始状态和目标状态(理想状态)之间存在着的差距,确定缩小差距的子目标,通过实现一系列子目标,最终达到目标状态,使问题得到解决,在问题解决过程中,科学知识起着重要的间接作用。该观点深化了对技术创新机制的认识。

3. 本书探讨了创新型企业组织创新能力的构成要素,分析了企业组织知识的存量、组织知识的性质以及组织知识的相互转化对技术创新的影响,指出吸收能力、转化能力和学习能力是创新型企业组织创新能力的构成要素,并以此为基础构建了创新型企业组织创新能力形成的评价体系。该观点具有创新性,它深化了对创新型企业组织创新能力形成机制的认识。

4. 本书探讨了企业技术创新的本质,认为企业技术创新在本质上是各种参与者与技术的系统建构过程。本书构建了一个企业技术创新的认知演化模型,指出在技术的演化过程中,生产者、用户、媒介的解释系统相互作用的方式决定着技术的演化方向。在此模型中,市场的参与者以某种方式察觉环境和技术人工制品,而这种察觉必然是复杂环境的简化表现。通过参与者的认知框架过滤,形成可供考虑的选择、决策和行动。然后,生产者和用户所采取的行动反馈到环境和技术的人工制品上并最终影响技术的变化。该观点的提出深化了对企业技术创新本质的认识,对探索提高企业技术创新能力的方式和途径具有重要的指导意义。

作　者

2013 年 6 月

目　录

总　序 ……………………………………………… （1）

前　言 ……………………………………………… （1）

绪　论 ……………………………………………… （1）

第一章　技术创新理论述评 ……………………… （14）

　第一节　技术创新理论述评 ……………………… （14）

　第二节　基于认知经济学的技术创新理论述评 ……… （42）

　第三节　结论与启示 ……………………………… （64）

第二章　知识与知识的性质 ……………………… （67）

　第一节　知识的含义 ……………………………… （67）

　第二节　知识的特性 ……………………………… （79）

　第三节　知识的分类 ……………………………… （88）

　第四节　知识的认知基础:脑神经科学的证据 ……… （105）

第三章　认知、学习与技术创新 ………………… （113）

　第一节　认知学习:哲学和心理学基础 ………… （113）

　第二节　个体和组织学习的认知机制 ………… （120）

　第三节　技术创新的认知机制 ………………… （147）

第四章　企业技术创新的认知演化机制……………………（168）

第一节　企业的创造力：认知系统理论的观点………（168）

第二节　企业家创新的认知模式………………………（184）

第三节　认知在企业技术创新中的角色：一个模型…（192）

第四节　PDA 案例研究 ………………………………（210）

第五章　技术创新与创新型企业组织的认知构建………（223）

第一节　创新型企业组织的知识基础论………………（223）

第二节　创新型组织的创新能力构成…………………（243）

第三节　基于技术创新的企业组织构建………………（255）

第四节　创新型企业组织的评价体系…………………（277）

第六章　企业技术创新认知环境的构建…………………（286）

第一节　企业技术创新内部认知环境的构建…………（286）

第二节　企业技术创新外部认知环境的构建

　　　　——政府的作用………………………………（297）

第三节　企业技术创新的文化环境构建………………（318）

参考文献…………………………………………………………（328）

后　记（一）……………………………………………………（350）

后　记（二）……………………………………………………（352）

攻读博士学位期间发表的学术论文与研究成果…………（353）

作者简介…………………………………………………………（355）

绪　　论

一、选题的背景与意义

本书拟从主体的认知视角对企业技术创新进行理论和实证研究。之所以选择这个题目，主要是基于现实和理论的思考。

（一）现实的背景

1. 技术创新已成为世界各国经济增长的重要引擎

目前发达国家以技术创新为核心的技术进步对经济增长的贡献率已达 50%～70%。技术创新在经济增长中的作用在历次产业革命中就已得到显现。在第一次产业革命中，蒸汽机的发明和应用是当时最大的技术创新，实现了生产动力的机械化，引发了一系列新的产业，工业急剧扩张，世界经济经历了一次发展高潮。在第二次产业革命中，电动机的发明和应用引发了一次新的全球技术创新浪潮，同样推动了工业化的飞速发展。第二次世界大战后，包括晶体管、微电子等在内的一系列技术创新使世界经济进入一个空前繁荣的阶段。20 世纪 90 年代以来信息网络技术领域一系列革命性的技术创新，深刻改变了全世界的面貌。一系列高新技术产业迅速崛起，高新技术在人们经济文化和社会生活中的应用也达到了前所未有的高度，对世界经济发展产生了巨大的推动作用。因此，技术创新研究成了许多学科共同探讨的前沿课题。不同的学者从不同的侧面、不同学科角度及不同方法进行了研究，力图更好地理解技术创新的机制和规律。

2. 我国企业创新能力弱，跟发达国家比还存在一定差距

改革开放以来，我国科技发展水平和产业结构的技术构成发生了重大变化，在科学技术领域取得了较大的成就。但总的来看，

面对日新月异的科学技术变革，面对日益强化的资源环境约束，面对以创新和技术升级为主要特征的激烈国际竞争，我国技术创新能力薄弱问题已成为发展的"瓶颈"制约。由于多年来我国经济实力和科技体制所限，我国企业一直未真正成为技术创新的主体，企业对技术创新的投入不足，使得我国企业的技术创新能力较低，难以获取由于技术创新所形成的垄断利润，严重制约了我国技术创新能力的发展。在衡量企业技术创新竞争力的 4 个指标中，我国与发达国家均存在较大的差距，主要表现在以下 4 个方面：第一，研发经费投入不足。目前，我国科技活动经费筹集额中政府资金的 80％左右用于科研单位和高等院校，而发达国家科技投入的 30％用于扶持企业，其企业研发费用一般不低于销售收入的 5％，中国工业企业的这一比例为 0.06％。很显然，科技投入、消化吸收经费的严重不足，制约了中国企业技术创新的步伐。第二，基础研究和应用研究经费投入增长缓慢。在 2011 年研发投入中，我国研发经费总量为 8 687 亿元，比上年增长 23％。研发投入强度（与 GDP 之比）虽然达到 1.7％，但与世界领先国家 3％左右的水平相比仍有较大差距。第三，从总体上看，我国企业的技术创新能力薄弱。我国 2.8 万多家大中型企业拥有研发机构的只占 25％，75％的企业没有专职人员从事研发活动。在我国发明专利申请中，外国企业申请量占 50％以上，在一些高技术领域，关键技术的专利申请基本上被国外企业垄断，如计算机类国外专利申请占 70％，生物技术类占 87％，信息类占 92％，半导体类占 90％。第四，创新经费外部来源不足。内部筹资是企业创新资金的主要来源，75％以上的创新经费来自企业内部筹资，而贷款只有 12％，政府资金、合作伙伴资金、资本市场资金合计不到 5％。我国企业面临着国内国外两个市场的竞争压力，要在激烈的市场竞争中占据一席之地，需要的不仅仅是应变能力，更需要占领自主创新的制高点。中央提出，加快提高自主创新能力，是"十一五"时期引导我国经济发展的重要任务,这是加快转变经济增长方式的迫切需要,是推动产业结构优化升级的迫切需要,是增强我国综合国力和竞争力的迫切需要,也是在激烈的国际竞争中从根本上保障国家经济安全的迫切需要。

3. 从我国现实情况来看,中国经济改革经历了三十多年的发展,取得了令人瞩目的成绩

回顾三十多年的发展历史,其中制度创新所带来的经济增长效果在总体上具有决定性的作用。展望我国经济与社会未来发展前景,制度创新仍将在一定范围内作为经济增长的重要因素,但我们必须清醒地认识到"制度创新效率将在一些领域呈递减趋势"。同时,在我国国民经济中一直处于重要地位的国有企业经过现代企业制度改革后,通过与资本市场发展相结合,逐步建立起完善的公司治理结构,为企业发展奠定了制度基础。随着我国社会主义市场经济体系的建立,特别是加入WTO后,面对越来越激烈的国际市场竞争,我国政府和企业越来越关注技术创新对我国经济持续稳定发展的巨大作用。特别是我国正处于经济转型时期,技术创新对于经济增长方式的转变、经济结构的调整和地区经济的协调均具有重要作用。因此,从企业间竞争的加剧、国民经济持续稳定增长的背景来看,研究技术创新有很强的现实意义。

(二)理论的背景

1. 创新理论已经成为微观经济理论中一个富有成果的专业领域

在过去的40年里,创新理论融合了产业组织理论、企业理论和区域经济学理论,已经形成了一个独特的研究领域,并成为微观经济增长理论的有机组成部分。与社会学、哲学、管理科学、生物学甚至是历史学的相互作用已经成为创新经济学持续发展的灵感源泉,为其带来新的启发。同时,研究方法的扩展和对某些观点的反复争论而使这一学派的内容进一步丰富,借助于自身特殊的工

具和研究方法,该学科能够研究一个社会中新观点的形成过程。

跨学科领域的专业化这一基本难题仍然是问题的核心。创新怎样进入市场,新事物如何在我们理解的经济和技术的相互作用中产生,全要素生产率怎样以及为什么会增长,企业和其他经济主体怎样引进新事物并对其做出反应,这些仍然是摆在我们面前的问题。

创新经济学的定义最早可以追溯到20世纪50年代剩余概念的引入。阿布拉莫维茨(Abramovitz, 1956)和索洛(Solow, 1957)认为,创新经济学在企业层次上解释的问题是,产出的增长过程不能简单地归结为在均衡条件下、单一稳定要素市场和不变规模报酬三重约束条件下生产要素的增加。剩余概念提出来之后,"吗哪"①、"轨迹"和"网络"这三种启发式隐喻的反复交替使用,已经对这一相互作用的过程作出了更加清晰的阐述。这一系列转变的存在可以沿着两个清晰的思路进行:一是外生性向内生性转变,二是从隐喻向概念的转变(Rosenberg, 2000)。

沿着第一个思路,我们可以看到由于外生的波动而导致的对技术变革的分析是如何与新古典经济学的正统方法保持一致的。有关内生性的所有假设提出了经济体系动态规则的递增问题。从产品生命周期开始,到后来的技术轨迹,再到后来的技术路径都集中对创新出现和产生的非均衡条件进行了分析。互补性和相互影响的动态性不能完全由价格机制所调节,但系统分析利用网络思想则很好地解决了这一问题。据此,创新经济学偏离了新古典教科书关于经济体系运行的基本规则的理解。

沿着第二个思路我们可以看出,每一种隐喻都蕴涵着丰富的经济学概念。"吗哪"有助于研究新技术外生引入的非对称性,产品生命周期和轨迹为理解累积性、不可逆性以及局部技术变革的

---

① 《圣经》中所说的古以色列人经过荒野时所得的上帝的食物。

作用铺平了道路,网络促进了对系统方法必要性的理解,以便于分析互补性和相互依赖性形成的网络。上述每一个概念都与企业和技术有关,并且不能够完全由价格机制所甄别。

创新理论在经过长期不同思路的研究后,于 20 世纪 80 年代末开始走向综合,最重要的标志是创新系统理论的提出。创新系统理论融合了创新的动态性和复杂性,并在此基础上进一步提出技术和制度是相互作用的,系统的关键要素是知识、学习、能力,创新系统理论还从微观基础解释复杂系统的行为。它是一种思维的模式,应用这种模式,学者们能以全新视角来深入观察一个经济体的发展,而不仅仅像主流经济学一样把经济内部的相互作用当作一个不可知的"黑箱"。创新系统理论认为,认知客观世界所得知识,把知识消化吸收后所形成的能力及促进知识创造的学习是一个经济体成长最重要的因素,而不是传统经济学所强调的有形资产的投资。在知识体系中,创新系统理论最强调默示性知识,因为它是不易编码和转移的,是一个经济体竞争力的基础。在学习活动中,创新系统理论在强调"干中学"和"用中学"的基础上,还非常重视专门的知识生产者的作用,以及技术基础结构、教育基础结构和通信基础结构的作用。由于创新能够打破经济增长的黑箱,因此,相关研究者认为创新系统的研究具有很好的政策指导意义。

当前,创新经济学已经取得了重大成就,有必要建立更广泛的分析框架以及扩充其启发式能力。创新经济学已经发展出一套重要的工具和论点,能够帮助我们理解企业技术创新并且引进和吸收技术创新的机制。

2. 工业经济范式向知识经济范式的转变

在技术创新研究领域,多茜(G. Dosi)从类比库恩的科学范式范畴中提出了"技术范式"的概念。她将技术范式界定为"解决所选择的技术问题的一种模型或模式",后来,又将其扩展到技术经济领域,认为技术范式规定了将要完成的任务要求、完成任务的科学原理以及所利用的物质技术。换言之，"技术范式是特定的技术经济问题的解题模式"。在此基础上，弗里曼(C. Freeman)和佩雷兹(C. Perez)提出并详细阐述了"技术—经济范式"的新概念。"技术—经济范式"用来描述一个从一系列技术可行的创新组合中进行经济选择的过程。"技术—经济范式"的变革不仅导致一系列新产品的出现，而且影响创新的结构和条件，导致企业行为的"量子式跃迁"。由此可见，"技术—经济范式"的变革意味着技术创新范式的转换。

以信息技术为核心的新技术革命正在导致一场从工业经济范式向知识经济范式的变革。这使得技术创新的内涵和条件正在发生深刻的变化。贝尔(D. Bell)认为，关于新的信息技术最为根本的事实是，它产生了一系列遍及社会各个方面的变革并且更新了全部旧的关系；它拓展了竞技场，增多了行动者，加快了交易的速度和易变性。弗里曼指出，当代范式的变革可以看做是一种技术转换，即从主要基于便宜的能量输入的技术，转换为以压倒性优势的基于微电子技术和通信技术所驱动的便宜的信息输入的技术。吉本斯(M. Gibbons)等人认为，当代"技术—经济范式"的变化包括三方面的内容：一是设计者、工程师和管理者解决经济问题的基本方法的转变，二是生产中的关键要素可以在全球范围内低成本地获取，三是不仅影响特定的产品、过程和服务，而且影响企业和产业的组织和结构。罗斯韦尔刻画了信息技术发展给技术创新带来的新特征：更多地使用专家系统来辅助创新决策，利用仿真模型技术部分替代实物原型，一体化的计算机辅助设计，柔性制造系统的应用，企业的战略联盟。罗杰斯(Debra M. A. Roagers)提出了"知识创新系统模型"。他强调："新的创新系统必须使信息和知识的流动通过合作、网络化团体在虚拟组织中达到最佳化"。基于新的"技术—经济范式"，技术创新的本质理应得到更加深刻地揭示和阐述。

二、本书相关概念界定及说明

(1) 认知:认识和知识。它既包含一种动态性的加工过程(认识),也包含一种静态性的内容结构(知识)。认知具体是指那些能使主体获得知识和解决问题的操作和能力。认知是人类个体内在心理活动的产物。虽然我们不能直接看到主体内在的认知过程,但可以通过观察、分析主体认知活动的外在行为来推断在其大脑内部进行的认知活动。从广义的角度看,认知几乎包含在所有的认识活动中,例如,在获得信息、理解信息、验证信息等过程中包含着认知的成分,在制定计划、执行计划、评价计划的可行性和修改计划等方面也包含着认知的成分,在对刺激进行编码、分类和贮存等方面还包含着认知成分。总之,在心理活动的任何一个环节上,认知成分都有不同程度的参与。赫伯特·西蒙(Herbert Simon)最早将认知的成分引入企业管理中,他提出的"有限理性"概念,认为"人脑系统阐述和解决复杂问题的能力,同问题的实际情况相比,是很小的。问题的解决要求真实世界中的理性行为"(西蒙,1957)。西蒙认为"简化选择过程的关键……是用令人满意的目标代替最大化目标,找到一种足够好的行为路线……这种替代是应用有限理性的重要步骤"(西蒙,1957)。在西蒙看来,现实决策问题的复杂性意味着企业根本不能对全部想象选择进行功能最大化处理。企业只能运用简单的决策规则和程序来指导自己的行为,由于收集和处理所有相关信息要付出大量劳动和成本,同时必须考虑人的基本生理限制以及由此引起的认知限制、动机限制及其相互影响,因此,经济主体无法获得足够的理性。企业使用的决策规则在反映总体谋划的结果方面不可能达到最佳。企业只是在确定了目标的情况下选取满意的结果罢了。在有限的知识边界之内,经济主体能够精心设计一套程序理性用于评价他们在每一个时间和空间点上可能的行动结果。为了摆脱有限理性的约束,经济主体要在令人满意而非最大化的标准指导下,设计一套规则,以节省信息成本。西蒙(1989)提出决策研究应该以现实生活中的人为研究对象,以心理学中的"适用性行为模型"取代经济学中的"理性行为模型",由于决策的环境具有绝对的复杂性与不确定性,人的决策与完全理性意义上的决策相差甚远。西蒙(1990)认为人的理性属于"有限理性"(Bounded Rationality)。人类行为是由环境与主体本身的认知能力决定的,即人类行为的一边是主体的计算、认知能力,另一边是决策环境的结构。由于信息成本和信息不对称的存在,人追求的往往是满意解,而满意解往往不是最优的。近年来演化经济学中出现了所谓的行为学派(Loasby, 1999),强调经济主体理性选择的认知成本。Loasby(1999)首先借鉴了现代生物学和心理学的成果,指出理性选择过程所需要的能量成本不可小视,因为人脑的运动大约消耗了1/5能量。在此基础上,决策过程的发展和利用不是依赖于选择逻辑的结果,而是依赖于适合的回顾性的逻辑:模式通过将过去一系列很长时间的互动,绘制成"地图"而形成。该学派将"有限认知"作为经济主体的行为假定,其含义是:由于认知能力的限制,人们大多停留在"理性的无知"水平上。也就是说,由于认知能力的限制使得人们的理性是有限的。在行为学派看来,"有限认知"是比"有限理性"更适合的前提假设,因为前者揭示了理性受到限制的原因。

(2)默示知识。波兰尼(Polanyi)认为,默示性是个人知识的基本特征,可以明晰表达的知识仅仅是知识的冰山露出水面的很小的一部分,知识的更大部分是以默示的、深藏的方式隐置于人的实践中的。在波兰尼那里,知识的默示性主要用来说明个人的技能,即有些技能是难以用言语表达的,行动者可能只会做而不清楚他究竟是怎么做的。默示性知识包含两个方面:一是认知层面上的"心智模式",即个人头脑里关于世界的运行模式,包括帮助个人认知和界定世界的范式、信念和观点等。有必要指出,默示性知识的认知维度指的是个人关于现象的影像和未来的愿景,也就是指现实是什么和未来应该是什么。二是技术层面的知识,包括应用于特定情境的具体诀窍、工艺和技能。

(3) 相互作用。皮亚杰(Jean Piaget)从其发生认识论哲学出发,认为认识起因于主客体之间的相互作用,这种作用发生在主体和客体之间的中途,因而同时既包含着主体又包含着客体。关于认识的头一个问题就是关于这些中介物的建构问题:这些中介物从作为身体本身和外界事物的接触点开始,循着由外部和内部所给予的两个互相补充的方向发展。对主客体的任何妥当的详细说明正是依赖于中介物的这种双重的逐步建构。正如他所说:"认识既不能看做是在主体的内部结构中预先决定了的——它们起因于有效地和不断地建构;也不能看做是在客体的预先存在着的特性中预先决定了的,因为客体只有通过这些内部结构的中介作用才被认识的。"① 因此,认识既不单纯来源于客体,也不单纯来源于主体,而是来源于主客体之间的桥梁或中介——活动,或者说来源于主客体之间的相互作用。主客体的分化、认识的建构都是以活动为基础的。把活动与动作看成是主体与客体相互作用的桥梁,是知识的来源。知识是主客体相互作用的产物,作为智慧活动的动作,不仅仅限于邻近空间当前一刹那间正在进行的动作,而且能够广泛涉及远距离的空间,直接感知范围以外的事物,可以再现过去以及能按计划和方案的形式所表现的将来。它所能够提供的知识,无论在广度和深度上都是无穷无尽的。而技术创新既是生产者、用户、媒介相互作用的产物,也是企业组织与环境相互作用的产物。"技术创新是不同主体和机构间复杂的相互作用的结果,技术创新并不以一个完美的线性方式出现,而是这一系统内各要素之间反馈和相互作用的结果。这一系统的核心是企业,是企业组织生产和创新、获取外部知识的方式。这种外部知识的主要来源

---

① 皮亚杰:《发生认识论原理》,商务印书馆 1981 年版。

是其他企业、公共或私有的研究部门、大学和中介部门"（OECD，1997）。

三、本书的方法论

任何研究都离不开方法论的指导，尽管方法论可能会被研究者明确地表达出来或隐藏在研究者思想的背后。总的来说，研究的方法论是形成思想的方法和基本前提，用以对研究的论题进行规范或指导，以避免研究中出现逻辑性的错误。因此，本书有必要在研究展开之前对所使用的方法论给予一个基本的说明，以便规范对技术创新的认知研究。

（1）观察渗透理论。所谓观察渗透理论是指观察本身并不是客观的、中立的，一个人的知觉必定依赖于其信念、价值观、已往的知识和经验。虽然此理论在科学哲学中已被普遍接受，但在经济学、组织与管理等方面并没有得到应有的重视。本书认为承认观察渗透理论是认知学习的基本前提。不管是个人学习还是组织学习，知识与观察是密切相关的。而技术创新的过程本身就是一个认知学习的过程，已有的知识结构和认知结构影响企业的技术创新。本书采用的观察渗透理论贯穿本书始终。

（2）比较分析法。比较分析法在经济研究中的运用较为广泛，本书的比较分析主要运用在以下三个方面：一是概念的比较，如个体知识与组织知识、科学知识与技术知识、明晰知识与默示知识等概念。二是作用机制的比较，如个体学习机制与组织学习机制。三是企业不同组织结构形式对技术创新的影响比较分析。

（3）多学科结合的方法。本书采用哲学、经济学、管理学、认知心理学、脑科学、社会学等学科相结合的方法，这样既不丧失经济学方法的分析效力，又结合心理学和社会学等方法的描述性优点，本书还采用进化理性主义的知识观以及归纳演绎、案例分析等方法。

四、本书的结构和内容安排

本书分为六章,各章安排如下:

第一章回顾与评述了技术创新理论和认知理论。本章分为三节。第一节评述了技术创新理论的演进与发展过程,以及研究技术创新的多重视角。第二节评述了认知经济学的研究内容和方法以及技术创新的认知理论渊源。第三节对认知与技术创新已有的研究成果进行了简要评析。

第二章介绍了知识的性质。正如我们所知,认知是指那些使主体获得知识和解决问题的操作能力,即认识和知识,它既包含了一种动态性的加工过程(认识),也包含了一种静态性的内容结构(知识)。技术创新用认知来诠释的话,它的本质是一种技术知识的生产,因此,理清知识的一些相关问题是以认知为根据来分析企业技术创新的基础性前提。本章分为四节。第一节从认知心理学的角度阐述了知识的建构与表征,知识与创新力的关系。第二节阐述了知识的特性:语境依赖性、默示性、离散性、路径依赖性。第三节从认知的角度结合组织学和管理学的方法将知识分为三类:明晰知识与默示性知识、个体知识与组织知识、科学知识与技术知识。第四节探讨了知识的脑神经科学证据。

第三章介绍了认知、学习与技术创新。企业技术创新与认知学习是必然联系在一起的,企业技术创新是一个将新思想、新设计引入生产体系的过程,这一过程,离不开大量的理论与实践、成功与失败的试验。从本质上来讲,技术创新是一个动态的学习过程。在这里,认知学习的结果即表现为技术知识。如何通过认知学习获得知识并形成合理有效的心智模式(隐性知识)是认知学习的最终目的,也是企业技术创新的基本要求。本章分为三节。第一节阐述了认知学习的哲学和心理学基础,指出认知学习不是认知主体对已存在的所谓客观的认知客体所进行的简单摹写,而实际上是一个认知主客体之间相互作用的过程。第二节研究了个人认知学习机制与组织认知学习机制。从系统建构认知的角度来看,学习是学习者主动建构内部心理表征的过程,建构一方面是对新信息的意义的建构,同时又包含对原有经验的改造和重组。通过学习,个人改变了知识存量和认知结构,从而相对地突破有限理性的约束。以个人学习为基础的组织学习是提高组织创新能力的必要手段。第三节对技术创新进行了个体认知分析,通过案例来研究技术创新的认知机制,最后提出了技术创新的脑科学证据。

第四章介绍了企业技术创新的认知演化机制。企业技术的技术创新过程不同于个体的心智创新理论,它发生在组织环境中。本章分析了企业环境中技术创新的认知演化机制。本章分为四节。第一节探讨了企业认知理论的渊源,认为企业是一个自动生成的认知系统,具有一定的创造力。第二节分析企业技术创新中的企业家主体的认知特征,企业家与非企业家的不同认知特征是后天环境中形成的,无论从生物机理还是动物行为特征看,"创新"行为对于人类而言并非稀缺。第三节提出了企业技术创新的认知模型,认为生产者、用户、媒介的解释系统相互作用塑造了技术的变化,由于生产者、用户、媒介的不同历史背景形成不同的认知框架,从而造成了他们对技术的不同解释,因而推动了技术的演化。第四节通过 PDA 案例分析,进一步论证了生产者、用户和媒介的解释系统在新技术演化过程中相互作用的方式。

第五章介绍了技术创新与创新型组织的认知构建。由于企业是一种组织,企业内的各种经济活动,包括技术创新活动,都是通过组织的不同单元来实现的。企业组织的不同设计,决定了企业内不同部门的联系方式,自然也会影响企业技术创新活动的成功和绩效。因此,寻求一种最佳的组织设计,以有效地推动企业的技术创新是一个非常重要的课题。本章共分为三节。第一节从知识的角度阐述了组织设计的基本理论,不同的组织结构形式的出现和更替可以看做是知识总量、知识结构和知识特性发生变化的必然结果,同时也分析了技术创新认知特征对创新型组织结构的要求,即创新型组织结构必须在"探索"和"利用"中寻求平衡。第二节分析了创新型企业组织的构成因素:吸收能力、转化能力、学习能力。第三节阐述了基于技术创新的企业组织模式构建。第四节根据技术创新的认知观点构建了创新型组织先进性的评价体系。

第六章是企业技术创新的认知环境构建。技术创新是一个复杂的系统认知建构过程,它需要创新主体与创新环境的共同参与。技术创新系统本身所具有的开放性、自组织性等特征,客观上要求系统与环境相适应。因此,只有培育适应技术创新特征的创新环境,才能促进企业技术创新系统的发展。本章共分为三节。第一节分析了技术创新的内部认知环境构建。第二节分析了企业外部环境的认知构建,从政府对技术创新的激励、保障、服务三个角度进行了阐述。第三节从文化与认知的关系分析了企业技术创新的外部文化环境的重构。

第一章　技术创新理论述评

在研究领域,"新奇(理论)设计绝不是一切方面都是创新的,它们大量借用以前的东西"(纳尔逊和温特,1982/1997),因此,对"以前的东西"进行回顾并"尽可能多地从他人的研究中学习"(Ethridge,1996/1998)是必要的。

第一节　技术创新理论述评

对创新的产生原因及重要性的认识,可以追溯到古典经济学创始人亚当·斯密。他在 1776 年出版的《国民财富的性质和原因的研究》一书中明确指出:"国家的富裕在于分工,而分工之所以有助于经济增长,一个重要原因是它有助于某些机械的发明,这些发明将减少生产劳动的投入,提高劳动生产率。""分工的结果,是各个人的全部注意力自然会倾注在一个简单事物上,所以只要工作性质还有改良的余地,各个劳动部门所雇的劳动者中,不久自会有人发现一些比较容易而便利的方法,来完成各自的工作。惟其如此,用在今日分工最细密的各种制造业上的机械,有很大部分,原是普通个人的发明。"① 劳动者能力的改进、机械的发明,都是技术创新的内容。

马克思是第一位对技术在社会物质生产过程中以及由此决定的经济关系中的重大作用进行系统、深入研究的人,他在《资本论》、《政治经济学批判》、《机器、自然力和科学的应用》等著作中,对发明和技术创新以及技术与经济等问题进行过极其精辟的论

---

① 亚当·斯密:《国民财富的性质和原因的研究》,商务印书馆 1972 年版。

述。马克思曾深刻分析了技术的本质,认为技术是劳动者在劳动过程中所掌握的、按照自己的目的作用于其他的手段,是科学应用于生产的中介或桥梁,科学通过技术转化为现实生产力。技术对于现代大工业生产,是不可或缺的前提。"生产过程成了科学的应用,而科学反过来成了生产过程的因素,即所谓职能。"① "应该把科学称为生产的另一个可变要素,而且不仅指科学不断变化、完善、发展等方面而言。科学的这种过程或科学的这种运动本身,可以看做积累过程的因素之一。"②

马克思将技术进步视为一个社会过程,科学、技术是生产力的重要内容,是社会经济发展的基本动力;反过来,社会经济又决定着科学、技术的产生和发展,即科学—技术—社会经济相互依赖、相互作用的辩证发展过程。科学技术是推动社会前进的巨大动力,是最高意义上的革命力量。

许多从事技术创新理论研究的经济学家受过马克思的影响,如熊彼特、弗里曼等。罗森堡曾高度评价马克思关于技术作用的论述,认为它仍然是当今对技术创新研究的出发点。

关于熊彼特和马克思的理论渊源问题,著名经济学家保罗·斯威齐曾说过:"熊彼特的理论与马克思的理论具有惊人的相似之处","对于熊彼特理论的简要概述足以表明,对于他,如同对于马克思一样,都把生产方法的变更看做是资本主义的一个特征。"③当然,他们之间存在着根本性的区别,用熊彼特夫人的话来说:"……引向极不相同的结果:它使马克思谴责资本主义,而使熊彼特成为资本主义的热心辩护人。"④

一、熊彼特的创新理论

熊彼特是创新理论的创立者。熊彼特首先将创新概念引入经济学,并对创新的主要问题进行了初步探讨。熊彼特对创新理论

① 《马克思恩格斯全集》第47卷,人民出版社1995年版。
② 《马克思恩格斯全集》第49卷,人民出版社1995年版。
③ 约瑟夫·熊彼特:《经济发展理论》,商务印书馆1990年版。
④ 熊彼特:《从马克思到凯恩斯十大经济学家》,商务印书馆1965年版。

的贡献可以归结为"一个概念,两个模式,三种观点"。其中一个概念即指他对创新概念的定义,两个模式即"企业家创新模式"(熊彼特创新模式Ⅰ)和"大企业创新模式"(熊彼特创新模式Ⅱ),这两种模式被后来的学者合称为"技术推动模式";而"三种观点"指的是垄断有利于技术创新说、长波起因于技术创新说和技术创新群集说,其中垄断有利于技术创新说为后来的产业经济学研究"策略性创新"奠定了基础。下面仅就熊彼特创新理论中的创新概念与创新模式进行扼要的阐述,以期发现其创新理论与本研究的关系。

（一）创新的概念

熊彼特创新理论的首要贡献,在于他首次明确提出了创新的概念并赋予它全新的内涵。他于 1912 年在《经济发展理论》一书中提出"创新理论"之后,又于 20 世纪 30 年代和 40 年代之交,相继在《经济周期》和《资本主义、社会主义和民主》两书中将这一理论加以运用和发挥,形成了以创新理论为基础的独特的理论体系,并在方法上强调发展观点和内在因素并重,坚持用动态分析代替静态分析,强调采用历史、统计与理论分析相结合的研究方法。熊彼特认为,所谓创新就是"建立一种新的生产函数",也就是说,把一种从来没有过的关于生产要素和生产条件的"新组合"引入生产系统。这种新组合包括:①引进一种新产品或提供一种产品的新质量;②采用一种新的生产方法;③开辟一个新市场;④获得一种新原材料或半成品的新的供给来源;⑤实行一种新的企业组织形式,例如,建立一种垄断地位或打破一种垄断地位①。熊彼特的"创新"概念具有以下特征:第一,创新是一个较为广泛的概念,包括各种可提高资源配置效率的新活动,不一定与技术相关。从企业的角度看,涵盖整个企业技术、生产、管理全过程,不局限于某一特定领域,重视管理,既包括产品创新和生产技术创新,又包括市场创新和组织制度创新;第二,创新并非是从旧组合中通过渐进

---

① 约瑟夫·熊彼特:《经济发展理论》,商务印书馆 1990 年版。

地、不断地调整而产生的,而是间断地(具有新颖性)出现,"创造性破坏"旧组合,实现经济发展;第三,创新可以被其他企业纷纷仿效而一时风起云涌,形成高潮,由此推动整个经济周期性发展,但随着仿效者增多,创新者的垄断利润逐渐消失;第四,创新在资本主义经济发展过程中具有至高无上的作用,是资本主义最根本的特征,没有创新,资本主义既不能产生,更不能发展。

(二) 创新模式

熊彼特在其 1912 年出版的《经济发展理论》与 1942 年出版的《资本主义、社会主义和民主》两书中均对技术创新的驱动力进行了分析,但他没有明确提出创新模型。英国萨塞克斯大学科学政策研究所的沃尔什等人在进行 SAPPHO 项目时,根据熊彼特在《经济发展理论》中关于技术创新与企业发展和经济发展的理论提炼出一个技术创新模式,即企业家创新模式,又被称之为熊彼特创新模式Ⅰ,该模型的图示见图 1-1。

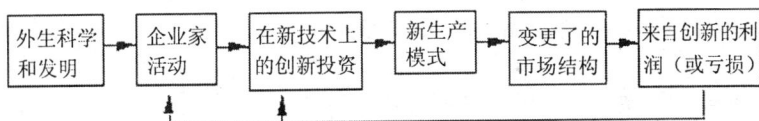

图 1-1 熊彼特企业家创新模式

资料来源: C. Freeman. *The Economiccs of Industrial Innovation*, The MIT press, 1982, p. 212.

显然,这个模式基本上是一个具有多个连续阶段的线性模式,但其中已经存在着从成功的创新到加强研究开发活动的正反馈环路模式,因而是一种"来自创新的利润"到"企业家活动"和"创新投资"的联系。但是,熊彼特企业家创新模式把技术看做是一个经济系统的外生变量,企业家的活动主要是对新技术进行创新投资,实际上,企业本身对技术和发明持有主动的态度,例如许多企业内部的研发组织承担着开发新技术的职责,提供企业技术创新投资的对象。因此,将技术和发明置于经济系统之外,是熊彼特企业家创新模式的主要缺陷。

1942年,熊彼特进一步发展了技术创新在资本主义经济中起核心作用的观点,认为大企业在资本主义的经济发展和创新过程中起着决定性的作用。他认为,现代大企业会把建立一个研究部门当作首先要做的事情:"这个部门的每一个成员都懂得,他的生计取决于他设计改进办法的成功。"① 经济学家菲利普斯在其1971年所著的《技术与市场结构》一书中将熊彼特的上述见解概括为熊彼特的大企业创新模式,即熊彼特创新模式Ⅱ。在这个模式中,大企业取代了企业家的位置,创新活动主要是由企业内部的研发机构承担。模式的具体表述如下:第一,技术创新来自企业内部的创新部门;第二,成功的技术创新使企业获取超额利润,企业因此得以壮大,形成暂时的垄断;第三,大量模仿者的加入削弱了垄断者的地位。尽管如此,外生的科学和技术一直与内生的科学和技术相伴而生。这种模式反映了大企业在20世纪越来越多地利用内部研究开发力量这一重要趋势。

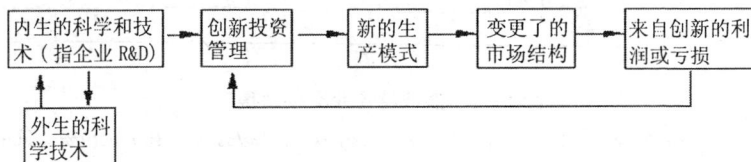

内生的科学和技术（指企业 R&D) → 创新投资管理 → 新的生产模式 → 变更了的市场结构 → 来自创新的利润或亏损

外生的科学技术

图1-2 熊彼特的大企业创新模式

资料来源:C. Freeman. *The Economiccs of Industrial Innovation*, The MIT press, 1982, p. 212.

熊彼特企业家创新模式和大企业创新模式的主要区别在于模式Ⅱ包括大企业进行内生的科学与技术活动。从成功的创新到增

① 约瑟夫·熊彼特:《资本主义、社会主义和民主》,商务印书馆1999年版。

加研究开发支出存在一个强大的正反馈回路，从而形成了一个"有效的"自我强化周期，发明活动越来越处于大企业的控制之下并且强化了它们的竞争地位，科学、技术、创新投资与市场之间的"耦合"现在更加密切而持续地联系在一起①。尽管如此，熊彼特创新模式Ⅱ和模式Ⅰ之间仍然存在基本的共同之处，即它们都强调技术创新是内生的或外生技术因素推动的，正因为二者都特别强调技术因素的推动作用，后来的学者将这两种模式合称为"技术推动模式"。大约从 20 世纪 50 年代起，到 60 年代下半期，居于支配地位的技术创新模式一直就是这种简单的线性技术推动模式。

二、熊彼特以后的创新理论发展

在熊彼特之后，"技术创新理论"主要朝着两个不同的方向发展：一是技术创新经济学派，二是新制度学派。前者主要包括爱德温·曼斯菲尔德（Edwin Mansfield）的模仿论，莫尔顿·卡米恩（Morton I. Kanmien）和南赛·施瓦茨（Nancy L. Schwartz）的市场结构论，门斯（G. Mensch）的技术僵局论，斯通曼（P. Stoneman）等人的扩散模式论与新扩散模式论。他们从技术推广、扩散和转移，以及技术创新与市场结构之间的关系等方面对技术创新进行了深入的研究，并形成了技术创新经济学这一新的分支学科。后者主要包括舒尔茨（T. Schultz）的制度调整论，诺思（D. C. North）的制度创新论，拉坦（V. W. Ruttan）的诱致性制度变迁理论。他们把熊彼特的"创新理论"与制度派的"制度"结合起来，研究制度的变革与企业经济效益之间的关系，由此创立了制度创新经济学，丰富和发展了"创新理论"。

（一）技术创新学派的演变

总体来说，从 20 世纪 50 年代技术创新研究的复兴到现在，技

---

① C. Freeman. *The Economiccs of Industrial Innovation*, Cambridge University Press, 1982, p. 214.

术创新研究大体分为三个阶段。

第一个阶段:技术创新理论的复兴(20世纪50年代初~60年代末)。现代技术创新理论开始步入系统化、科学化发展时期,在新技术革命浪潮的推动下,如何抓住机遇、迎接挑战,以技术进步推动经济发展,成为关注的焦点。技术创新研究的课题主要集中在技术创新过程,影响技术创新的主要因素,技术创新扩散模式,技术创新与市场体制结构,技术创新对企业、行业、国民经济增长贡献的测度方法。这一阶段的研究注重从企业管理的角度探讨影响企业技术创新的两个主要因素:一是研究技术创新与企业组织结构、管理策略、高层决策行为的关系,认为企业内部组织结构不佳是阻碍企业技术创新的主要原因,这与熊彼特的假定非常接近;二是研究技术创新与企业内部因素、企业外部因素、企业内外因素交换能力的关系,认为企业内外因素交换能力的"低劣化",是阻碍企业技术创新的主要原因,这反映了信息时代企业技术创新的新特征。研究方法主要采用案例分析、经验归纳总结。这一时期技术创新理论研究,虽然得出一些非常有意义的结论,比如技术进步贡献率的测定方法,影响技术创新的主要障碍因素分析等,但总的来说,还是初步阶段,对内在的机理、机制研究不够深入,技术创新只是作为一个整体变量来研究,尚未进入创新过程的细节和规律问题的研究。

第二阶段:技术创新的持续兴旺(20世纪70年代初~80年代中叶)。随着技术进步在经济增长中的贡献率日益提高,技术创新规律及其对经济增长的作用日益引起各国经济学家的关注。这一时期的研究方法和手段均有较大改进,注重借鉴多学科理论、方法和技术手段,从事技术创新研究,具有三个基本特征:①在研究方法方面,逐步将多种理论和方法应用于技术创新研究中,如组织行为理论、信息理论、决策理论、市场结构与竞争理论、数理统计方法、宏观经济理论等被广泛地应用于技术创新的研究当中。据统计,这一时期发表的关于技术创新的研究论文,采用这一方法的占90%以上。②在研究内容方面,逐步深入到技术创新研究的理论基础问题,不同学者从多个角度与层面展开对技术创新的专题研究,包括技术创新的起源与动力机制,技术创新过程模式、决策机制与主体,技术创新与市场结构和市场竞争,技术创新与组织创新和制度创新,企业技术创新系统,技术创新与产业结构变动和对外贸易,政府与技术创新等。③技术创新研究从经济学和管理科学的研究范畴中相对独立出来,初步形成了技术创新研究的理论体系,但是由于研究的范围过宽,内容庞杂而分散,多为一般性的泛泛而谈,缺乏对社会亟需解决问题的深入研究。主要问题在于,对如何实现创新,没有较为成熟的成果指导实践,基本上仅侧重于创新的采用,而对创新的实现,特别是实现过程机制的研究比较缺乏。虽然指出了影响创新采用与实现的因素,但对变量的界定、变量间关系的研究还很少,再由于技术创新的复杂性,这一时期理论研究没有形成明确的体系。

第三阶段:技术创新的综合发展阶段(20世纪80年代中期以来)。技术创新理论研究出现综合化、重点化、适用化与回归性研究趋势。这一阶段的代表性成果有勒梅特(N. Lemaitre, 1988)的《大公司的创新激励》①和厄特巴克(J. Utterback, 1994)的《创新动态控制》②。这一时期对技术创新的研究主要表现出以下三个特征:①研究向综合化方向发展,包括将已有研究成果分门归类加以总结描述;结合新情况在对各种观点进行综合分析的基础上推出新理论;通过系统归纳沟通以往分散研究成果间的内在联系,形

---

① N. Lemaitre. Stimulating Innovation in Large Companies. R&D Mangement, Vol. 18, No. 2, 1988, pp. 141 – 517.

② J. Utterback. Mastering the Dynamics of Innovation. Cambridge, Mass. Harvard Business School Press, 1994.

成新层次上的系统理论。②在综合已有研究成果的基础上，从已有研究范围中选出或新提出重点深入研究专题，包括企业组织结构与创新行为、小企业技术创新、技术创新实现问题、技术创新激励、创新风险决策、企业规模与创新强度的相关性、创新学习扩散和市场竞争策略。③开始注重研究内容和成果对社会经济技术活动的指导作用。

(二) 制度创新学派的演变

制度创新是美国经济学家戴维斯和他的合作者诺斯在熊彼特创新理论基础上提出的。后来，希克斯、舒尔茨、拉坦、野中郁次郎等学者都作出了贡献。

诺斯重点分析经济发展中的制度创新和制度安排。他认为，制度创新是使创新者获得追加利益的现存制度安排的一种变革。制度创新与技术创新的相似之处在于它们都是采用某种新发明的结果；其区别则在于技术创新往往采用一种技术上的新发展，而制度创新则往往采用组织形式或经营管理形式的一种新发明；与此同时，技术创新的时间往往依赖于物质资本的寿命的长短，制度创新的时间则不取决于此。制度安排之所以会被创新，是由于许多外部性变化促成了潜在利润的形成，即创新的预期净收益大于预期成本，但由于这些潜在利润在原有制度安排框架中无法实现，如对规模经济的要求、外部性内在化的困难、风险、市场失败及政治原因等。在这种情况下，原有制度安排下的某些人或组织为获取这种潜在利润，就会主动通过制度创新来克服这些障碍，并形成一种新的制度安排。从历史上看，只有在以下两种情况下才会发生创新：创新改变了潜在的利润，创新成本的降低使制度安排的变迁更加容易。在第一种情况下，制度创新有三个主要的促进因素：市场规模的变化、技术变迁和某个社会团体对自身收入预期的改变；在第二种情况下，则有三个主要的促进因素：组织费用的降低或被支付、技术创新和信息的广泛传播①。

拉坦(V. W. Latan)在综合舒尔茨和诺斯等人的理论的基础上,提出了一种关于制度变迁的诱致性创新理论模型。在他看来,"导致技术变迁的新知识的产生是制度发展过程的结果,技术变迁反过来又代表了一个对制度变迁需求的有力来源",由此前提出发,他把技术创新和制度创新整合在一个相互作用的逻辑框架中,应用其对技术变迁的研究方法来考察制度变迁。当社会科学知识和有关的商业、计划、法律和社会服务专业等知识一起进步时,制度变迁的供给曲线就会向右移动,社会科学和专业知识的进步降低了制度供给的成本。

三、国外技术创新研究

技术创新内容相当丰富,涉及面广。下面结合本书所提出的认知视角的技术创新研究,回顾与评析相关文献资料。

(一)技术创新的动力机制

对于技术创新动力的认识,经历了一个不断深化、趋于综合的过程,先后提出了以下动力模式。

1. 技术推动模式

技术推动(technology - push)模式强调技术创新的主要动力来自科学研究和它所产生的技术发明。技术推动具体表现为科学和技术的重大突破使科学技术明显地走到生产的前面,从而创造出全新的市场需求,或是激发市场的潜在需求。技术创新理论的奠基者熊彼特(J. A. Churnpeter)是该模式的倡导者。他认为,不管技术是在经济系统之外还是在一个垄断竞争者的大型研究和开发实验室中产生的,都是技术创新与经济增长的主发动机。技术

---

① D. C. Noth. Institutions, institutional change and economic performance. Cambridge, Cambridge University Press, 1990.

推动模式认为,对于技术创新的需求是由新的科学技术成果创造出来的,而并非是由人们的自觉意识或明确的目标市场事先提出。科学技术在其惯性而持续发展的同时,也在商业化中寻找出路,从而引导着人们的某种社会需求或市场需求,该模式的创新轨迹如图1-3所示。

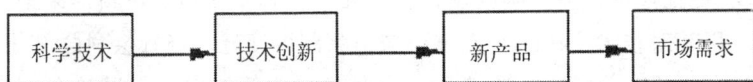

```
┌──────────┐    ┌──────────┐    ┌──────────┐    ┌──────────┐
│ 科学技术 │───▶│ 技术创新 │───▶│ 新产品   │───▶│ 市场需求 │
└──────────┘    └──────────┘    └──────────┘    └──────────┘
```

图1-3 技术创新的技术推进模式

资料来源:刘友金,《企业技术创新论》,中国经济出版社2001年版。

20世纪60年代以前,技术推动模式理论在西方技术创新理论界一直占据主导地位。从这个模式产生的技术创新,一般都是比较重大的技术创新,如尼龙、核能、激光器、半导体、电视机、计算机等划时代的技术创新都属于这一模式。

2. 市场需求拉动模式

市场需求拉动(market-pull)模式强调技术创新起源于社会需要,社会需求是拉动、牵引技术创新的主要动力。在市场经济条件下,各种社会需求一般表现为市场需求,包括消费者的需求,也包括生产者的需求。企业家的创新行为总是将技术创新与满足市场需求紧紧联系在一起。美国著名的创新经济学家宾夕法尼亚大学教授施穆克勒(J. Schmookler)在1966年发表的论著中,研究了19世纪上半叶到20世纪50年代美国铁路、炼油、农业和造纸工业等的投资、就业和发明活动。结果表明,投资和专利的时间序列表现出高度的同步效应,投资序列往往领先于专利序列,相反的可能性则较少。施穆克勒由此得出结论:专利活动,也就是发明活动,与其他经济活动一样,基本上是追求利润的经济活动,它受市场需求的引导和制约①。据此,施穆克勒提出了市场需求拉动模式。该模式认为,市场需求信息是技术创新活动的出发点,它对产品和技术提出了明确的要求,通过技术创新活动,创造出适合这一需求的适销产品,这样市场需求就会得以满足(如图1-4所示)。

```
┌──────┐    ┌──────┐    ┌──────┐    ┌──────┐    ┌──────┐
│市场需求│ ➡ │ 构思 │ ➡ │研究开发│ ➡ │ 生产 │ ➡ │投入市场│
└──────┘    └──────┘    └──────┘    └──────┘    └──────┘
```

图1-4 技术创新的市场需求拉动模式

资料来源:刘友金,《企业技术创新论》,中国经济出版社2001年版。

此后,一些学者又做了一些研究工作来支持市场需求拉动说。美国麻省理工学院教授马奎斯(Marquis)、迈尔斯(Myers)在1969年抽样调查了5个产业的567个创新项目,得出3/4的技术创新是以市场需求为出发点,只有1/5的技术创新是以技术本身发展为来源的,他们由此得出结论:对于创新的认识远比对技术能力的认识更为重要。

3.技术推动—市场需求拉动综合作用模式

技术推动学说和市场需求拉动学说的争论一直持续到20世纪80年代。通过美国斯坦福大学的莫厄里(D. Mowery)和罗森堡(N. Rosenberg)的研究,人们发现创新是一个非常复杂的过程,不可能确定某一因素是创新唯一的基本决定因素。在大多数情况下,成功的技术创新取决于技术推动和需求拉动的有效结合。莫厄里和罗森堡在一篇题为《市场需求对创新的影响》的文章中指出:"需求的作用被过分夸大了……实际上,科学技术知识基础和市场需求的结构,以一种相互作用的方式,在创新过程中起着同样重要的作用,忽视任何一方面都必定导致错误的结论和政策。"于

---

① J. Schmookler. *Invention and Economic Growth*, Cambfridge: Harvard University Press, 1996, p.206.

是,弗里曼(C.Freeman)、莫厄里和罗森堡等人提出了技术创新的"双重推动模式",这种模式强调技术创新可以是科技发展的推动,也可以是市场需求的拉动,但更为重要的方式是技术推动和市场需求拉动综合作用的结果,是技术的可能性和市场机会两者平衡的基础上产生的①。这种模式的技术创新轨迹如图1-5所示。

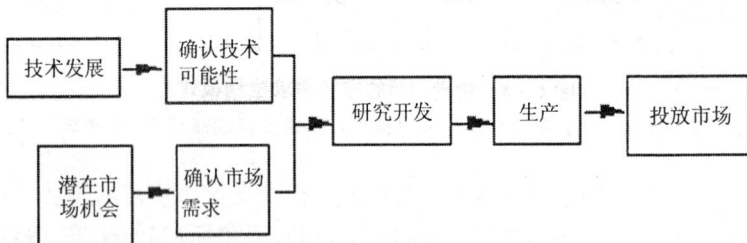

图1-5 技术创新的综合作用模式

资料来源:程源、雷家啸、杨湘玉编著,《技术创新:战略与管理》,高等教育出版社2005年版,第14页(经作者整理)。

4. 技术创新动力多元论

创新动力的多元论认为技术创新的动力因素除了技术推动和需求拉动外,还有其他一些因素在启动企业进行技术创新时起着重要的作用。根据这些影响因素的不同,可以把创新起源的多元论分为三元论、四元论、五元论。

技术创新动力三元论认为,除了技术推动和需求拉动之外,政府行为也可以启动技术创新。政府通过多种手段,从多方面提高一国技术创新的效率,加快技术创新。政府行为可提高知识创新,促进技术进步,诱导企业主动从事创新,也可以通过创造与扩大内需,来激励企业技术创新。20世纪80年代以来,主要工业国通过

---

① N. Rosenberg. *Inside the Black Box*, London: Cambridge University Press, 1982, p.195.

组织制定与实施大型项目计划,强化了政府对技术创新的直接干预。政府行为包括政府的规划和组织行为,以及政策和法律行为,具体有社会、科技、产业、区域等发展规划,科技、产业、财政、信贷、税收、外贸等政策和法律,以及实施规划、政策、法律的行为。三元论模式如图 1-6 所示。

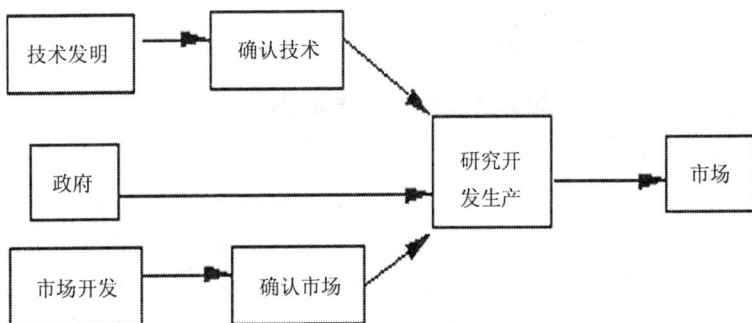

图 1-6 技术创新的三元论模式

资料来源:彭纪生,《中国技术协同创新论》,中国经济出版社 2000 年版。

技术创新动力四元论认为,任何创新过程中,创新的主体都是企业家,企业家的创新偏好也能够激励创新过程。其代表人物英国的肯尼迪、冯·威札克、费尔普斯等指出,企业家创新偏好会自发激励企业家的创新行为,尤其是企业家的灵机一动,对于创新的启动有着特殊的意义,如拉链、圆珠笔、易拉罐等专利创新,都是在企业家灵机一动的情况下引发的。因此,他们认为,科技推动是基础,需求拉动是技术创新能最终完成的前提,政府启动为技术创新提供适宜的环境,企业家创新偏好可使企业的内在潜能得以发挥。成功的创新是科学技术、市场需求和政府行为加上企业家创新偏好综合作用的产物。四元论模式如图 1-7 所示。

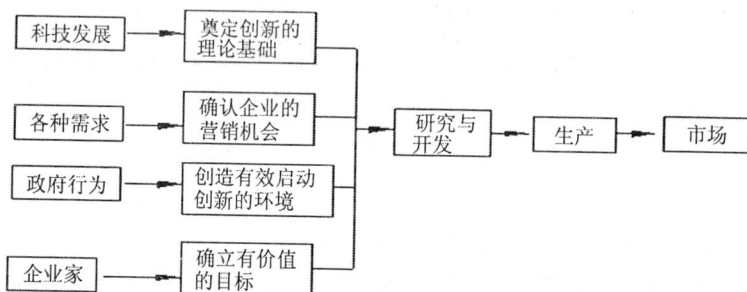

图1-7 四元综合作用式技术创新

资料来源:彭纪生:《中国技术协同创新论》,中国经济出版社2000年版。

技术创新动力五元论认为,社会、技术和经济的自组织作用也是技术创新的动力源泉。所谓自组织作用是指某些系统有一种内在的能使系统本身从这种状态转移到另一种状态的能力。每当社会、技术和经济系统由一种状态转向另一种状态时,在状态的转换中,必有一定量级和类型的创新出现。这些创新并不见得由系统前一状态的技术发展推动的,也不见得由系统的后一状态的广义需求拉动的,而是存在着深层次的复杂机理,只能用系统的自组织作用来描述。

5.技术规范—技术轨道模式

技术轨道理论对理解技术创新与产业演化的关系较有意义。20世纪70年代末纳尔逊和温特在试图发展一个有用的创新理论时,首先提出"自然轨道"和"选择环境"的概念。他们认为,当技术在某一方面进展时,可能存在着某种强有力的内部项目启发研究,在广泛的需求条件下,在哪个方向上的技术进展存在着较好的回报,这些方向就叫做"自然轨道"。当有一股新的创新流时,选择环境则决定不同技术的相对使用如何随时间变化,它影响某一创新产生的生产率的增长途径,也反馈企业和产业要进行的研发的影响①。20 世纪 80 年代初,多西(G. Dosi)发展了自然轨道的思想,他类比库恩的科学范式的概念,提出了技术范式的概念。多西认为,技术范式是"解决技术问题的一种模式或模型",它决定研究的领域、问题、程序和任务,具有强烈的排他性。根据技术范式,他把技术轨道定义为由范式决定的常规的解决问题的活动。它是一组可能的技术方向,而它的外部边界则由技术范式本身的性质决定②。企业的认知特征决定了其技术创新的方向并不是随机的。企业在进行技术创新时,并不是海阔天空地搜索技术知识的社会总"库存",随意引用各种技术知识。相反,由于企业处在特定的技术范式和技术轨道上,由于企业处在特定的供方—用户链条上和特定的社会技术系统中,由于企业拥有的是特定的人工制品和人力资本,企业只能发现并尝试解决特定的"正确"的技术问题,并在这一背景下评估和利用可得的外部技术知识。换言之,技术搜索总是局域搜索,其搜索的方向、范围和有效性均受制于企业内部的技术基础。正是这种状况,使企业的每一次技术创新都是对企业内部技术传统的更新,由此形成企业技术知识的积淀和累积性增长,使企业通过人工制品的生产,在市场上保持其特定的与其他企业相区别的专业化竞争优势。比昂迪和加利根据人类对产品性能的追求、技术发展的现状,总结出如下技术轨道:降低成本与资本成本的影响范围(指技术有一个向资本密集型发展的趋势,造成资本成本占总成本的比例越来越高)、更长的寿命、规模经济、更有效地利用资源、更快的服务、市场分割、商品的体积(因空间成为越来越稀有的资源,商品有一个从体积大向体积小发展的趋势)③。不难看出,产业的演化显然与技术轨道的方向密切相关,因为技术轨道决定了技术创新可能有的方向、强度,从而决定了一个产业可能

---

① 纳尔逊、温特:《经济变迁的演化理论》,商务印书馆 1997 年版。
② 多西:《技术范例与技术轨道》,载《现代国外经济学文选》第十辑,商务印书馆 1986 年版。
③ L. Biondi and R. Galli. Technological trajectories, Futures, July/August, 1992, pp. 580 – 592.

发展的方向和前景。

6. 需求—资源关系作用模式

需要—资源(N-R)关系作用模式是日本学者斋藤优(1984)提出的。他认为,技术创新的动因在于社会需求(Need)和社会资源(Resource)间的矛盾或"瓶颈",即当社会提出某种技术要求或某种产品需求,而现有的社会资源又不能完全满足这种需求时就产生了需求与资源之间不适应的所谓"瓶颈"现象①。

由需求(N)和资源(R)的缺口形成 N-R 瓶颈将极大地促进和推动技术创新的进行,企业家作为创新的主体,通过创新解决 N-R 矛盾,N-R 关系所标明的需求与资源之间的矛盾或差距是其技术创新的客观动因。斋藤优用 N-R 关系模型描述技术创新动力机制:技术创新主体要从 N-R 关系中发现技术创新需求,抓住技术创新的可能性和机会,制定技术创新的行动计划和战略,然后具体分析达到目的所要求的技术、市场和创新资源等,并筹集创新所必需的创新资源。可见,N-R 关系作用模式所概括的技术创新动力机制,是以技术创新主体为主导,以发现和认识 N-R 关系"瓶颈"为起因,在政策战略的推拉作用影响下,以解决 N-R 矛盾、缩小 N-R 差距、协调 N-R 关系为内容,最终满足社会需要目标的动态过程。这种模式虽然重视了资源对创新的推动作用,但却忽视了资源制约的作用。资源对创新的作用是双向的:一方面资源可以促进创新,另一方面却制约了创新的开展。

除了以上几种模式外,西方一些学者们也从另外的角度对技术创新的动因进行探讨。希克斯(Hicks J.R.)在《工资理论》一书中认为,技术创新是生产要素稀缺引起的,其目的是为了降低产品成本,以便提高利润。罗森堡则认为,诱导技术创新的因素有三种:技术发展不平衡、生产环节的不确定性和资源供给的不确定

---

① 斋藤优:《技术转移论》,文真堂 1979 年版。

性。这三种较典型的诱导因素是生产进一步发展的瓶颈和障碍。这种障碍形成了一种压力,诱导人们围绕这些障碍进行创新。

(二)技术创新的过程机制

技术创新的内外环境在不断变化,技术创新的方式也在变化之中,从早期简单线性模型,演化出五代技术创新模型。20 世纪 60 年代以前,以"技术推动"的创新过程为主流;60 年代至 70 年代早期,出现"需求拉动"模型;70 年代至 80 年代综合"技术推动"和"需求劳动"两种模型而提出创新的"交互作用"模型;80 年代至 90 年代初,一体化的创新模型被提出。近年来,系统集成和网络模型问世。

1. 线性模型

线性模型的一个基本假设是技术创新是由前一个环节向后一个环节逐步推进的过程。这实际上就涉及技术创新的诱导机制和动力来源。一般来说,这种动力来源包括两类:技术推动和市场拉引。

(1)技术推动的创新过程模型。技术推动创新过程模型是人们最早提出的模型,如图 1-8 所示。这一模型的基本含义是,研究开发是技术创新的主要来源,技术创新是由研究开发成果引发的一种线性过程。创新过程起始于研究开发,经过生产和销售最终将新技术引入市场,市场是创新成果的被动接受者。

图 1-8 技术推动模型

资料来源:柳卸林,《技术创新经济学》,中国经济出版社 1993 年版。

在现实生活中有许多技术创新是由技术推动的,西方发达国家早期技术创新多数是技术推动的。这类技术创新往往起源于根本性的技术推动,并形成了一个新的产业。例如激光的发现,它来源于研究开发的成果,起初人们并不知道它的市场用途,后来人们才找到了激光的应用领域,最终导致了一个产业的兴起。在无线电、半导体、材料等技术创新与科学技术密切联系的领域也可以见到类似的例子。

(2) 需求拉动的创新过程模型。20世纪60年代中期以来,通过对大量行业技术创新的实证分析,人们发现,在有些产业领域,技术创新常常是在本产业投资、产业高潮之后才出现,即产业的需求在先,发明创造在后。这种现象表明,许多技术创新并不是技术推动的,而是由需求来拉动的,由此提出了需求拉动的创新过程模型,如图1-9所示。

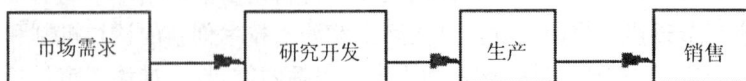

图1-9 需求拉动的创新过程模型

资料来源:程源、雷家骕、杨湘玉编著,《技术创新:战略与管理》,高等教育出版社2005年版。

按照这个模型,创新的过程是被企业感受到的且常常是能够清楚地表达出来的市场需求为起点,根据消费者的需求,研究开发出来能满足消费者需要的产品,并投入生产,因此,研究开发是市场需求的反应。这个模型可较好地解释渐进式创新,如袖珍收录机、工业用仪表、测试仪器以及大多数改进产品,都属于这类创新。

技术推动和需求拉动的创新过程模型都是线性模型,由一个起点单向流至终点。它们共同的缺陷是,模型过于简单,而现实中的技术创新过程往往是复杂的。

2. 交互作用的创新过程模型

线性模型将创新过程界定为由前一个环节向后一个环节单向推进的过程,人们认为这个过程过于简单化和绝对化,因此,在

20世纪70年代末到80年代初,罗斯韦尔(R.Rothwell)和罗伯逊(A.Robertson)提出了交互作用模型。该模型强调技术推动与市场需求的重要性,认为技术创新是技术和市场交互作用共同引发的,技术推动和需求拉动在产品生命周期及创新过程的不同阶段有着不同的作用,科学、技术和市场的结合是技术创新成功的保证,如图1-10所示。

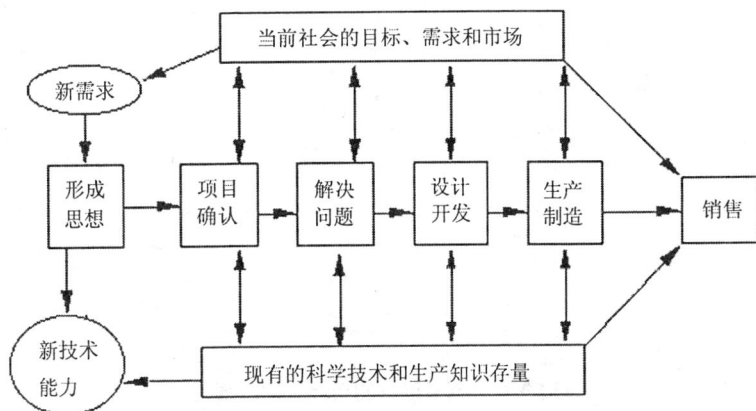

图1-10 罗斯韦尔和罗伯逊创新过程活动模型

资料来源:程源、雷家啸、杨湘玉编著:《技术创新:战略与管理》,高等教育出版社2005年版,第14页。

3.链环—回路模型

进入20世纪80年代,世界范围内的竞争日趋激烈,与此同时,以信息技术为核心的新技术革命影响日益广泛深入,企业竞争更加激烈。对此,克莱茵和罗森堡于1986年提出链环—回路模型[1],该模型反映企业市场竞争环境条件与竞争模式的变化,摒弃

---

[1] S.Kline and N.Roserg. *An Overview of Innovation* in R.Landon and N.Rosenberg(eds.):The Positive Sun Strategy. Washington, D..C. National Academy Press, 1986, pp.275-305.

了线性思维,引入集成观和并行工程观,视技术创新为多路径、多回路、各环节并行过程。这一模型中,一共有 5 条创新过程路径,如图 1－11 所示。

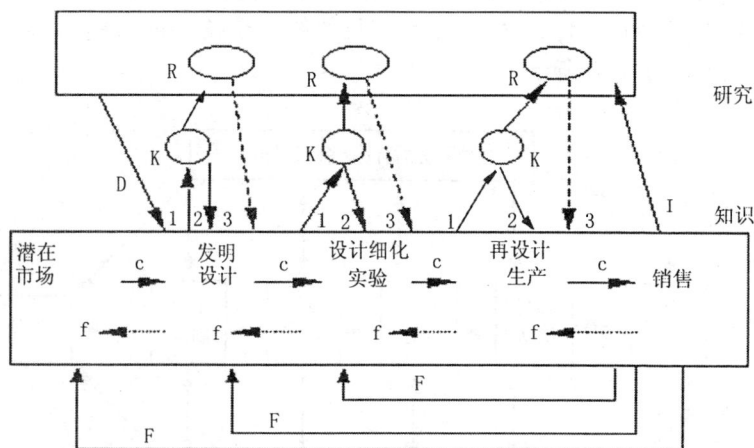

图 1－11　创新过程的链环－回路模型

资料来源:柳卸林,《技术创新经济学》,中国经济出版社 1993 年版,第 28 页(经作者整理)。

第 1 条路径是创新过程的中心链,用 c 表示,起始于对潜在市场的挖掘,经过发明、设计、设计细化到市场销售。第 2 条路径是用 f 和 F 为标志表示的中心链的反馈环,F 表示主反馈,强调了中心链的每个环节都存在对市场需求的反馈和觉察,然后返回到中心链的某一个环节,继而完成中心链的后续阶段。第 3 条路径是以回路 K－R 表示的创新过程中心链与知识和研究之间的联系,强调了科学是创新过程各阶段的基础,贯穿了创新活动的全过程,而不仅仅是创新的开端,这也是链环—回路模型最有特色的方面;在创新过程的各个阶段,如有问题,先看现有知识和技术基础能否解决,即 1→K→2 的路径。如果现有知识不能解决,就需要进一步进行基础研究,解决之后,再返回创新过程相应阶段,即 1→K→R→3 的路径。第 4 条路径用箭头 D 表示,表示科学导致根本性创新,也就是纯粹技术推动模型所描述的情况。第 5 条路径用箭头 I 表示,表示需求推动了技术创新,也就是纯粹需求拉动模型所描述的情况。

由此可见,链环—回路模型包含了线性模型和交互作用所描述的创新过程,而且考虑了创新活动线性链与现有知识存量和研究之间的关系,是对创新过程较合理的解释框架。

4. 第五代技术创新过程模型——系统集成与网络模型(SIN)

20 世纪 90 年代以来,技术变化速度越来越快,产品生命周期越来越短,要求企业能够对市场作出快速反应,从设计、制造到销售,整个流程高度集成化、敏捷化、并行化、网络化,而传统技术创新过程模型已无力解析这些创新现象和指导创新实践。正是在这个背景下,第五代技术创新过程模型即系统集成及网络模型应运而生[①]。

与传统技术创新模型相比,第五代模型突出的变化在于:一是创新网络中的各创新成员都具有特殊的重要性,二是电子信息化在创新中的作用愈加重要,三是强调了人力资源管理因素在技术创新过程中的作用。另外,第五代模型突出了企业战略管理中的诸多因素,而对于过程的各个阶段并未过多强调。罗斯韦尔使用了大量术语试图说明第五代模型的基本概念,并从中筛选出 24 个因素,提出了该模型的基本方法特征和优先战略要素。罗斯韦尔的工作无疑具有开创性意义,但不足之处在于使用了过多的术语和概念,加之分类不够清晰,使人难以理解。道奇森(M. Dogson)和贝赞特(J. Bessant)对于第五代技术创新过程模型的研究侧重于

---

① M. Hobday, H. Rush. Technology Management in complex product systems: Ten questions answered. *Technology Management*, 1999(6):pp. 618 - 638.

创新要素的辨识,并对罗斯韦尔忽略的重要因素进行了补充和完善①,但对战略集成重视不够。其实第五代技术创新过程模型最为显著的特征是它代表了创新的电子化和信息化过程,更多地使用专家系统来辅助开发工作,并扩展延伸至联结过程,还把它看做是多机构网络交互过程。整个创新过程可看做是一个组织内部和组织外部交流路径的复杂的网络。

目前,西方主要工业国中的企业正致力于第四代创新过程模型建构,SIN模型代表未来发展趋势,只有少数产业领先者努力引入。可见,技术创新过程模型与企业内外环境条件密切相关;模型的演进变化反映市场竞争态势和科学技术的发展变动;现代技术创新,为并行、集成、协同过程,呈现出各环节主体之间互动网络化趋势。

(三) 技术创新研究的多重视角

自熊彼特创立创新理论以来,不同学科的研究者从自己的研究范围出发,给技术创新规定了许多既有一定联系又有一定差别的定义。弗里曼认为,工业创新是指"第一次引进一个新产品或新工艺中所包含的技术、设计、生产、财政、管理和市场诸步骤"②。

美国经济学家曼斯费尔德(M. Mansfield)认为,创新就是"一项发明的首次应用"。他认为与新产品直接有关的技术变动才是创新,产品创新是从企业的产品构思开始,以新产品的销售和交货为终结的探索性活动③。曼斯费尔德对技术创新的定义常为后来学者认可并采用。

日本的森谷正规认为,技术创新不是技术发明,确切地说,它

① M. Dodgson, J. Bessant. *Effective Innovation Policy*: *A new approach London*: International Thomson Business Press, 1996, p.123.
② C. Freeman, L. Scoete. *The Economics of Industrial Innovation*. London and Washington, 1997.
③ E. Mansfield. *The Economics of Technological Change*. New York, W. W. Norton and Company, 1971.

是通过技术进行的革新,技术本身无须发生革命性的改变。对它进行衡量的根据是下述几个方面:因技术的推广而开辟了新的市场,刺激了经济的发展,创造了足以迅速改变社会和生活方式的新的社会经济实力①。

美国企业管理学家德鲁克(P. F. Drucker)认为,"创新的行动就是赋予资源以创造财富的新能力"。在他看来,"创新并非技术方面","凡是能改变已有资源的财富创造潜力的行为,都是创新",如体现在管理、市场营销和组织体制等方面的新能力、新行为,即属于管理创新、市场创新和组织创新②。

作为最早从事案例分析的研究人员,伊诺思(J. L. Enos)把技术创新定义为几种行为取得成效的结果,这些行为包括发明的选择、获得财政支援、建立组织、设立工厂、招用工人和开辟市场等,如果这些活动中的任何一种不能完成,创新将不发生③。

缪尔塞(R. Mueser)收集了包括 100 本专著在内的 350 篇文献,发现有 1/4 的文献明确界定了"创新"这一个术语,另有 1/4 则是从引用过的技术创新案例中推导出创新的定义,大约 3/4 的文献在技术创新界定上接近于如下表述:技术创新是经过一段时间后,发展到实际成功应用的新思想和非连续性的技术活动④。可见,国外对技术创新也并未形成一个严格的统一的定义。管理学家 S. Gopalakrishnan 在评论技术创新研究时,对经济学家、技术学家、社会学家给的定义进行了总结和概括(见表 1 - 1)。

---

① [日]森谷正规:《日本的技术——以最少的耗费取得最好的成就》,徐鸣、陈慧琴等译,上海译文出版社 1985 年版。

② 德鲁克:《创新与企业家精神》,企业管理出版社 1989 年版,第 114 页。

③ Mueser, R. *Indentifying Technical Innovations*. IEEE Transactions on Engineer - Management, 1985, EM - 32(4):p.165.

④ Mueser, R., *Indentifying Technical Innovations*. IEEE Transactions on Engineer - Management, 1985 , EM - 32(4):pp.159 - 160.

表 1-1 技术创新的不同概念

	过程阶段	研究层次	创新类型
经济学家	产生 思想的产生 项目定义	工业	产品和过程、仅技术的、仅根本性的
技术专家: 情景技术专家	产生(商业化和市场化、扩散)	产业语境中的创新	产品和过程、仅技术的、仅根本性的和渐进性的
组织技术专家	产生(思想的产生、问题解决的采纳) 采纳(开始)	组织的子系统	产品和过程、仅技术的、仅根本性的和渐进性的
社会学家: 研究变量的社会学家	采纳(开始、执行)	组织	产品和过程、技术性的和管理性的、根本性的和渐进性的
研究过程的社会学家	采纳(开始、执行)	组织水平上的创新	产品和过程、技术性的和管理性的、根本性的和渐进性的

资料来源:F. Damanpour. *A Review of Innovation Research in Economics*, Sociology and Technology Management. Omega, Vo S. Gopalakrishnan l. 25, No. 1, pp. 15-28, 1997.

技术创新已成多学科研究的对象。正如经济学家库姆斯(R. Coombs)等人指出,关于技术创新研究的一些重要成果"已分别从经济学内不同的分支(如生产理论、工业经济、劳动经济和宏观经济)、社会学(特别是工业社会学和科学社会学)、经济史、政治科学(特别是科学政策研究)以及后来从对管理性质的研究中得到"[1]。

---

① 库姆斯等:《经济学与技术进步》,郑译生等译,商务印书馆 1989 年版。

这些技术创新成果在方法论上大致可以分为两类,即分析性研究和描述性研究。技术创新经济学分析主要是分析性的,考虑的问题是:为什么厂商要创新?动力是什么?对生产率、市场结构、就业、经济增长的影响是什么?这对厂商理论意味着什么?创新行为的收益是否得到适当的分配?……技术创新管理学主要是描述性的,考虑的问题是:怎样更好地管理和控制创新?什么是组织研究和开发的正确方式?什么是选择研究和发展项目的正确方式?什么是培植创新精神的正确方式?……管理学家 S. Gopalakrishnan 在评论技术创新研究时说,从事技术创新研究的学科已经有社会学、工程学、经济学、市场营销学和心理学。他评述了经济学、组织社会学和技术管理学的有关研究成果,发现不同学科关注的重点是不同的(见表1-2)。

表1-2　　　　　　　　　　技术创新的学科主题

研究群体	主要研究问题
经济学家	谁更富于创新?是大企业还是小企业? 企业的发明产出与市场结构相关吗? 持续供给的技术机会可用度如何影响企业研发的产出? 产业研发与经济进步之间联系的本质是什么? 研发计划对整个企业的增长和利润有什么影响?
技术专家: 语境技术专家	产业层次技术变革的本质和动力学是什么? 技术突破对企业环境条件的影响是什么? 一项技术在产业中获得传播的决定因素是什么? 企业如何提高管理产业层次上的技术转换能力?
组织技术专家	过程特征(如通信、决策)如何有益于提高研发实验室的技术绩效? 研发小组的职权如何影响他们的技术绩效? 高效的研发团队所需要的关键角色是什么? 如何管理研发团队的多样性以及提高其生产率? 在一个组织内部促进技术开发者和使用者之间的技术转移的因素是什么?

研究群体	主要研究问题
社会学家: 变量社会学专家	创新组织的特征是什么? 创新早期采用者与后期采用者的区别是什么? 哪一组变量是采纳行为最重要的解释变量? 技术创新与非技术创新的相关组织特征不同吗?
过程社会学专家	一项创新实际上是如何由概念发展到现实的? 什么创新过程导致成功或非成功的产出? 关于管理创新和变化过程的知识在何种程度上能够从一种情况推广到另一种情况? 组织如何发展和维持创新及企业家文化?

资料来源:S. Gopalakrishnan, F. Damanpour. *A Review of Innovation Research in Economics*, Sociology and Technology Management. Omega, Vol. 25, No. 1, pp. 15 – 28, 1997.

我国学者也提出了不同的技术创新定义。傅家骥等认为,技术创新是企业家抓住市场潜在的盈利机会,重新组合生产条件、要素和组织,从而建立效能更强、效率更高和生产费用更低的生产经营系统的活动过程,是推出新的产品、新的生产工艺,开辟新的市场,获得新的原材料或半成品供给来源,或建立企业的新的组织,它是包括科技、组织、商业和金融等一系列活动的综合过程①。

许庆瑞认为,技术创新是一个将知识与物质、劳动力转换为产品的过程,是为了满足社会需求而对现有知识的新的综合,是新技术的第一次商业性应用,也是科学转化为直接生产力的阶段②。

柳卸林认为,技术创新是指与新产品的制造、新工艺过程或设备的首次商业应用有关的技术、设计、制造及商业的活动。它包括:①产品创新,②过程创新,③扩散③。

冯鹏志从社会学角度将技术创新定义为:由创新主体所启动和实践的、以成功的市场开拓为目标导向,以新技术设想的引入为

① 傅家骥等:《技术创新:中国企业发展之路》,企业管理出版社1992年版。
② 许庆瑞:《研究、发展与技术创新管理》,高等教育出版社2000年版。
③ 柳卸林:《技术创新经济学》,中国经济出版社1993年版。

起点,经过创新决策、研究与开发、技术转化和技术扩散等环节或阶段,从而在高层次上实现技术和各种生产要素的重新组合及其社会化和社会整合,并最终达到改变技术创新主体的经济地位和社会地位的社会行为或行动系统①。

陈其荣从哲学角度把技术创新定义为②"作为创新主体的企业在创新环境条件下通过一定的中介而使创新客体转换形态、实现市场价值的一种实践活动。"

李兆友也从哲学的角度阐述了技术创新的本质,认为技术创新是主体参与的特殊的社会实践活动,是创新主体的创新认知与创新实践相互作用的动态过程③。

上述对技术创新的界定,由于研究者的视角不同而各有区别,总体上也可以分为五个方面④:①经济学的视角,认为技术创新就是在企业"建立一种新的生产函数",即企业的技术条件或水平发生了变化,并且这种变化的结果将影响收益,技术创新的结果,首先将直接影响成本、价格与利润,因而侧重于分析技术创新的经济后果。②管理学的视角,认为技术创新是企业家抓住市场潜在的盈利机会,重新组合生产条件、要素和组织,从而建立效能更强、效率更高和生产费用更低的生产经营系统活动过程,侧重于分析技术创新各阶段的组织与管理。③社会学的视角,强调了与技术创新有关的社会因素,如社会行为体系、社会能力体系、社会环境等,侧重于把技术创新放在社会的大系统中考察。④技术学的角度,认为技术创新是在技术原理基本不变的情况下技术形态的转化过程,是从发明技术向构想技术、设计技术、实制与实验技术、生产技

---

① 冯鹏志:《论技术创新行动的环境变量与特征——一种社会学的分析视角》,《自然辩证法通讯》,1997年第4期。
② 陈其荣:《技术创新的哲学视野》,《复旦学报》,2000年第1期,第14~20页。
③ 李兆友:《技术创新论——哲学视角下的技术创新》,辽宁人民出版社2004年版。
④ 李兆友:《技术创新论——哲学视角下的技术创新》,辽宁人民出版社2004年版。

术、产业技术不断转化的过程,侧重于分析技术创新的技术发展过程。⑤哲学的视角,强调运用哲学思维方法和哲学认识论来重新界定技术创新概念,力图把技术创新定义上升为更普遍、更高级的形式①。

综上所述,虽然有不少学者从不同角度对技术创新进行了研究,并取得了不同的成果,但是对技术创新本质的认识并不深刻,本书将从认知的角度来阐述技术创新,有利于我们重新认识技术创新的本质。

第二节　基于认知经济学的技术创新理论述评

一、认知经济学理论概述

经济体系是由一组谈话、原理、协议、习俗、组织、制度构成的,它起到协调和引导的作用,用以确保商品的生产、分配与销售的可行过程,同时也为群体提供服务和信息。它也被定义为一种交流系统,用以支持生产和交换的协调过程。信息经济学的最大价值之一就是使人们强烈的意识到:①很大程度上,经济系统是可以转变的,在过去的几十年里,从强调物质商品的生产、分配、销售的安排到强调知识生产的安排。②常规的新古典范式把经济体系,分析为交流体系,过于简单粗糙。Machlup(1962),Porat(1997)以及其他学者也认为新古典体系越来越脱离现实经济活动,Hayek(1945),Shackle(1949),Simon(1955),Boulding(1956)和其他学者用其他方法也论证了新古典范式在处理以知识为基础的现代经济上的不足。

(一)常规范式的局限性

完美信息是新古典经济学的传统假设。市场经济被假设由自

─────────────
　　① 欧阳建平、曹志平:《技术创新定义综述及定义方法》,《中南工业大学学报》,2000年第4期。

治的、能自我思考的个体组成,这些个体能够使客观效用在面临约束时最优化,这些个体被假设为他们完全了解自己所想的和所处的环境。没有人为探究知识的来源而困扰(Pirore, 1995)。无数的理论都是构建在这样的基础上,在完美竞争的世界里,无所不知的代理人将充分使用现存的资源来采取社会最优化策略的行动。

许多学者对这三个假设提出了异议,①完全信息,②完全竞争,③强调在公平静态的牛顿经济学世界里的分配效率(Boisot, 1995)。这种假设产生了两种反应:一种是热衷于在没有破坏整个牛顿经济学体系下对前两个假设中不合逻辑的部分进行消除,另一种是构建一个比牛顿体系更可行的可选择范式。第一种情况,引起了摩擦经济学的繁荣:各种模式围绕纯粹和完美竞争假设,从科斯(1937,1960)和威廉姆森(1975,1985)的交易成本经济学到Baumol 等(1982)的竞争市场理论,而且经过 30 多年的探讨,由于信息是有代价和不对称的,完美信息并不是很普遍,因此需要对传统的分析工具进行稍微的修订用以调整这些存在的矛盾。第二种情况,引发了各种不同的世界观:从 Hayek(1945)和无数从事奥地利学派研究的经济学家(参阅 Driscoll 和 Rizzo 在 1985 年做的评述)强调知识的作用到认知结构的探讨(Boulding, 1956),然后到摈弃牛顿平衡模型来支持适用性或熊彼特效率和演化过程的研究(Leydesdorff and van den Besselaar, 1994)。尽管有这些反应,新古典范式还是在经济学领域处于统治地位。直到最近,一些学者(McCain, 1992;Lamberton, 1994;Boisot, 1995;Castells, 1996)尝试构建综合的信息经济学,但并没有产生"新的可行范式"来作为经济学领域的新视角。这应该归因于多种原因。首先,在传统范式上巨大的人力资本投资,最有效的保护地带以及经济学领域内存在的专业化过程中的雇用、晋升、出版所产生的动态保守主义,使得那些不从事这个学派的人很难在最有影响的经济学系获得重要的职位。其次,即使在最好的信息经济学家中,都存在一种避免与传统体系对抗和继续在某种程度上把信息作为一种商品的不幸趋势(Lumberton, 1994)。事实上,即使 Lamberton 和其他学者认识到经济活动是一个过程,它的参与者都具有历史性和语境性,经济进步在于学习(我们强调的)。如果这是事实,交流和信息不能简化为物理输入(Paquet, 1994)和像物质资源一样的信息资源分配。最后,由于强调信息处理过程而不是可选择范式发展中的知识生产已产生了一种误解,理性参与者过分地强调明晰知识的引入过程使得信息经济学的大量工作变得无用,而大量认知隐藏在默示知识中。这就使得信息经济学脱离了认知这个问题(Baumard, 1996)。

尽管受到那些阻碍,传统范式还是受到三个基本的挑战,而且难以反驳:①无需构建我们自己关于世界的观点,因为新古典已经构建好了。就自治的个体理性决策过程而言,首先,因为事实上有无数的理由使我们相信这种"理性主义的非理性热情"是不切实际的;其次,因为通过简化的自然选择过程,最简化的非理性行为也会产生传统的结果。②强调在现存信息的利用中对静态效率的研究与作为支持现代经济的进步方式的社会学习的中心关注点是不一致的。③参与者或者群体对世界的表征和语境现实之间的联系也许并不是像新古典范式那样假设是非问题的:各种基本原理和认知结构,惯例和制度都可用作代理人和语境间关系的媒介工具,也用作比代理人或组织或语境更有意义的多种分析单元。

（二）认知经济学的内容和范畴

尽管现代科学被分成了各种研究学科,但是,正趋向于利用跨学科的研究方法来检验它的假设。每个学科的范式易受相邻学科标准的影响。在过去的 30 年里,认知科学已经形成了自己的假设和模型,并且用于试验。它影响到许多学科的发展。因为学者们都研究意会的本质和相互作用。社会科学由于认知视角的引入而变得更加丰富,认知经济学就包括在其中。这种变化被广泛地描述为综合到个体和集体认知过程的经济原理以及特殊约束,而且这种特征不仅体现在个体代理人的水平上,而且体现在经济过程的动态相互作用中。

古典经济学的传统核心是建立在代理人理性最大化和博弈均衡概念以及一般均衡原理上,代理人如果能使效用最大化,那么他被认为是"理性的"。在这种方式中,所有的偏好表征法都采用同样的形式:如果代理人的偏好满足特定的公理,那么任何事情发生"好像"代理人已经满足了特定的函数最大化,那么这种函数被称为效用函数。这种效用函数是时间性的,反映了代理人对所有未来时间性的选择偏好。但是未来的时间也是"推断"的时间:博弈原理的推断仅发生在代理人的心智里,他为整个前景进行计算,他的均衡策略也面对其他参与者的策略,他们也知道其他参与者有同样的策略。这些均衡策略组成了博弈均衡,这个均衡处于认知意义的精确上,没有人有动机偏离它,这就是纳什均衡。

在一般均衡原理中,代理人被假设具有一定的认知能力,他们能够通过瓦尔拉斯拍卖人提出的每一价格买进或卖出最优数量。在面对市场不均衡时,拍卖人直到供给和需求之间的整个均衡达到时才会显示最优的价格体系。一般均衡原理认为这种价格体系既导致了市场均衡也导致了帕累托均衡。在博弈原理中,博弈的集体理性阐释了在博弈中尝试着找到博弈均衡。因此在对个体最大化理性和集体帕累托理性理解中,一般均衡既与个体理性一致也与集体理性一致。在古典经济学的传统核心中,"时间"只限于当前时态,代理人之间的相互作用仅限于市场中的匿名交易关系,代理人的认知能力被假定定是高度复杂的和无限的。

时间的概念在演化的维度被引入到另外一种博弈,即演化博弈,是由梅纳德·史密斯提出来的。这种原理,产生于行为学的语境,目的是解释代理人在相互作用中的行为选择。然而,从它的形成语境来看,它仅提供了粗略的认知模拟,而且这种认知一般认为是来自非推断观点。因此,演化博弈理论在演化时间的维度里考虑了各种社会相互作用,但是它没有假设足够的认知。相反,古典经济学仅考虑了当前时态的推断,并假设有足够的认知。考虑到人的认知局限性以及精确性,人们可以找到一条适中的方式,通过这种方式,可以保持演化时间和推断时间的守恒。

认知从更加广泛的意义来说是信息处理的过程,它包括所有不同的方面,例如解释的过程。认知系统是处理信息的系统。它并入到单个个体或者分布到大量的个体中时,就产生了个体认知和分布式认知术语。社会认知是分布于社会中的所有个体的认知,它在局部的网络中相互作用,相反,个体认知被认为是分布于神经网络中的认知。

认知科学既研究认知系统的功能,也研究认知系统的演化,因为系统是通过学习和协同演化具有适用的能力。判断认知系统有两个基本法则。第一是可行性法则。认知系统的功能是在可行性的约束条件下维持整个系统的适用性。第二是有效性法则。认知系统解释了预期的发生。理性也是认知科学的关键要素。然而,这里的理性并不是古典经济学中的意思。整个研究趋势融入到与有效性法则相联系的逻辑。这里的"理性"表示推理"完好",换一种说法就是,使用逻辑系统来推理。在可行性原理下,这里的"理性"表示行动"完好",换一种说法是用这样的方式行动能保持可行性和适用性。认知科学的这两个法则并不相互对立。推理完好和预期完好一般可以使行动完好。这就意味着推理能力和预期能力有助于适用性行为。因此,适用性理性移至前沿。

认知经济学是研究通过对环境的感知来提取信息的过程以及通过交流发展知识。在这个框架里,信息在很大程度上成为一种模式嵌入大脑里,或者作为大脑里代理的一种人工智能物。重点并不是现存信息的分配,认知经济学主要研究新知识的产生。在很大程度上,认知是有条件的,受到大脑和心智机制的限制,没有一点人们获取知识方式的思想,是几乎不可能理解信息和交流的重要性的。这就是认知经济学强调认知协议的主要原因。大脑记录了感觉的输入信息,这些输入是从感知系统提出的信息。首先是感知,感知系统搜寻与行为有相关变化的环境,以及从环境不变量中抽出信息方式。这些信息以神经单元的形式记录在人的大脑里。新的体验创造了一种认知模式串联,这种模式是通过现存的模式加上一套面对输入的反应激活产生的模式作为新的神经元。简单的信息因此通过激活新的神经元引发对现存模式的修订、重新框定或者重新布局(Coward,1990)。

认知经济学把认知作为意义的源泉,例如,跟行为相关的信息,目的是发展比杂音更高比例的信息,这个过程是通过改善各种不同信息或者交流改善机制:提取模式的有效技能,参考框架的转变方式,认知不协调的减少。但是,认知既是有限的,也是有代价的和偏见的。Leibenstein 和 Simon 做了大量研究表明人类的推理过程是运用拇指规则来选择搜寻的,搜寻过程直到找到满意的答案才终止(Weiermair and Perlman, 1990;Simon, 1992)。这种搜寻建立在已有的经验上,因此,受到现存框架条件的限制,这种框架是经过长时间与环境和其他代理人相互作用演化而来的。这类解释框架是位于代理人和环境之间的一系列过滤器,既可以加速也可以减缓个体从经验中学习的能力(Ciborra, 1990)。这些框架也许是文化决定的,但并不是不变的,而是通过选择和变异演化成为语境和经验的结果。

知识不仅是客观的和社会性的,而且常常是主观的和异质的。专家知识或者说是默示知识是不能交流的,但是可以形成策略(Baumard,1996)。这种知识也是隐含学习的结果或者是大量社会实践的体现。它采取并不能解释的能力形式,但是这种知识可以应用。认知不仅仅发生在个体水平,而且创造性个体在隔离状态很难达到他们的目标。他们在一种组织的语境中体现交流的网络。组织也可以通过经验来学习。真实世界群体的经验已经表明新的环境或者感知框架的崩溃产生新的稳定工作布局,这种布局是修订的神经网络。

组织学习和认知结构之间也存在相互作用:把挑战框定为谜题意味着它引起了我们注意,但是把它框定为异常仅意味着这个问题被忽视或理性化被去掉。在第一种情况中,学习被重视,但是在第二种情况中,几乎被忽视(Kahneman and Tversky, 1979)。

(三) 认知经济学的研究领域和研究方法

经济学是一门复杂性的科学。在经济学的语境里,复杂性是真实世界的属性,通过正式的方式,人们不可能抓住真实世界的所有特征。经济学的这种独特复杂性就在于分析人们之间的相互作用过程是不能完全预测的以及结果常常是不可预期的。这主要是经济代理人的认知特征,他们在真实的受环境结构影响的约束条件下行动,因而处在一种结构的不确定性条件下。在更广泛意义的决策过程和经济研究过程中,关于人类认知独特性的相互关系、推论、相关性的比较分析中,大量迅速增加的认知经济学文献已经深深地影响到人们的经济思维,而且有效证明了这种新的方法研究这个问题的前景。它通过跨学科的研究方式来研究问题的解决、决策的制定、选择和变化。虽然不能完全概括认知经济学领域,但是,主要研究领域如下:①在不确定性条件下,与人类的心理神经生物学的典型特征相联系,对决策制定过程进行动态分析。②通过对知识的构建和扩散过程,对心智过程(默示过程在内)进行相关性理解。③考虑到认知与实验心理学的结果,深入分析感知和学习机制。④对主体的表征能力和认知与情感的捷径运用以及想象的纵览,这些都在决策中产生偏差和启发。⑤与创新相关的创造力的性质和作用的研究。⑥决策的满意化模型的发展,这个模型优于约束最优化的经典模型。⑦根据对组织学习过程、知识分享、能力分配的研究,关于组织的经济学作用的新观点。⑧通过与知识的构建过程的认知机制相联系,关于制度的性质和经济学作用的新观点。

这些探讨环境约束的文献,大部分都包含在上面提及的文献中,但是,由于它强调经济过程的演化方式,这门学科被包含在更加广泛的文集中。这些文集 20 多年来被称为"演化经济学"。演化经济学的相关应用领域实际上更加广泛,但是,就认知经济学而言,特指那些与环境结构、决策约束、创新过程相关的部分文献。因此,更多相关文献需要得到研究与应用,包括:①部分或完全优于达尔文模型的演化模型。②选择机制与文化发展。③系统和组织的自我规制原理。④技术、组织、制度变化过程的局部和特殊分析。⑤从演化经济学的视角,个体决策过程和组织与制度间相互关系的关联性。⑥从组织的视角,与学习、创造力和默示知识的机制相联系的决定因素的直接运用。

正如演化经济学一样,认知经济学需要坚实的理论基础、严格的体系和适当的分析工具来丰富它的研究。关于认知经济学的理论基础,已经有了一些"有历史意义的"工作,它们强调了在对经济现象分析中,对认知方面的关注(有时候是含蓄的)是这些问题的根源,从马歇尔到哈耶克,从西蒙到卡尼曼(在这里仅引用一些最有名的名字),经济学的认知方法通过越来越多的已有学者做出的贡献得以发展[1]。有人也许评价这些文献很明显地存在于对主流模型基础的批评中,这些主流模型被认为不切实际、无实质应用性、描述性不充分。这是显而易见的事实,但仅仅是一部分。主要包括:西蒙对绝对理性不一致的批评;科斯对新古典理论的批评,认为它不能对组织的性质和作用给出定义;哈耶克关于人类知识或经济过程中制度的实际作用所提出的批评,通过列举这些例子,仅仅是对这些模型进行反驳的首要步骤,用以证明这样解释、描述、运用到现实是不充分的。实际上,批评仅仅是问题的一方面。

---

① 一个具有历史意义的重构(Rizzello 1997),从马歇尔到卡尼曼的认知方式文选(Egidi and Rizzello,(2003)),最近认知经济学的发展(Rizzello 2003)。

这些学者还尝试新的路径来发展新的范式,而且利用已有研究者的贡献,提出了新的理论:阿莱提出的"阿莱悖论"和一般效用理论,卡尼曼和特维斯基提出的效用理论,西蒙的决策理论,或者许多企业理论,或者与新制度主义方法相联系的理论。这些贡献如此的丰富和有前景,以至我们预见在不久的将来新古典范式将会被抛弃。要重点指出的是,这些方式利用了部分马歇尔的思想,这些思想至今被认为是不重要的。我们在这里特指马歇尔思想是指:组织是生产因素之一,学习过程与决策机制过程相关。用更加清晰的认知术语来说,我们是指马歇尔发现了心智的性质与工作原理、结构特征、组织动态三者之间的平行论[①]。似乎认知经济学现在能够形成大量的这种方式的思想,然而这种方式在几乎整个20世纪被忽视,因为新古典体系的支配地位,这种体系有着丰富的形式化,但是缺乏有深度的跨学科分析。

关于在认知经济学语境里使用的分析工具,我们指出,这种分析工具综合了所有方法的独特性,是由于它的本质和适用性特征——路径依赖[②]——决定的。认知经济学分析的所有现象具有历史性的特征,进而具有不可逆性、自我强化机制的特征。正如已有的其他观点,当我们通过感知外部数据和决策过程中构建的知识来研究人类认知机制时,神经生物方面的证据已经表明了这点。如果是个体学习,不可否认的是个体的决策过程依靠先前的经验和记忆。由于复杂的现象与人类决策的不可靠性以及未预料的结果相关,组织和个体的决策过程设计了次优和非完全的可预测轨迹,这些将在锁定的范围里结束,锁定失效仅只能建立在通过

[①] Raffaelli(1994,2003)对马歇尔关于这个方面的思想进行了系统化归纳。

[②] 路径依赖被认为是复杂动态系统的一个属性,它暗示,在一定的探索空间里,不可能知道全部的可能渠道,每一个决策行动都依赖于先前的经验路径。起初,路径依赖运用到经济历史、经济地理、创新经济学,包括以下几个方面:一是论证了小的随意事件导致系统的刚性,最后达到次优平衡,二是解释了产业移植的独特性结构,三是解释了创新的扩散方式。最近,路径依赖分析也运用到研究制度的性质和演化以及个体的决策过程,因此,直接扩展到认知和实验经济学。不言而喻的是经济现象是不可逆的,主要依靠历史,正如David(1997)认为的,如果标准经济理论没有花费如此大的精力发展历史体系,就没有必要解释它。

认知特征来理解复杂的机制基础上①。

然而,这种接近历史事件的思想不仅与研究中的现象不可逆性相连,而且正如 David 提出的观点,也与这些现象在制度的范畴内出现的事实相连,而这种制度的范畴可能是历史的携带者;这些常常通过惰性的复制机制来产生。另外,制度范畴也可以在社会的视角下使独特性标准化,而这种独特性与行动结果的判断、感知相关。通过这样做,制度范畴也在推动变化的驱动力下影响演化。

二、技术创新的认知经济学理论渊源

认知科学对技术创新的贡献在于描述了技术轨道的产生,也为创新经济学提供了新的研究方法。波兰尼(Polanyi, 1958 and 1966)介绍的默示知识(tacit knowledge)和编码知识(codied knowledge)之间的区别,西蒙(Simon, 1947)等学者对有限理性的阐述以及对企业本质的经济学解释,哈耶克的心智理论以及学习理论这些文献构成了后续研究的基础。

(一)波兰尼的"个人知识"

波兰尼对默示知识和编码知识进行了区别。波兰尼认为:"人类的知识有两种,通常被说成知识的东西,像用书面语言、图表或数学公式表达出来的知识,仅仅是知识的一种形式;而不能系统阐述出来的知识,例如我们对正在做的某事所具有的知识,是知识的另一种形式。如果我们称前一种知识为明示性知识,后一种则为默示性知识。"②他指出这两种知识是建构在由觉察连续统一体、活动连续统一体、知识连续统一体构成的人类认知结构基础上的。在这里,他特别强调了意会认知的重要性,波氏在分析意会认知结构时认为:"意会认知统合一个连续统一体的所有成分使我们明白

---

① 这样的案例,我们可以找到很多的文献。仅举几例:Egidi arduzzo(1997),Dosi‑Metcalfe(1991), Egidi(2003), Novarese‑Rizzello(2002), Novarese(2004b)。关于制度经济学中的路径依赖相关研究,可以参考经典的 North(1990)和最近的 Witt(2003)、Rizzello‑Turvani(2002)。
② M. Polanyi. The Study of Man. Routledge and Kegan Paul. London, 1959, p. 75.

了这些成分构成了这个连续统一体。通过集中觉察对附带觉察的边际作用可以认识如何统合，这就是默示认知的功能结构。这也使人们明白了连续统一体是怎样起作用的，揭示了其部分意义，我们就有了默示认知的语义层面。由于连续统一体是由较高原理作为一个整体而非其孤立的部分来控制，连续统一体就被看做不同于其部分的集合。其较高原理赋予连续统一体以形状和活力，通常也会产生附加的新特征。我们就有了默示认知的现象学的层面。"①总之，人的认识结构首先是觉察连续统一体，人对对象的集中觉察和附带觉察统合而成个人经验。人经验中具有功能关系、现象和语义以及内蕴于表象中的实在本质映射的意向性。在作为客观世界的"本体映射"于人的意向性的边际控制下，且在作为附带部分积淀于主体的个人存在如知识、情感、价值等中，人通过意会认知结构将主体的个人存在如知识、情感、价值等，人通过意会认知结构将主体和客体统合形成人的初始经验，是人类一切认识活动和知识的基础。

在这个基础上，波兰尼对科学和技术从获取途径方面进行了区别。可表现为，科学的发现离不开科学家个人的参与，科学实质上是一种"个人知识"。波兰尼指出："即使在最精密的科学运作过程中，也都有科学家个人的必不可少的参与"②。拉普拉斯式的否定科学是一种"个人知识"，将可证实的经验事实视为科学乃至一切真理的标准，只能是白费力气。波兰尼说："科学发现不能通过明确的论述来获得，其正确主张也不能明确地加以陈述，科学发现只能由思想的默会能力来达到，其内容，就其是不确定性而言，只能默会地加以认识"③。科学家这种默示的认识是一种技能，"科

① M. Polanyi , The Structure of Consciousness, Brain , V. 88, 1965, p.805.
② 迈克尔·波兰尼:《个人知识:迈向后批判哲学》,贵州人民出版社 2000 年版。
③ Michael Polanyi. Knowing and Being. The University of Chicago Press, Chicago, 1969, p.138.

学靠科学家的技能来操作。科学家正是通过行使自己的技能,而造就了科学理论"。技能是不可言传的,"技能无法被按其细节进行充分解释"①。技术则不然,技术的获得或多或少要依靠言传的知识,"技术是只教人按照(或多或少)可言传的规则利用工具来获得物质利益的活动"②。需要指出的是,技术不等同于技能和行家绝技。前者是一种规则知识,在一定程度上可以与人分离,后者是一种直接经验知识,与人的劳动融为一体。在波兰尼这里,"技术"一词指的是一般的操作原则,"一件工具、一台机器或一个技术过程的特点最集中的表现就是它们的操作规则"③,而且技术的操作原则无法通过科学术语来说明。例如一台机器,它的发明者在操作原则中会说明它的部件是如何独具特色,如何在统一操作的过程中影响另一个部件,如何完成它的特殊功能并实现机器的目的。如果用科学术语,譬如说通过物理学或化学的知识对这台机器做细致的分析来探讨它的本质,我们只能获得关于这台机器的一个完整的物理学或化学图谱。至于它是如何工作的,则做不到。我们甚至不会发现它是一台机器。这是因为"我们通过从技术上理解机器而认识一台机器,也就是说,我们通过对它的目的的参与和认可它的操作原则而认识它。在物理学或化学的调查中,我们并没有这样的参与。"④ 因为我们对物理学或化学的获得都是依靠默示的能力来进行的。从广义的技术角度来看,技术与科学的不同,在于技术获取的途径还多少包含着一些可言传的能力。技能和行家绝技是在掌握技术的基础上对技术迅速、精确、自如的运用。人们可以通过规则掌握一门技术,却不能仅凭规则掌握技能和行家绝技,因为后者不能够通过言传的知识来获得。波兰尼指

---

① 迈克尔·波兰尼:《个人知识:迈向后批判哲学》,贵州人民出版社2000年版。
② 迈克尔·波兰尼:《个人知识:迈向后批判哲学》,贵州人民出版社2000年版。
③ 迈克尔·波兰尼:《个人知识:迈向后批判哲学》,贵州人民出版社2000年版。
④ 迈克尔·波兰尼:《个人知识:迈向后批判哲学》,贵州人民出版社2000年版。

出:"像技能一样,行家绝技也只能通过示范而不能通过规则来交流。"①

按照波兰尼对路径阻塞的分析,经济主体通过书面的方式能够掌握更多的知识,默示性知识嵌入到每一个主体的日常程序和习惯中,只有借助于系统明确的努力,默示知识才能部分地转变为编码知识。之后,不同的学者对知识进行了不同的分类,进而论述了各自的含义(Spender, 1995, 1996;Nonaka and Takeuchi, 1990, 1994;Grant, 1996)。其中,Spender(1996)采用"多元方法论"(Pluralistic epistemology)根据个人的/集体的和显性的(explicit)/隐性的(implicit)两个维度将知识分为四类:有意识的(conscious)知识、客观化的(objectified)知识、无意识的(automatic)知识和集体的(collective)知识。Nonaka和Takeuchi(1994)把知识分为默示性和明示性,通过两者的相互作用建立了一个知识创造的五阶段模型。科万(Cowan, 2000)进一步介绍了默示知识、显性知识和编码知识之间的区别,强调不同知识层次之间的互补性,并不是所有默示知识都能完全转化为编码知识。

(二)有限理性

由西蒙提出的"有限理性"概念为创新经济学做出了开创性的贡献。他认为"人脑系统阐述和解决复杂问题的能力,同问题的实际情况相比,是很小的。问题的解决要求真实世界中的理性行为"②。西蒙认为"简化选择过程的关键……是用令人满意的目标代替最大化目标,找到一种足够好的行为路线……这种替代是应用有限理性的重要步骤。"(西蒙,1957)西蒙认为现实生活中作为管理者或决策者的人是介于完全理性与非理性之间的"有限理性"的"管理人"。"管理人"的价值取向和目标往往是多元的,不仅受

---

① 迈克尔·波兰尼:《个人知识:迈向后批判哲学》,贵州人民出版社2000年版。
② Simon, H.A. (1957b). Models of Man: Social and Rational; Mathematical Essays on Rational Human Behavior in a Social Setting. New York: Wiley.

到多方面因素的制约,而且处于变动之中乃至彼此矛盾状态。"管理人"的知识、信息、经验和能力都是有限的,他不可能也不期望达到绝对的最优解,而只以找到满意解为满足。在实际决策中,"有限理性"表现为:决策者无法寻找到全部备选方案,决策者也无法完全预测全部备选方案的后果,决策者还不具有一套明确的、完全一致的偏好体系,以使它能在多种多样的决策环境中选择最优的决策方案。西蒙的管理理论关注的焦点,正是人的社会行为的理性方面与非理性方面的界限,它是关于意向理性和"有限理性"的一种独特理论——是关于那些因缺乏寻找最优的才智而转向寻求满意的人类行为的理论①。

西蒙在他的《管理行为》一书中几乎只是针对"完全理性"和非理性提出其"有限理性"观点,但对"有限理性"的深入论述是在他以后对人类的认知系统的研究中逐渐完善的,这也是对"有限理性"进一步研究必然导致的结果。西蒙在他的《人类的认知——思维的信息加工理论》中讲到,根据米勒等人发现的短时记忆的容量只有(7+2)项(西蒙认为可能是4项),从短时记忆向长时记忆存入一项需要5~10秒(西蒙认为可能是8秒),记忆的组织是一种表列等级结构(类似于计算机因内存有限,从内存到外存的存取需要时间,以及计算机的储存组织形式)。这些是大脑加工所有任务的基本生理约束,正是这种约束使思维过程表现为一种串行处理或搜索状态(同一时间内考虑的问题是有限的),从而也限制了人们的注意广度(选择性注意)以及知识和信息获得的速度和存量。与此相适应,注意广度和知识范围的限制又引起价值偏见和目标认同(类似于无知和某种目的意识所产生的宗教或信仰),而价值偏见和目标认同反过来又限制人们的注意广度和知识信息的获得(类似于宗教或信仰对科学和经验事实的抵制和排斥)。因此,西

---

① 西蒙:《管理行为——管理组织决策过程的研究》,北京经济学院出版社1988年版。

蒙认为,有关决策的合理性理论必须考虑人的基本生理限制以及由此而引起的认知限制、动机限制及其相互影响。从而所探讨的应当是有限的理性,而不是全知全能的理性;应当是过程合理性,而不是本质合理性;所考虑的人类选择机制应当是有限理性的适应机制,而不是完全理性的最优机制。决策者在决策之前没有全部备选方案和全部信息,而必须进行方案搜索和信息收集;决策者没有一个能量的效用函数,从而也不是求效用函数极大化,而只有一个可调节的欲望水平,这个欲望水平受决策者理论和经验知识、搜索方案的难易、决策者的个性特征(如固执性)等因素调节,以此来决定方案的选定和搜索过程的结束,从而获得问题的满意解决。因此,"管理人"之所以接受足够好的解,并不是因为他宁劣勿优,而是因为他根本没有选择的余地,根本不可能获得最优解,"管理人"决策时要受到基本生理因素、认知因素、动机因素及其相互影响的限制。

威廉姆森(1975)归纳了有限理性的涵义并分析了其产生的原因。在他看来,有限理性是指从事经济活动的人"欲求成为理性的,但实际上知识有限地理性的"。而近年来演化经济学中出现了所谓的行为学派(Loasby, 1999),强调经济主体理性选择的认知成本。Loasby(1999)首先借鉴了现代生物学和心理学的成果,指出理性选择过程所需要的能量成本不可小视,因为人脑的运动大约消耗了 1/5 的能量。在此基础上,决策过程的发展和利用不是依赖于选择逻辑的结果,而是依赖于适合的回顾性逻辑。该学派进一步将"有限认知"作为经济主体的行为假定,其含义是:由于认知能力的限制,人们大多停留在"理性的无知"水平上。也就是说,由于认知能力的限制使得人们的理性是有限的。在该学派看来,"有限认知"是比"有限理性"更适合的前提假设,因为前者揭示了理性受到限制的原因。费斯科和泰勒尔(S. T. Fiskehe, S. E. Taylor, 1991)研究发现,人类是"认知吝啬鬼"(cognitive misers),人们总是在竭力节省认知能量。由于有限理性,人类总是试图采用把复杂问题简化的战略。其过程为:①忽略一部分信息以减少认知负担;②过度使用某些信息避免寻找更多的信息;③接受一个不尽完美的选择,因为这已经足够好了。"认知吝啬鬼"使人类能够利用有限的认知资源来加工无限的信息。经济学家霍奇逊(Hodgson)[①] 从哲学、心理学角度论证了人的行为决策不可能达到全智全能的理性程度。他认为,经济学家对理性和非理性理解的偏见深层原因,来自他们对人脑处理信息加工原理的认识缺乏像哲学家、心理学家和社会学家那样熟悉的讨论。"经济学家们常常口头上对'信息问题'给予关注……但是,它是对信息本身的一次容易引起误解的、错误的处理,因而最终导致错误和混乱。"实际上,市场信息的获取和加工:一要感觉材料,它由大量杂乱的听觉、视觉材料所组成;二要理性的分析框架,对信息进行有价值的筛选和提炼;三要有"约定俗成的知识加以补充和整合"。在市场行为者的决策机制中,由于认识和思维过程是一种复杂的多层系统,而行为本身又是根据不同思维层次发生的,有时是经过深思熟虑后的行为,有时则是无意识、潜意识状态所激发的非理性行为,因此经济行为人的决策并非像古典经济学家所主张的那样是完全理性的。诺斯(2000)在"不确定世界的法律与社会科学"的演讲中指出,"因为经济学是一门在稀缺的社会如何进行选择的理论,在一个不确定极为普遍的世界里,人们需要通过认知科学、经济学、政治学、法学、社会学以及相关的分析来解决不确定性问题。经过这么多年的研究,事实上,我们已向我们的感知投降,向我们的心智投降,有必要回到1920年哈耶克的《感觉的秩序》上去。"

　　由于"奥林匹克"式理性不适用于存在不确定性的情况,这时,没有人能够确定地预知研发活动的结果,更不用说所引入的技术

----

① G.M.霍奇逊:《现代制度主义经济宣言》,向以斌等译,北京大学出版社1993年版。

进步的发展方向了。事实上,当涉及技术变革的时候,未来价格和市场的走向很难确定。有限理性的引入使人们开始重新理解创新的基本动因。当产品市场和要素市场的变化引起了外部环境变化时,企业就会创新。当短视的经济主体所做出的不可逆的决策与未预料到的突发事件配合不当时,创新也会出现。在这种情况下,创新和新技术的引入是局部搜寻的结果,在进行广泛的技术选择时受到企业局限性的约束。程序理性限制了对使用中且邻近的新技术搜寻,这时干中学和用中学能够增加能力和默示性知识的存量(Nelson and Winter, 1982; Antonelli, 1985)。康利斯克(John Conlisk, 1996)认为,由于存在着思考成本,对于一个有限理性的个体,试探法(直观推测法)通常便宜地提供了足够的(足以满足要求或需求的)解决方案。而更加复杂的方法过于昂贵。他将有限理性说应用于创新研究,认为采用超理性说模型所预言的许多技术创新应该比实际出现要早得多。在康利斯克看来,有限理性是技术变化的主要决定因素。诺斯在《制度、制度变迁与经济绩效》中总结性地指出:"对制度安排和效率来说,意识形态不是无关紧要的。"他提出了制度分析理论家的下一个任务是理解群体及决策者的"心智结构"(mental construct)。因为,认知科学告诉我们,决策者——制度创新或技术创新者,他们的决策过程受到外界压力和内在心理与认知能力的影响①。

(三) 哈耶克的心智理论

哈耶克提出了心智理论。在他看来,人的心智永远不可能被人的心智本身充分了解。人们了解、预测、控制心智的能力具有无法逾越的局限性。这些局限性否定了理性主义对世界的某种理解。他认为心智是存在于身体和社会过程之外的,并完全决定着身体和社会过程。在《感知的秩序》里,哈耶克关注的核心问题是

刻画认识过程是如何从感官刺激到达最后阶段的,即这一世界的心智图景。哈耶克试图借助探讨人的感觉感知世界的方式来解答不同于人们用科学语言所表述的世界方式的原因。他认为,心智受两种因素的影响:一方面,在某种程度上,心智既是大脑的物理结构以某种共同的方式演化的结果,表现为大多数人在感知上非常近似;另一方面,每个具体的环境和经验将导致心智沿着不同的方向进化,并以不同的方式作用于感知。由于人们生活的不断变化,人所累积的许多经验势必影响其认知的发展。因此,在一定时期,心智被认为是这些历史和经验事件的结果。这样,心智就成为一种从某种具体的身体结构中衍生出来的文化产物。

在哈耶克看来,心智所起的作用就是分类。心智相当于康德的"范畴",它是一个分类体系。为了把某物确认为某种独特的感觉"材料",它必须不同于源源不断的其他感觉。由于心智已进化到相当程度,可以精确地发挥此功能,心智就是一个创造感知对象的差异过程,它已成为人们用于解释世界的工具。正因为此,心智才把世界有组织地"呈现"给人们,使人感知到它。人们对物质世界的现象性理解之所以是有序的,就是因为心智对感觉进行的排序而形成的"感觉秩序"。因此,心智就成为人们对感觉进行分类的工具。

为说明心智的作用,哈耶克用"地图"和"模型"作喻体来描述心理过程。正如他所说:"它是一个建立模型的复合的分类过程。在此之前,人们将它称为地图,一个具有半持续能力的分类工具,它提供了构造特别状态模型所需的不同的一般的因素。'地图'这一术语仅表明一种环境的概要性的特征,因此,它确实会导致稍许误解。分类工具所提供的是世界运行的详细的事件,一个关于世界运行的理论一定优越于关于世界特点的理论。从一系列的构建集合中建立特别状态的模型,这可能是一个更好的描述(Hayek, 1952)。"在这里,"地图"是指大脑根据以往经验的结果已建立起来的暂时关系和关联。在一定意义上，就是由分类结构构成心理秩序，驱动着心理过程。"模型"是指刺激的形式，在任何一时间点上都可以追溯到暂时性渠道的既定网络中，而这种暂时渠道来自目前所处的特定环境。地图形成模型。在从前的感觉经验的基础上，心智向人们呈现目前环境的某种模型，成为人们对当前语境下进入的感觉信息进行分类的背景。该模型又具有前瞻性，它能使主体预见到他本人的行动及外部事件的可能后果。哈耶克设想两者之间存在着反馈过程，地图创造着特定的模型，但从现存环境输入的东西最终也能够改变地图。由此人们不难发现，心智是经验及对经验进行分类的东西的产物①。

这样一来，哈耶克就把心智视为对现实世界的排列和预期。地图对进入人的感觉材料进行分类，并形成模型。换句话说，人对世界的了解，大多是采取理论形态而非原始的事实。人们所能感知的，是依据人们经验所形成的关于某些类型情景的预期，以及在这些情景中如何行动。人们总是根据经验来判断将会发生什么，人们借助规则来了解世界，但人们的猜想在某些情况下可能会错。哈耶克的认识论有助于我们理解人们为何会犯错误，人们如何从错误中学习。由于哈耶克把人们获得知识的途径归于心智对经验的建构，这就意味着离开经验我们便无从认知世界，这正是康德理论的翻版，也是典型的英美经验主义认识论的折射。他实际上也就否定了唯理主义的理性建构说，否定了理性作为人类行为尺度的任何可能性，为其有限理性论和社会进化论奠定了理论基础。

在《感知的秩序》里，哈耶克还注意到"知识"的问题性和复杂性。他认为：①有机体所有的全部关于外界的知识，都是由外界刺激所引发的行为模式构成。对人类心智而言，人们称之为知识的，首先便是对刺激的差异或相似性的感受，以及由激励整合的规则

---

① 拉齐恩、萨丽：《哈耶克与古典自由主义》，贵州人民出版社2003年版，第206页。

加以修正或强化的行动的规则体系。②人们不是先有了感觉,然后再基于记忆来认知,而是基于生理记忆,把生理(神经)冲动转变为感觉。③感知总是一种解释,把事物分类到若干类别中的一个。④人们所能感知到的外部事件,其实,仅仅是这些事件作为一些类别的成员所具有的性质。而那些类别,则基于过去形成的联结。人们归之于所感知事件的那些性质,严格来说,根本不是客体的性质,而是神经系统用以分类的一组关系。从哈耶克早期的这些论述可得知,"知识"不但具有历史性、传统性、路径依赖性,而且是心灵与外界刺激交互作用的结果①。

(四) 学习理论

虽然主流经济学很少考虑学习理论,但是,在创新经济学中知识创新占据了重要的理论地位。学习在总体上被定义为一个"使相对持久的变化在经验引起的潜在行为中发生的过程"(Anderson,1995)。一般来说,创新涉及企业获得新的产品技术并使之投入实践的过程(Nelson and Rosenberg, 1993)。自熊彼特(Schumpeter, 1942)和哈耶克(Hayek, 1945)的早期研究以来,对创新感兴趣的经济学家一直在试图界定这些过程的性质和特点。创新文献的一个中心议题是:企业开发新产品技术的手段并不是随机的,技术创新是在界定清晰的框架里形成并有秩序地发生的(Dosi,1982;Pavitt, 1987)。为进一步理解这些可辨认定义的清晰结构,学者更多地研究了企业的组织学习过程(Metcalfe, 1995)。这些理论家所提供的启示虽然建立在主流文献的学习理论基础上,但却在重要方面扩展了这些学习理论。他们认为经济主体(主要指企业)具有有限理性和有限知识的特征,即他们不能完全清楚地表述他们的知识,但是经济主体可以学习,学习是随时间而重复行动和思考的结果。学习具有很强的累积性特征,从而导致报酬递增,在

---

① 汪丁丁:《制度分析基础讲义Ⅰ:自然与制度》,上海人民出版社 2005 年版。

这里成本下降与时间而不是完全与生产规模有关。学习也受到反馈的积极影响,当它产生积极结果的时候,学习更加容易而且更加有效。最后,组织内的知识和个体学习具有不同的特征。组织学习不但对经济学而且对经济本身都会产生影响,它甚至比个体学习具有更为重大的意义(Penrose, 1959；Arrow, 1962b；Dosi, 1988；Malerba, 1992)。

创新文献的另一个重要启示涉及技术的复杂性质。开发一个新产品或新过程具有高度的风险性,需要许多常常是复杂的技术和市场因素的相互作用(Kline and Rosenberg, 1986)。成功的开发需要组合不同来源的知识,需要有效满足多维度的各不相同的业绩标准(Patel and Pavitt, 1998)。复杂性意味着容易处理的知识不足以指导实践。企业经常依靠的是难以(并非不可能)搞清和处理的知识(Polanyi, 1967；Winter, 1987)。这种默示性知识是通过多重学习活动中的经验和在职训练而获得的,其中包括设计、生产工程、实验和开发活动。这种知识常常体现在组织的协调和管理工作中,就是说体现在组织的常规中(Nelson and Winter, 1982)。技术知识的模糊部分很难在组织之间传递。结果,组织的技术知识的一部分就成了该企业或研究实体所特有的东西,这个事实说明了为什么模仿成本(模仿现有过程或产品设计的成本)常常和创新成本(开发新产品或过程设计所花成本)差不多。曼斯菲尔德、施瓦茨和瓦格纳的研究表明,平均模仿成本是创新成本的70%。正如创新一样,成功模仿也需要有控制许多相互作用的复杂变数的能力(Patel and Pavitt, 1998)。这些相互作用不大可能被简化为容易处理的演算程序,因此,就需要有试错过程和运作经验。技术知识的难以转移性同样可以说明为什么新技术的扩散经常要靠技术人员和科学家的主动性(Teece, 1977)。由于模糊知识常常体现在个人能力中,因此要转移这种知识主要依靠有经验的个人的能动性。

新技术或许来源于这种学习过程，特别是来源于将默示知识转化为可被分享和传递的新知识过程。现在已经获得了对发现过程自下而上的理解。它补充了传统的组织中自上而下研究技术创新起源的方法（Kline and Rosenberg, 1986）。

技术创新既是一个渐进的学习过程，也是一个累积学习的过程。多西（1982, 1988a）清楚地阐明了这个观点，他认为，技术创新经常是以某些具有路径依赖性的方式前进的，可被称作技术范式的东西划定了这条路径。技术范式在背景上规定了一个企业的创新机会，规定了可用来开发这些机会的基本规程。重要的是，范式基本是由以往技术行为所形成的。如上所述，企业用于开发新产品和新过程的搜索常规，以及企业吸收外部知识的能力，主要取决于企业现有的技术储存。由此看来，组织学习自然是渐进的（Dosi, 1988）。组织所发现的技术问题和机会往往与现有活动相联系。因此，组织的相当一部分创新内容是技术改进现有产品和过程。在许多场合，渐进的创新并非来自刻意的研究活动，而是来自在产品制造过程中或用户反馈中所发现的改进措施。因为企业的技术储存和学习过程各不相同，所以其技术渐进变化的轨迹也就不同（Malerba, 1992）。因此，可以说，一个特定组织的新产品和新过程始于过去成功的技术的相邻区域（Nelson and Winter, 1982; Teece, 1996）。也正如多西所说（1988）："企业将来在技术上所能做的事，基本受制于它过去所能做的事情，一旦技术的渐进性和企业特有的性质得到认可，它的发展就不再是随机的，而是限制在技术上与现有活动密切相关的区域。"就创新学习是局部的、由一定技术范式所决定的但为从事于该技术的其他企业所分享的这种情况而言，有可能看到戴维（1975, 1985）和阿瑟（1989, 1990）所讨论的工业锁定和路径依赖。而就学习是局部的、在个体组织层面是渐进的而言，则企业特有的锁定和路径依赖可能具有操作性。在这种情况下，组织的技术能力有可能被"关闭"在过去的技术成果里(Teece,1996)。例如,某领域(如制药业)特有的技术技能也许可用于相邻领域(如农药学),但不太可能应用于相隔较远的区域(如飞机制造业)(Teece,1988)。

管理类领域对认知的分析比较广泛,沿着熊彼特的思路,学者们大多数从影响个人创造能力的角度研究技术创新。Barron(1981)、Guilford(1956)、Stein(1989)等人认为,决定个人技术创新能力的主要特征是个性心理特征,如认知、风险倾向、激励倾向、性格等。他们的结论是具有发散性思维特征、爱好风险、具有对工作充满兴趣的内激励倾向、具有爱好广泛且精力充沛的性格特征的人往往具有较强的创新能力;反之,那些具有收敛性思维特征、惧怕风险、具有热衷于物质奖励和名誉地位的外激励倾向、爱好单一,且不能够持之以恒的人往往缺少技术创新的能力。

第三节 结论与启示

从以上的文献回顾可以看到,技术创新已经成为众多学科共同感兴趣的领域。由于技术创新的复杂性和经济学传统的惯性,至今,技术创新研究还未进入正统经济学的主流中,主要原因在于技术创新测度的不确定性与复杂性。因而作为经济系统的内生变量,难以量化,导致难以进入正统经济学的理论框架。目前的研究,处于松散的技术创新各个侧面的研究,甚至还称不上严格意义上的学派。总的研究趋势是,着重从实用的角度来探讨,不追求理论上的严密与完美,应用性较强。本书为了更好地理解技术创新,需要对认知有更深入的了解。然而,遗憾的是,经济学理论中对认知的研究一直受到忽视。在我们看来,主流经济学和新制度经济学出于各自的理由都忽略了认知的研究。在主流经济学看来,对认知的研究是属于心理学的范畴,心理学与经济学的学科界限划定了经济学家不能越雷池半步。而新制度经济学之所以忽略对认知的研究,则是建立在这样一个逻辑基础上的:产权结构或者契约关系决定了对经济主体的激励结构,而受到激励的主体本身就会产生选择行为,即在"产权—激励—行为"的逻辑中,没有为认知的存在留下空间。因此,绝大多数新制度经济学家都未涉及对认知的研究。虽然从认知经济学角度研究制度、技术等问题具有理论和实践上的必要性,但是总的来说,这方面的研究还刚刚起步。从国内研究现状来看,将认知(认知模式)与经济学相联系的研究至今还很少,跟技术创新联系在一起就更少。现有研究主要是在以下几个方面展开的:

一是从认知角度对人们选择行为的微观基础进行修正和完善。章华(2003)研究了主体认知特征和认知模式的复制和扩散的过程,并探讨了认知模式同制度创新之间的关系,认为制度创新的实质是知识的创造、利用和发展。在进一步研究了认知模式后,认为认知模式是制度演化的微观基础。经济主体之间行为(战略)的互动形成惯例,惯例又经过长期的历史演化形成制度。从而,研究经济主体的行为(战略)是如何产生以及行为之间是如何互动的,就成为制度研究中的一个关键问题。由于人们的行为依赖于他的认知模式,因此,从认知模式切入到制度演化的分析就显得十分必要。最后他提出了一个以认知和认知模式为核心的制度演化分析的一般性框架(章华,2005)。卿志琼(2006)在批判新古典经济人隐含的两个假设后,提出了思维成本为正和"个人异质性假设",认为秩序是一种减少不确定性和复杂性、简化信息和降低心智成本的机制,并比较了组织秩序、计划秩序与市场秩序不同的心智成本。

二是对特定类型的主体(比如企业家)的认知模式以及对创新的研究。张永耀、赵永乐(1998)研究了企业家认知模式刚性化的问题及其防范措施。汪丁丁(2000)认为观念创新被理解为发生在群体组织内部的人际交往的诸多结果之一。在这类人际交往过程中,符号(包括"语言"、"手势"、"眼神"及用以传递信息的其他身体动作)的意义被每个参与交往的个体加以阐述并达到均衡。参与交往的个体以对历史上已实现的均衡状态加以观察和阐述来习得特定传统中的个体理性及理性行为。但所有这些概念，不论是已实现的均衡还是个体对这些均衡的阐述，都没有明确刻画出新观念产生过程的细节。这些细节主要包括两个方面：①主体注意力在各种观念之间的配置过程，由主体对特定观念的注意所引发的深层体验，注意力的转移和创新的"潜伏期"，以及深层体验和潜伏期所孕育的"顿悟"；②创造性主体通过参与人际交往从其他主体那里获得的"联想"、"间接体验"、"感悟"、"冲击"及对既有知识的"再阐述"(汪丁丁，2000)。

从上述评述中可以看出，认知经济学的研究还处于初步阶段，现有研究基本上在几个相对独立的方向上发展，彼此之间未建立起统一的分析框架和联系。而技术创新正是认知经济学的一个主要研究领域，从认知的视角对技术创新进行研究有利于把握创新的真正内在机制和本质，从而对技术创新有一个全新的动态认识，无论对于企业创新活动的开展，还是国家的政策制定，都会产生重要而积极的影响。

第二章　知识与知识的性质

正如我们所知,认知是指那些使主体获得知识和解决问题的操作和能力,即认识和知识。它既包含了一种动态性的加工过程(认识),也包含了一种静态性的内容结构(知识)。技术创新用认知来诠释的话,它的本质是一种技术知识的生产。因此,理清知识的一些相关问题是以认知为根据来分析企业技术创新的基础性前提。知识的内涵、知识的认知构成及知识的认知性质构成本章的主要内容。

第一节　知识的含义

一、知识已有的概念

自有人类文明史以来,哲学家对"知识"这一概念的思考就未停止过。几乎每一个时代的哲学家都讨论过知识以及相关的认识论问题。

亚里士多德曾将人类知识分为三大类,即纯粹理性、实践理性和技艺。所谓纯粹理性,在亚里士多德时代,大致是指几何、代数、逻辑之类可以精确研究的学科,如今似乎还应当包括某些自然科学(如传统的物理、化学),而不是所有的自然科学(如宇宙起源理论和生物进化理论)。实践理性则是人们在实践活动中用来做出选择的方法,用来确定命题之真伪、对错,行为善良与否,如伦理学、政治学,还包括另外一些科学技术。技艺则是那些无法或几乎无法用言辞传达的,只有通过实践才可能掌握的知识。技艺其实是指诀窍,存在于大脑中,属隐含类经验知识,如木匠的好手艺、医生对疾病的诊断能力就无法通过教学来传授,而必须通过实践才能把握。这种知识往往是通过师傅带徒弟的方式来传承的。

洛克也对知识的性质进行了研究,他将事物的性质分为两类:"第一性的质"和"第二性的质"。前者是能够用数量表达的事物固有的特征,后者是人们的主观感觉和经验,构成了人们知识的来源。但是,洛克主要讨论的是"第一性的质",没有形成一种完整的知识认知理论。

乔治·贝克莱在其《人类知识原理》中继承了洛克关于"第二性的质"的分析。他认为,事物本身的暧昧不明或者我们知性的天然脆弱和缺陷以及心智的有限性,导致了人们在获取关于世界的知识方面只能凭借抽象和归纳作用,然后进行各种组合形成心智的知识。他认为,人类的知识主要有三种来源:①由实在印入感官的;②由心智的各种情感和作用所产生的;③在记忆和想象的帮助下形成的。贝克莱的知识论是一种主观的知识理论。

罗素在其名著《人类的知识》中,将一个人的知识划分为三类:直接的经验、间接的经验、内省的经验。直接的经验是指个人通过实践活动直接所得到的知识,间接的经验是指通过其他人的间接体验所得到的知识,而内省的经验是指通过个人反省所获得的知识。同时,他又按照知识的性质将人类知识划分为三类:科学知识、神学知识和哲学知识。罗素认为知识的来源有感性的和直观的两种。他说:"首先,我们应当区别对于事物的知识和对于真理的知识。每种知识都可以分作两类,一类是直接的,一类是派生的。对于事物的直接知识,我们称之为认识的,根据所认识的事物而言,它包括两种,即殊相的和共相的。在殊相的知识之中,我们所认识的是感觉材料,(大概)还有我们自己。在共相的知识之中,似乎没有一条原则可以使我们据之以判断哪样是可以凭借认识知道的。但是有一点却很明了,我们能够从认识而知道的东西乃是感性的性质、空间时间关系、相似关系和逻辑方面的某些抽象的共相。对于事物所具有的派生的知识,我们称之为描述的知识,它永远包括对于某种东西的认识和真理的知识。我们所具有的直接的真理知识可以称作直观的知识,由直观而认识的真理可以称作自明的真理。在这类真理之中,也包括那些只陈述感官所提供的真理、逻辑和算术方面的某些抽象原则以及伦理方面的一些命题(虽然确切性较差)。我们所具有的派生的真理知识包括有从自明的真理所能演绎出的每一样东西,那些都是由于使用演绎法的自明原则可以演绎出来的"①。

波普尔在其《客观知识:一个演化论的研究》认为,知识的产生来自一种"批判性的选择",他将世界分为三种,即世界 1、世界 2 和世界 3。世界 1 是物理实体和物理状态的世界;世界 2 是精神、意识形态、主观经验的世界;世界 3 是思想内容的世界。这三种世界分别对应不同的知识。世界 1 对应的是物理世界的知识,世界 2 对应的是默认的知识,世界 3 对应的是编码化的知识。

波兰尼在其名著《个人知识——迈向后批判哲学》中对知识给予了广泛的讨论。他将知识分为两类,即明晰的知识(articulated knowledge)和默示的知识(tacit knowledge)。通常被说成知识的东西,即书面语言、图表等表达的东西只是其中的一小部分,而非系统阐述的知识,例如我们对正在做的事情所具有的知识,是另一种形式的知识。他认为,人类知识的绝大部分是默示的知识,默示知识的传递构成人类历史的进步。

综上所述,不同的哲学家从不同的角度分析了知识的性质,知识的构成问题在关于新知识的起源方面几乎成了划分理性主义和经验主义的界限。在现代,经济学家和管理学家在哲学已有的理论上对知识进行了再诠释,从狭义到广义,从不同着重点进行区分等,因此很难以单一的标准来定义。现列举几种具有典型性的知

---

① Bertrand Russell. The Problems of philosophy, The United states of America, 1959, p.109.

识定义如表 2-1 所示。

表 2-1　　　　　　　　　　　　知识的定义

Wig(1993)	知识包括一些事实、信念、观点、判断、期望、方法论与实用知识等。此观点强调知识在心智模式内的组成元素
Spek 和 Spijkervet(1997)	知识包括一切人类认为是正确且真实的洞察力、经验和程序等,它可以用来指导人类的思考、行为与沟通。此观点强调知识的筛选、验证、认定过程和运用
韦伯字典	知识是存在于人类心智的一些事实和原则,它必须是经过人类心智的认知与学习而获得的,是一种对事实的了解、一种知觉、一种熟练的程度。此观点强调知识的形态与形成过程(经过人类心智模式的认知和学习)
Leonard 和 Sensiper(1998)	知识是相关的、可行动化的信息,它至少部分基于经验;知识是信息的一个子集,它是主观的,与有意识的行为有关,拥有经验中的隐性成分
Nonaka(1994)	知识是一种被确认的信念,通过知识持有者和接受者的信念模式和约束模式来创造、组织和传递,在传递知识的同时也传递着一整套文化系统和相关的背景系统
Davenpo 和 Prusak(1998)	知识是经历、重要的价值观、情景化的信息以及提供一个框架评价和整合新经历和心得的洞察力的混合体

资料来源:作者整理。

二、现代认知心理学的知识观

(一)知识的本质及其分类

现代认知心理学认为,知识是个体通过与环境的相互作用后获得的信息及其组织。贮存于个体内的是个体的知识,贮存于个体外的,即为人类的知识。在知识的分类方面,现代认知心理学家普遍的观点是把知识分为两大基本类型,即陈述性知识(declarative knowledge)和程序性知识(procedural knowledge)。陈述性知识是个体对有关客观环境的事实及其背景与关系的知识,是可以用词语加以表达"是什么"的知识,其中包括了语义知识和情景知识。科恩(Cohen)将陈述性知识解释为"在一个系统里……信息首先受到处理或编码,然后以某种外部可以获取的方式存储,以便于以后使用,最后根据需要提取出来。"认知心理学认为,陈述性知识主要是以命题网络的形式表现,同时涉及图式、表象和心理模式①,而程序性知识是用于回答"怎么办"的问题的知识,是"个人无意识的提取线索,因而只能借助某种活动形式间接推测出来的知识"②。从个体获得知识的心理品质来看,则属于思维活动获得的知识。例如计算机编程、骑车和解决数学难题等都是程序性知识。程序性知识的最大特点是能够很容易地用动作或步骤显示出来,表明该事是怎样做的,但却不容易很清楚的用语言加以描述它们。加涅曾把认知领域的学习分为三类:言语信息、智慧技能和认知策略。这一观点与上述分类是存在着吻合对应关系的。言语信息实际上就是陈述性知识,而智慧技能和认知策略则属于程序性知识。根据这一观点,认知心理学家又把程序性知识分为两个亚类,即用于处理外部事物的程序性知识和用于调控自身认知过程的程序性知识。前者相当于智慧技能,而后者则被称为策略性知识,这样,我们便可以得出一个现代认知心理学的知识分类图示,见图2-1:

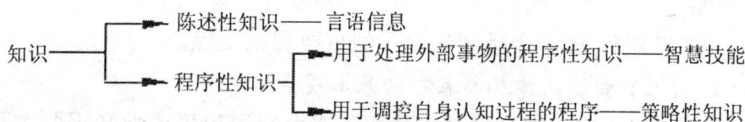

知识 ┬─── 陈述性知识 ── 言语信息
      └─── 程序性知识 ┬─ 用于处理外部事物的程序性知识 ── 智慧技能
                        └─ 用于调控自身认知过程的程序 ── 策略性知识

图2-1 知识的分类图示

随着现代认知心理学的发展,1981年梅耶(Mayer)提出了一个广义的知识分类观,明确将知识分为三类,即语义知识(semantic knowledge),指关于世界的事物性知识;程序性知识,指在特定条

---

① 梁宁建:《当代认知心理学》,上海教育出版社2003年版。
② 邵瑞珍:《教育大词典》第5卷,上海教育出版社1980年版。

件下可以使用的一系列操作步骤或算法;策略性知识(Strategic knowledge),指如何学习、记忆或解决问题的一般方法。梅耶的知识分类观使对知识本质的认识进一步深化。现代认知心理学家不仅对知识的分类问题进行深入研究,而且还对各类型知识之间的关系进行了考察。1985年,加涅提出了知识网络的概念,指出知识是作为一个整体来表现的,只是在处理不同问题时表现出不同的表征,这说明各类型知识之间存在着深刻联系。她进一步认为,陈述性知识和程序性知识的关系是产生式嵌入到命题网络之中,共同构成网络知识。这初步揭示了两类知识的内在联系,即陈述性知识要依靠产生式系统的发动才能被激活。1987年,安德森(Anderson)提出了陈述性知识和程序性知识相互作用的观点,对两类知识的关系作了深刻分析。安德森认为,两类知识的共同中介是工作记忆,并以此进行相互作用。程序性知识必须先以陈述性知识的形式进入命题网络,然后才能转化为产生式表征的程序性知识。而在程序性知识的执行过程中,需要陈述性知识为其提供利用某个产生式的必要条件。这说明,程序性知识的运用过程包括对陈述性知识的使用、加工和改进,这有利于使陈述性知识更加完善和精炼。两类知识的相互作用观充分体现了两类知识获得的辩证关系,成为今后知识学习的重要理论支点。

(二)知识的建构与表征的基本观点

现代认知心理学把知识分为陈述性知识和程序性知识两大基本类型,这两类知识又是如何被学习、贮存的呢?这是现代认知心理学的知识观所要阐述的又一个重要问题,即知识的建构和表征的问题。

现代认知心理学认为人类知识的获得具有四个特点①:第一,人类的知识是通过构建获得的。这就表明人本身是刺激信息加工

---

① 梁宁建:《当代认知心理学》,上海教育出版社2003年版。

和行为活动的积极的主体。人通过与周围环境的相互作用,从实际经验中抽出经验性的规则,这些经验性规则具有"条件—行动"的结构形式(产生式规则),即具有"当出现 X,则做 Y"的规则形式,更多的相关规则组成系统(产生式系统)。这种经验性规则能很容易地表现人是如何解决具体问题的知识的。第二,人类知识的获得包含着重构过程。也就是说,随着一个人获得的知识越来越多,这时不仅知识的数量在增加,而且所存储在长时记忆中的体系也在被重新组织。比如,概念内涵的变化,就是知识重构的最好例证。第三,人类知识获得过程的制约性。知识的获得过程既受到个人先天倾向的影响,同时也受到个人原先获得知识的影响,即受到个体知识结构的限制。第四,人类大多数知识是一个领域、一个领域地逐个获得的。一个人的知识,很大程度上是通过参与这个领域的活动,并以其独特的活动方式逐渐获得的。一个人解决问题能力的高低,最为关键的决定因素是他们具有特定领域的特定知识与经验。科学探索或解决日常问题,其实都是在某种特定领域内进行的,都要运用专门领域的知识与经验,而只有通过参与了这种活动过程,才能获得相关领域的知识,同时也只有在这种情况下,才能把相关知识整合到自己的认知结构中。

现代认知心理学把陈述性知识的习得划分为三个阶段,从而描述人的学习过程。这三个阶段是:①习得阶段,新信息进入工作记忆,与长时记忆中被激活的相关知识建立联系,出现新的意义建构;②巩固和转化阶段,新建构的意义贮存在长时记忆中,如果没有复习或新的学习,知识将会发生遗忘性转化或被改组;③提取和运用阶段,即知识的再现或把知识运用于新的问题情境,解决问题。程序性知识的学习也可相应地分为三个阶段,其中第一个阶段与陈述性知识的习得阶段相同,这也说明程序性知识的习得是以陈述性知识的习得为条件。程序性知识习得的第二个阶段是通过运用规则的练习,使规则的陈述性形式向程序性形式转化。程序性知识习得的第三个阶段则是指规则已支配人的行为,技能达到相对自动化的阶段。两类知识的学习阶段及特点如表 2－2 所示。

表 2－2　　　　　　　　　知识学习的阶段及特点

学习阶段 学习类型	习得阶段	巩固与转化阶段	提取与运用阶段
陈述性知识	新旧知识联系,出现新的意义建构	贮存或遗忘	再现和运用
程序性知识	新旧知识联系,出现新的意义建构	从陈述性知识向程序性知识转化	规则支配行为,技能达到自动化

资料来源:浦丽娟,《论现代认知心理学的知识观与创造力》,《云南教育》2002 年第 5 期,第 10 页。

两类知识的学习阶段反映了两类知识习得的一般过程和特点,但更为重要的是,两类知识是如何贮存的呢? 这涉及现代认知心理学的核心概念:知识的表征。

现代认知心理学家认为,知识的表征是指知识在人脑中的存储和组织形式,或者说知识在人脑中记载和呈现的方式。不同类型的知识有不同的表征方式。陈述性知识主要以命题网络表征,同时涉及图式、表象和心理模式,而程序性知识则是以产生或产生式系统来表征的。命题是词语表达的最小单位,只涉及句子所表达的意义。一个命题由一组关系和一组论题构成,而两个或两个以上具有共同成分的命题则组成命题网络。在命题网络中,不同的知识内容具有不同的概括水平,但在同一水平上,均具有用以区分其他水平的属性。图式是陈述性知识的另一种表征形式。安德森认为,命题只适合表征较小的意义单元,对于表征已知的有关某一特殊概念的、较大的有组织的信息经验,命题是不适当的。只能用图式(schema)来表征。图式是指人脑中有组织的知识结构,它涉及人对某一范畴的事物的典型特征及关系的抽象,是一种包含了客观环境和事件的一般信息的知识结构。它是一般的、抽象的和有层次的,而不是具体的、特殊的和单一的,因而图式不是命题的简单扩展,而是对同类事物的命题或知觉的共性的编码方式。加涅认为,图式不仅可以为知识贮存提供框架,而且还对新信息加以改组,使它适合于已建立的图式。陈述性知识的表征方式充分反映了人脑对知识的加工、改组、抽象、概括等作用过程,揭示了陈述性知识的获得及贮存的心理机制。产生式是经过学习后贮存于学习者头脑中的一系列以"如果/则"形式表示的规则,也就是所谓的"条件—活动"规则。在这里,"如果"是保持在短时记忆中的信息,"则"是指行为,包括外显行为和内在心理活动和运算。简单的产生式只能完成单一的活动,当任务需要完成一连串的活动时,就需要若干个简单的产生式。正如命题通过其共同成分构成命题网络一样,简单的产生式也可组成复杂的产生式系统,用于表征复杂的技能。因而,产生式系统被认为是复杂技能的心理机制。

（三）认知心理学的知识观与创造力的关系问题

从现代认知心理学的知识观来看,知识与创造力有以下关系:

1. 陈述性知识是创造力形成的重要基础

创造力源于问题解决,问题解决是创造力形成的土壤。可以说问题解决最能够体现一个人的创造力,也是形成人的创造力的最好渠道。在问题解决方面,现代认知心理学的知识观关于专家与新手的研究指出,在特定领域,专家和新手在解决问题的速度和正确性上之所以有很大不同,关键因素是专家的专业知识结构与新手的知识结构在数量与质量上都有极大的不同。由此可以看出,构成人们知识结构主要因素的陈述性知识对问题的解决有很大的影响。鉴于问题解决与创造力的紧密联系,进而可得出结论:陈述性知识是创造力形成的重要基础。如果没有陈述性知识为依托,人的创造力是难以形成的。从陈述性知识的表征机制来看,我们也可以看出陈述性知识与创造力的紧密关系。上文指出,陈述性知识的表征是人脑对知识的加工、改组、抽象、概括作用的过程,最后把知识以命题网络或图式的形式贮存在人脑中。因而,命题网络或图式是知识经人脑作用后而形成的一种特殊的知识结构,它反映了知识之间的必然联系及其内在逻辑,起着使思维经济化的积极作用,有利于创新能力培养。

2. 程序性知识是创造力的重要成分

有学者在研究了现代认知心理学的知识观后指出,创造力是由陈述性知识、程序性知识和策略性知识组成的。他们认为,从现代认知心理学的知识观来看,把程序性知识和策略性知识看成创造力的成分是有道理的,但把陈述性知识也看做是创造力的组成成分,却值得商榷。从现代认知心理学的知识观看,陈述性知识与程序性知识无论是在性质方面,还是在其获得、表征、提取方面均存在根本性的不同。因此,陈述性知识只能作为创造力形成的基础来看待,而不能把它直接看成是创造力的组成成分。程序性知识之所以是创造力的重要成分,这是由程序性知识的性质、获得、表征和再现决定的。从性质来看,程序性知识即"关于怎么办"的知识,是问题解决的核心知识,它体现着一个人的创造能力。从获得来看,程序性知识是在陈述性知识的基础上内化、转化而来的,是陈述性知识的升华。由于陈述性知识是创造力的重要基础,因此,也必然导致程序性知识与创造力的紧密联系。从表征来看,程序性知识是以产生式或产生式系统表征的。产生式或产生式系统具有灵活而快速反应的特征,它能加速问题的解决。由于它具有最大的、普遍的迁移性质,它能为创造性活动提供基础。由此可见,程序性知识不仅是创造力的组成成分,而且是创造力的核心。程序性知识是凭借外部条件而进行反应活动的知识,而且这种反应具有快速、独特、灵敏、灵活迁移等特征,充分体现了创造活动的基本特点。由此可见,程序性知识实际上是创造力的重要成分。程序性知识的发展过程,也就是创造力形成的过程。这又与把所有知识均看成是创造力的基础的观念有显著区别。

综上可以看出,现代认知心理学的知识观为我们讨论知识与创造力的关系问题提供了全新的视野。我们不仅加深了对知识本质的理解,而且能初步了解到知识与创造力的复杂关系。从现代认知心理学的知识观来看,显然,不同的知识与创造力的关系是不同的。有些知识是创造力形成与发展的重要基础,而有些知识则构成了创造力的重要成分。这一结论对于启发企业的技术创新有着重要意义。

三、信息、技术与知识

应该说,知识与信息是不同的(见表2-3)。用爱因斯坦的话说:"知识的核心是经验,其余的只不过是信息而已。"McDemott (1999)认为这句话的含义在于两个方面:一方面,知识总是与人的经验,或更准确地说与认知者的认知实践联系在一起。在认知实践中,认知者在应用已有知识的同时,不仅创造了个人知识,还创造了集体知识,同时也成为其认知环境的积极创造者。知识本质上是一个动态的、根植于认知者及其与认知环境互动的认知实践之中的过程。知识是一个行动的概念,知识不能与认知者、认知实践相分离。正是在作为过程的意义上,知识的核心是认知者的行为经验。另一方面,知识又是认知者认知实践的结果,是对其自身、认知环境和互动的认知实践的意义的部分表达,具有诠释、可传递的性质。从这个意义上来说,作为结果的知识类似于信息,或者说信息就是作为认知实践结果的可编码的知识而存在的。因而,在知识与信息的关系上,更恰当的说法是"信息是知识的一个子集"。

表 2-3　　　　　　　　　　　信息与知识的区别

特性	信息	知识
获得方式	资料根据需求来整理、分类和过滤	人类的心智模式通过学习、训练、模仿、经验、信息刺激等多种方式获得
状态	相对静态	随时随地更新、改变,相对较动态
结构程度	结构化、显性的形式	存在许多非结构化、隐性的形式
客观程度	显性客观的事实	主动的解释、了解和判断
行动力	被动、无行动力	有行动力、可直接应用
所有者	不存在特定的所有者	常常存在特定的所有者
支持能力	有潜力改变并协助人类的分析和决策	人类作为解释问题、解决问题、制定决策和判断的依据
相对关系	知识的素材之一,可以通过人的思考而刺激知识的产生	可以作为解释和了解信息的意义
信息技术支持	数据化、较容易得到支持	非数据化、非结构化、较不容易得到支持

資料来源:林东清,《知识管理理论与实务》,电子工业出版社2005年版,第20页。

　　知识与技术是紧密相连的两个概念,尤其涉及企业的知识与技术更是如此。一般来说,知识是比技术更加广泛的一个概念,正如哈耶克所说:"这个意义上的知识要比通常所谓技艺的东西更宽泛,而且我们在这里所说的知识分工也要比劳动分工的含义更宽泛。简而言之,'技艺'仅仅是指一个人在他的行业所使用的知识。而为了能够对社会的进程进行有意义的讨论,我们必须了解某种更深一层的知识——这种知识乃是人们并不直接使用的有关行为其他可能性的知识。"① 因此可以说,技术是一种特定的知识。对于企业来说,企业的知识包括两个部分:其一是关于生产技术的知识(technical knowledge),它是指与生产的社会属性无关的技术;

---

　　①　哈耶克:《个人主义与经济秩序》,邓正来译,生活·读书·新知三联书店2003年版。

其二是关于如何协调参与生产的人的知识或组织知识。在这里借鉴梁正的观点①,我们可以将技术知识体系分为以下几个组成部分:①技巧,这种知识本质上是一种"默示性"知识,只有通过亲身实践才能够体会和掌握。②关于生产操作的工程技术原则、劳动对象的特质、工作任务的性质等知识。这部分知识往往是"环境特定的"(circumstance - specific),它们可以通过语言、工作手册等媒介进行交流,而一旦脱离了特定的生产环境,这部分知识的交流就会由于成本过高而变得"无利可图",从而具有默示知识的特点。专家所掌握的大部分知识都属于该种类型。③通用技术知识,即那部分已经经过编码化和标准化的、成体系的、可以在学校讲授的知识。比如大学所开设的工程技术课程等。正因为进行了编码化和标准化,通用技术知识可以方便地进行交流,并且具有交流上的"规模经济"。

第二节　知识的特性

作为认知过程与认知结果相统一的知识,具有以下几个方面特性:

一、语境依赖性

"语境"(context)一词来自于拉丁文词根 texere,有"编制"的意思,因而从字面上来讲语境就是"共同编制的东西"。"语境"一词最早的引申意义是指人们在口头和书面交流过程中赋予语言以意义的上下文关系。通常所说的"断章取义",即意指由于脱离上下文关系所能造成的误解或曲解。但现在"语境"一词的引申意义已经超越了上下文关系的含义,被用于指"人们共同创造的,可以给语言、思想和行为提供解释和赋予意义的一系列共同模式或架

---

① 梁正:《科学、技术与创新经济学》,山西人民出版社 2004 年版。

构,在这个架构中既可以包括形象、姿态、物理背景,也可以包括历史信息、战略和趋势,总之任何影响或解释一个特定语言、思想或行为的观念、事件或行动的更大范围的领域都可以包括在这个共同模式或架构,即语境之内"(Cohen,1998)。不难理解,从今天的语境所具有的广泛含义来看,知识存在于语境中。

知识的语境依赖性是指任何知识都是在特定语境中创造的,而且还要在特定语境中获得其意义,同时也意味着知识具有实践的局域嵌入性,即知识是与某个具体情境中具体认知实践活动联系在一起的,因而知识是具体的或局域的。所谓知识的抽象性或普遍性只具有相对的意义,没有完全脱离语境的抽象性或普遍性,而只有与特定语境依赖性程度高低相联系的抽象性或普遍性。具有抽象性或普遍性的知识虽然对某个特定语境依赖性较低,但同时又必须依赖于一个较大范围的跨语境的语境来获得其意义和进一步被创造的可能性。正如McDermott(1999)所指出的:"我们并不是通过抛弃我们自己而达到普遍性的,相反我们是通过将自己转换成一种推及他人的方式来认识普遍性的。"

知识的语境依赖性是造成知识传播过程中极度"黏滞性"的重要原因。不进入语境,就无法理解和把握知识的意义,这就从根本上制约了知识的跨语境传输和转译。哪怕是对于那些看似语境依赖性较低的知识,典型的如信息,在传输和转译中同样面临"黏滞性"问题。因为信息的意义同样是由语境赋予的,具有不同语境背景的信息接收者会给表面看似相同的信息以完全不同的评价。由此似乎更容易理解Von Hippel(1994)对于创新过程中的"黏滞信息"的突出强调。同时这也启示了企业技术创新着力点之一应该是营造有利于理解、创造和应用知识的共享语境。

二、默示性

波兰尼认为,默示性是个人知识的基本特征,可以清晰表达的知识仅是知识的冰山露出水面的很小的一部分,知识的更大一部分只是默示的、深藏于个人的实践之中。在波兰尼那里,知识的默示性首先是从个人的技巧开始认识的,即有些技能是难以用言语表达的,行动者可能只会做而不清楚他究竟是怎么做的。"我们将把下述广为人知的事实作为线索:实施技能的目的是通过遵循一套规则达到的,但实施技能的人却并不知道自己这样做了。例如,游泳者使自己漂浮起来的决定因素是他调节自己的呼吸的方式。他呼气时不把肺里空气全呼出来,吸气时比平时呼进更多的空气,这样才能使自己持续保持浮力。然而,这一点一般不为游泳者所知。有一位著名的科学家年轻时为了生计曾教人游泳,他告诉我当他试图找出令他能游泳的原因时真给弄糊涂了,无论在水里怎么弄,他总能浮起来。"[①] 也就是说,知识的意会性是指知识的不可完全表达性,它来自意会认知。意会认知是一种通过实践来学习的认知活动,例如学骑自行车就是这样一个反复试错的意会认知过程。根据波兰尼的解释,在这样的认知过程中,认知者是将整个过程作为一个整体集中地把握的,但同时又必须通过把特定的部分整合在一起才能达到这一整体性认知,而这些特定的部分是被认知者把握的,也即意会地(或下意识地)将这些特定的部分整合在一起。意会认知有三个构成要素,即特定的支援部分、集中目标以及将两者联系起来的认知者,特定的支援部分在认知过程中被意会地蕴涵在认知者所赖以达到的集中目标上。波兰尼用一个例子来说明他的思想:[②] 假如你正用一把锤子把一根钉子敲到墙里去,你的注意力是在你左手持着的钉子上呢? 还是在你握着锤子的右手上? 显然不是在你的右手上,否则你一定会失手打在钉子以外的地方。从心理学上来说,你此时的注意力是直接关注于

[①] 迈克尔·波兰尼:《个人知识——迈向后批判哲学》,许泽民译,贵州人民出版社2000年版。
[②] 汪丁丁:《哈耶克"扩展秩序"思想初论(上篇)》,载《公共论丛——市场社会与公共秩序》,三联书店1996年版。

钉子,但是你仍然间接地意识到你的右手的动作、力度以及与右手的准确相关的所有因素。我们看到,一个不熟悉的人如小孩或妇女,就不会集中注意力于钉子,他们往往分散他们的目光于手和钉子之间,无法顺利完成操作。换句话说,关于你的右手应当怎样使用锤子的各种知识,与对钉子的注意力,这两个方面必须经过一个练习的过程才可能协调起来。协调之后的情况,就是你关于右手和锤子的知识都转化成了"无意识"、"习惯"、"条件反射",或其他类似的状态,用波兰尼的术语就是"支援意识",波兰尼论证说,这类知识在我们身上就如同我们的其他本能一样,是我们身体的一部分,是我们感官的一部分。这些知识的运用,如同视觉和嗅觉一样,已经不再需要通过我们大脑的思考了。波兰尼把这个道理运用于一般知识过程,一个人必须经过"学徒"阶段,才能够把师傅的知识转化为自己身体的一部分,形成有关工作的"个人知识"。而在达到此阶段之前,这个人是不完全理解师傅所掌握的知识的(Tsoukas, 1996)。波兰尼基于对意会认知过程的分析所得到的结论是,"所有的知识都具有意会性质,我们知道的要比我们能够说出来的多得多"(Leonard and Sensiper, 1998)。在这里秉承波兰尼的原意,强调意会性是所有知识共有的特性。

波兰尼主要分析了个体水平的意会知识,而 Nelson 和 Winter (1982)则进一步在组织层面上分析了集体意会认知过程。他们将组织惯例看做组织遗传物质,它作为组织层级规则的部分具有较高的可表达性,而它作为组织文化的部分则难以表达。因而组织惯例作为集体意会认知过程的结果具有较高的意会性。无论是个人知识还是集体知识,其意会性的持续存在主要是因为,一方面,个人或集体没有激励将其意会性高的知识编码后表达出来;另一个方面,更普遍的现象是人们没有认识到其知识的意会性质,或者不知道如何表达它(Leonard and Sensiper, 1998)。然而,企业组织要成功地创造、共享和应用知识,又必须不断降低某些知识的意会性质,提高其可表达性,企业只有经过知识的意会性降解过程,才能最终将知识物化为产品或服务,以赢得竞争优势。这似乎恰是创新所要承担的主要任务,即如何设计有效的激励机制和集体意会认知过程模式,以提高企业内部个体和集体知识的可表达水平。

默示性知识包含两个方面。一是认知层面上的心智模式,即个人头脑中关于世界的运行模式,包括帮助个人认知和界定世界的范式、信念和观点等。有必要指出,默示性知识的认识维度指的是个人关于现实的影像和未来的愿景,也就是指现实是什么和未来应该是什么。例如企业的默示性惯例,也就是彼得·圣吉组织学习理论中的"心智模式"。二是技术层面的知识,包括特定应用于特定情境的具体的诀窍、工艺和技能。任何技术知识的应用都要涉及该技术的拥有者或发明者不言自明或无需表达出来的知识,即默示性知识。不管是什么人,他都无法将技术知识详尽无遗地表达出来。换句话来说,文本化的技术所提供的仅仅是一个起点,而不是技术的全部,仅仅依赖于明晰化的技术知识来从实际运作,往往并不会取得预期的效果。波兰尼曾经明确指出:"对现有的工业工艺科学地分析一下,随时随地都可以得出相似的结果。的确,即使在现代工业的种种行业中,难以确切地表达的知识依然是技术的基本组成部分。我本人就曾在匈牙利见到过一台崭新的、吹制电灯泡的进口机器。同样一种机器那时在德国已经成功地运行了,而在匈牙利却运转了一年后仍无法生产出一只无瑕疵的灯泡。"[1]

三、离散分布性

知识的离散性在哈耶克阐述社会经济问题时处于核心地位。哈耶克认为:"假设我们拥有所有相关的信息,假设我们能够从一个给定的偏好系统(a given system of preferences)出发,又假设我

① 迈克尔·波兰尼:《个人知识——迈向后批判哲学》,许泽民译,贵州人民出版社2000年版。

们掌握了有关可资使用的手段或资源的全部知识",那么建立一个理性秩序"就是纯粹的逻辑问题"。但是,关于资源的知识从来都不可能被一个"单一的心智"所拥有。正如哈耶克所言①:"合理经济秩序的问题所具有的这种独特性质,完全是由这样一个事实决定的,即我们必须运用有关各种情势的知识(the knowledge of the circumstances),从来就不是以一种集中和整合的形式存在,而仅仅是作为所有彼此独立的、个人所掌握的、不完全的且还常常是相互矛盾的分散知识而存在的。"科学知识并不是全部知识的概括,也就是说,合理经济秩序所需要的知识除了科学知识外,"现实生活中无疑还存在着一种极其重要但却未经系统组织的知识,亦即有关特定时空之情境的那种知识(the knowledge of the particular circumstances of time and place)——它们不可能被称为科学知识(也就是一般性规则知识那种意义上的科学知识)。正是在这个方面,每个人实际上要比所有的其他人都更具有某种优势,因为每个人都掌握着有可能极具益处的独一无二的信息,但是只有当基于这种信息的决策是由每个个人做出的,或者是经由他的积极合作而做出的时候,这种信息才能够得到运用"②。换句话说,理性经济秩序没有考虑到有关某时某地的特定情境的知识,这些知识实质上是以分散的形式存在的。因此,社会经济问题是"一个如何运用知识——亦即那种在整体上对于任何个人来说都不是给定的知识——的问题"③。同样,企业面临的技术创新问题本质上是如何运用企业或组织中知识的问题,因为知识不完全由一个个体所拥有。

　　① 哈耶克:《个人主义与经济秩序》,邓正来译,生活·读书·新知三联书店2003年版。
　　② 迈克尔·波兰尼:《个人知识——迈向后批判哲学》,许泽民译,贵州人民出版社2000年版。
　　③ 迈克尔·波兰尼:《个人知识——迈向后批判哲学》,许泽民译,贵州人民出版社2000年版。

企业知识的分散性不仅体现在哈耶克的意义上(即关于特定时间和地点的情境的知识不可能由一个人所掌握),而且还表现为知识获取具有天然的不确定性:没有人能事先知道知识是什么和需要什么样的知识。正如前文所说,企业面临一种基本的不确定性:没有一个人能够事先知道在什么时候和什么地方需要何种知识。此外,组织中的知识部分来自组织所处的广泛的产业和社会背景,而且企业的知识通过企业从事的活动不断进行重构,因此,知识不是也不可能是自我包含的,从这个角度上看,企业组织本质上是一个分散的知识系统。

Becker(2001)认为,知识的本质上的分散性产生三个问题。第一次问题是分散性产生了一个大数问题。大数问题对行动者有两个影响:一是资源需求方面的增加。如果需要获取的知识片段越多,那么获取这些知识片段的过程就越来越复杂或者重复性增加。因此,需要的时间和其他资源(如注意力)就会增加。对于具有有限认知资源的行动者来说,在同一时间能够处理的问题的数量就会减少。二是知识的不透明性,如果存在太多的需要处理的知识成分,行动者将失去总揽全局的能力。第二个问题是知识的不对称性。其原因在于,任务分配的方式限定了行动者能够活动的范围,而学习是过程依赖性的,能力主要是通过干中学获得和发展的,由于劳动分工和专业化,个人学习的内容和发展的能力依赖于个人从事的活动并受到它的制约,上述情况对不同的个人是不同的,因此,个体学习到的知识也是不同的。这些问题说明,劳动分工的方式导致了知识创造和能力创造的方式。知识不对称性产生了两个影响:一是知识不对称性导致不同的学习和能力发展潜力(在干中学的过程中转化为现实的差异);二是知识不对称也增加了解释图式和不同行动者知识和能力组合的差异性,进而使知识整合更加困难。第三个问题是不确定性。Tsoukas认为不确定性是知识分散的另一个原因。分散的知识产生结构的不确定性,即决策者不能事先说明所有相关的选择和结果。知识事前的不确定性和自发性，导致决策的基础是不明确的，因此，知识的分散性会产生决策困难的问题。

四、路径依赖性

路径依赖性(path-dependence)是布莱恩·阿瑟和他的合作者(主要是前苏联的数学家和数理学家 Yuri M. Ermoliev and Yuri M. Kanlovski)提出的一个概念。他们在分析技术知识创新中指出，在具有收益递增的动态经济过程中，技术演化存在的是多重均衡，而非传统经济学分析结构赖以存在的单一均衡。同时，技术演化敏感依赖于初始状态，即对初始条件中偶发的、微小的历史事件十分敏感，它们影响和决定技术最终朝哪一个方面发展，而一旦某一技术(往往此技术并非最优技术)受偶然性因素而被采用，收益递增机制便会促使它进一步流行并呈现前后连贯、相互依赖的特征，而很难为其他潜在的甚至更优的竞争技术所替代。随后，许多学者(Dosi, 1988; Mokyr, 1990; Rosenberg, 1994)在技术历史和技术经济文献中指出技术创新是"路径依赖"的，并把技术创新的路径依赖定义为技术发展的历史因素在决定未来的技术变迁(technological change, 其核心内容是技术创新)中起到了主要作用(Stephen Redding, 2002)。这些历史因素包括最初市场、技术管理、制度、规则、消费者预期等。在它们的作用之下，技术创新受到社会、经济和文化发展变化的影响，进而导致成功的创新和采用新的技术取决于现有技术的发展——技术创新的路径依赖(Rip and Kemp, 1998; Kemp, 2000)。他们特别指出，这些历史因素在某种程度上"赞同"采用现有的技术而"反对"采用新的技术。Arthur等学者指出，采用现有技术的收益递增(造成积极的正反馈)导致创新"锁定"于现有的非优的、低效率的技术，并阻止采用好的、优越的、可替换的技术，并最终造成技术创新的低效率。保罗·大卫(Paul David, 1985)利用 QWERTY 键盘这一例子说明了技术创新的路径依赖是如何导致技术创新的低效率。现行普遍使用的 QWERTY 标准键盘主要是由肖尔斯(Christopher Sholes)在 1868 年提出并申请专利的。QWERTY 设计之前的键盘中普遍存在着当操作者的速度提高后,某些键常常会被卡住的现象,为避免卡键,QWERTY 布局把最常用的键安置在相反的方向,从而放慢了击键速度。针对 QWERTY 键盘的这一弊端,德沃拉克(August Dvorak)设计了一种新键盘,打字速度比 QWERTY 键盘快得多,并在 1936 年申请了专利,但是德沃拉克的设计从没有被广泛采用过。为什么不好的设计反而生命力持久呢? 因为 QWERTY 设计虽然效率不高,但人们已经习以为常,如果采用德沃拉克键盘,则意味着巨额的转换成本问题。这是典型的路径依赖现象。简而言之,路径依赖性是指事物发展的未来走向受制于其发展的历史。历史上的某种偶然因素的作用就可能使事物发展具有路径依赖的特征,最终"锁定"(lock - in)某种低效或高效状态。

知识的路径依赖性主要体现在知识的发展和创新是以现有知识存量为基础的,而且现有的知识存量决定了未来知识的发展方向和发展速度。正如前文所述,知识是在社会实践中产生的,社会实践在特定情境中进行,从而使知识具有系统嵌入性特征。如同个人的习性是过去社会化的结果一样,知识也是过去社会实践的产物,知识的演进必然与知识产生的情境密切相关。知识的路径依赖性的根本原因在于人的有限理性。个体在决策过程当中,并不是一种在各种抑制条件下纯粹的最大化计算,而是一种搜寻和心理评价的过程。按照西蒙的观点,就是以搜寻方案的边际努力不高于决策结果的边际改进作为搜寻继续进行的原则。March 进一步的研究认为,决策的过程实质上是面临外部不确定性的条件下逐步试错的过程。在这个过程中,搜寻总是从边际开始,即决策者在原有方案的"附近"(过去所熟知的方法)寻找新的方案。Loasby 在上述基础上提出了"有限认知"概念来解释,Loasby

(2000)认为,人的认知资源是稀缺的,而且,这种稀缺的资源"与我们所处的环境的复杂性不能相匹配,我们必须依赖其他人解决问题的方法"。Loasby(1999)在探讨认知与制度之间的关系时,首先借鉴现代生物学和心理学的成果,指出理性选择过程所需要的能量成本不可小视,因为人脑的运动大约消耗了五分之一的能量。在此基础上,决策过程的发展和利用不是依赖于选择逻辑的结果,而是依赖于适合的回顾性的逻辑:模式通过"将来—过去"一系列的很长时间的互动,绘制成"地图"而形成。换句话说,过去的方法集合也就是知识存量决定了未来的选择(余光胜,2000)。

第三节　知识的分类

按照不同的维度可以对知识进行不同的分类。正如前文提到的,从哲学的角度分类,亚里士多德从知识的内容角度将知识分为纯粹理性、实践理性和技艺三类。Ryl则从知识的特性角度将其分为知道"是如何"(knowing what)和"知道如何"(knowing how)。在这里,我们还是借用波兰尼对知识的分类,本节从认知的角度结合组织学和管理学的方法将知识分为三类:明示知识与默示性知识、个体知识与组织知识、科学知识与技术知识。

一、明示性知识与默示性知识

人类的知识确实存在着不同的类型,从认识论的维度上,我们可以简单的将它们划分为明示性知识与默示性知识。

(一) 明示性(显性)知识与默示性(隐性)知识的区别

所谓明示性知识是指可以用文字、数字、图形或其他象征物清楚表达(如手册、书本、程序)的知识,即可以定义、可获取的知识,而且沟通容易。就明示性知识的存在形式来说,它能够以主动形式存在于人的大脑之中,也能够以客观的形式存在于书本、磁盘、光碟以及其他记录工具之内,或与实物相结合而形成机器、艺术品等有知识、文化或技术含量的产品。但明示性知识也并非都是一样的。例如，建立在言语的和逻辑结构基础上的知识，如一篇科学论文所包含的是一种显性的知识，用音乐符号谱写的乐曲也是明示性知识。

所谓默示性知识，根据学者波兰尼、Nonaka 和 Takeuchi (1994)的定义，是指高度个性化、难以正式化，只可意会不可言传，而且深植在个人的经验、判断、联想、创意和潜意识的心智模式内的知识。最早对默示性知识进行系统研究的是英国著名学者迈克尔·波兰尼。默示性知识被波兰尼称为"默会的知识"。波兰尼认为，默示性知识"其本身是不可知的，只是以某种在焦点上可知的东西为条件时，才是可知的，而且其可知性也只能达到能做出贡献的程度。正是在这种意义上，它是不可言传的。"默示性知识是一种现实的存在，尽管我们对于它们无法清楚地说出或几乎无法说出我们知道的是什么。波兰尼列举了一系列事例来说明默示性知识的存在。比如，我们骑自行车时对于平衡的掌握和在众多雨衣中辨认自己的雨衣时所表现出来的"第六感"，都是凭借默示性知识。他说："虽然我无法清楚地说出如何骑自行车，也不能清楚地说出我如何认出自己的雨衣(因为我并不清楚地知道)，然而这并不妨碍我说我知道如何骑自行车，如何认出自己的雨衣，因为我知道我完全清楚地懂得如何做这样的事情，虽然我对我知道的东西的细节只按工具的方式知道，并在焦点上忽视了这些细节。所以我可以说：我知道这些东西，尽管我无法清楚地说出或几乎无法说出我知道的是什么。"Alavi 和 Leidner 又将默示性知识分为两类，即认知的隐性和技巧型隐性。认知的隐性是指存储在人类的心智模式内，难以外化表达的一些抽象观念、判断和直觉。由于这种知识太过丰富、精密、复杂且无法结构化，常需要依赖直觉与联想，而很难诉诸文字。例如，很难解释作曲家贝多芬创作出那些精湛的作品有哪些法则可以遵循，只可以归纳出贝多芬自身拥有丰富的联想力、敏锐的直觉与经验,以及对历史、文化、文学、作曲及各种乐器的了解等,而这些却很难写成操作手册。技巧型隐性是指要通过身体力行,不断地通过练习与训练才能获得的技能。例如,某人研究了十年有关游泳、外科手术和木匠技艺等相关的书籍、手册,但还是无法学习到技艺。因为这里面牵扯到很多难以形容的肌肉协调及与身体的精密配合,而这些技能知识很难显性。在这里,我们利用学者 Tiwana(2001)总结来比较默示性知识和明示性知识的特性。如表2-4所示。

表2-4　　　　默示性知识与明示性知识的主要差异

特性	默示	明示
本质	直觉、想象力、创意或者技巧,无法清楚地说明,相当客观	可编码呈现,可清楚说明,较客观
正式化程度	不容易文件化、记录、传递和说明	能通过编码利用正式的文字、图表等有系统地进行传播
形成的过程	由实践经验、身体力行及不断实践中学习和积累	对于信息的研读、了解、推理与分析
存储地点	人类的心智	文件、资料库、图表和网页等地方
媒介需求	需要丰富的沟通媒介,例如,面对面沟通或通过视频会议传递	可以利用电子文件传递,如 E-mail、FTP,不需要太丰富、复杂的人际互动
重要运用	对于突发性、新问题的预测、解决并创新	可以有效地完成结构化的工作,例如工作手册的制定

资料来源:林东清,《知识管理理论与实务》,电子工业出版社2005年版,第16页。

(二) 明示性(显性)知识与默示性(隐性)知识的联系

尽管我们可以从认识论的维度上对知识给予一个初步概念上的区分,但是在实践中它们是不能分离的。大部分知识都同时具有隐性知识与显性知识的部分,只是程度上的差异而已。因此,这是一个连续性的光谱,显性知识和默认知识是相互建构的。新知识的产生就是通过这两类知识动态化的互动和结合而产生的。

Nonaka 和 Konno(1998)认为,显性知识、隐性知识以及它们各自之间的相互转化是企业技术创新获取技术创新材料并将技术创新成果在企业组织内扩散的主要方式和机制①。

1. 从隐性知识到隐性知识的转化——社会化

社会化是通过分享经验把隐性知识汇聚在一起的过程。因为隐性知识具有特殊的背景条件,难以公式化,所以获得隐性知识的关键就是通过共同活动来体验相同的经验。社会化的经典例子就是传统的学徒制。学徒学技艺并不是通过口头语言或书本,而是通过观察和模仿师傅的工作并加以实践。社会化的另一个例子是日本公司中工作之后非正式聚会的做法。参加者边吃边谈,创造了共同的隐性知识,如世界观、相互信任等。社会化同样发生在组织之外。组织成员与其客户或供应商相互作用,从而分享并利用对方的隐性知识。这样的社会化经常发生在新产品开发的过程中。

根据波兰尼(1962,1967)的观点,隐性知识主要由认识主体意识中的辅助意识获得,隐性知识是难以通过语言、文字等编码的方式传递的。企业技术创新的最显著的特点是新颖性。根据皮亚杰的观点,新颖性来源于刺激与既有认知模式的差异程度,而刺激不外乎是直接经验与间接经验的获得。无论直接经验还是间接经验,由于其显性部分易于传递且往往已为别人所了解,故难以形成差异性较大的刺激,对于经验的隐性部分,情况刚好相反,它是企业技术创新的重要来源。一般的研究只强调操作技巧类隐性知识即 know-how 类隐性知识,而忽视了 know-what、know-who、know-why 类隐性知识的研究。事实上,know-how 类隐性知识往往是渐进式技术创新的基础,而 know-what、know-who、know-why 类隐性知识往往是激进式技术创新的基础。另外,隐

---

① 迈诺尔夫·迪尔克斯等:《组织学习与知识创新》,上海人民出版社2001年版。

性知识往往具有个人性、环境性、情势性,而技术创新的直接承担者是个人,技术创新的新颖程度最终要取决于个人知识的差异性、互补性,而决定个人知识特殊性的最显著的因素就是隐性知识。

社会化是隐性知识传递的一种基本方式,因而也是企业技术创新的一种主要方式。社会化不仅是企业技术创新创意形成的一种重要方式,更是创意执行的重要方式,还是形成和保持企业核心竞争力与企业文化的重要方式。

2.从隐性知识到显性知识——外在化

外在化是将隐性知识清晰地表述为显性知识的过程。在知识转换的四种模式中,外在化是知识创新的关键,因为它从隐性知识中引发出新的概念。当隐性知识变得明晰起来,知识就具体化了,就可让人分享,从而成为新知识的基础。例如,当一个研究开发小组试图为新产品阐述概念时,当一个熟练工人在手册中试图描述他的具体技能时,外在化就发生了。隐性知识向显性知识的成功转换依赖于一连串的隐喻、类比和范例。隐喻是一种将一物象征性地想象为另一物来直观感知和领悟事物的方法。隐喻是创造新概念体系的重要工具。应用隐喻就有可能连续地将脑子里互不相关的概念联系起来,甚至将抽象概念与具体概念联系起来。通过隐喻将两种不同概念放在一起所引起的不平衡、不协调或矛盾,常常会导致新意义的发现,甚至是新范式的形成。隐喻中所含的矛盾由类比加以协调,能够凸显不同事物的相同处,从而加深对于未知事物的了解。类比法帮助人们由已知物来认识未知物,将意象与逻辑模式沟通起来。一旦形成明晰的概念,它们又可成为模式。当新概念在商业背景中产生时,模式通常便在隐喻中产生。

对于企业技术创新来说,外在化是一个缓慢的、涉及范围较小的知识传播方式,因而也是一种缓慢的、小范围的技术创新形式,技术创新效率的提高要求加快知识的传播速度。外在化是将隐性知识显性化以加快知识的传播速度与范围的主要方式。只有通过外在化,隐性知识才会直接作用于企业的共享知识库,才会形成企业层面上的技术创新。只有通过外在化才能显示企业整体对其成员隐性知识的整合作用,企业技术创新的整体性才能够凸显出来。

然而,外在化的知识如果需要在企业组织成员之间分享,就必须提高知识的系统性、一体性,这样才能使企业技术创新得到更大部分成员和机构的支持,因此,需要对外在化的显性知识进行进一步加工。

3. 从显性知识到显性知识系统化——组合化

组合化是指将显性知识的孤立成分组合成显性知识系统,这个系统比其组合成分更复杂、更具体系化性。显性知识的合并、整理、组合化、系统化是企业技术创新创意的产生、模型的建立、模型的完善以至于模型运用的主要手段和必要前提。显性知识的合并是形成企业共享知识库的主要手段。企业技术创新的最终完成与实现以及技术创新的整体性的主要方式是显性知识的合并。无论是对企业管理层支持的争取,还是应对企业内其他技术创新的竞争,都需要将已获得的显性知识合并、一体化以形成一个完整的"游说"方案。

然而,技术创新能否实现依赖于企业成员对已经显性化知识的理解、接受和执行程度,又取决于技术创新参与者将显性知识与自己的隐性知识结合起来,并通过辅助意识的作用内在化为隐性知识。

4. 从显性知识到隐性知识——内在化

内在化是个人吸收显性知识并使其个人化为默示知识的过程。它与边干边学直接相关。通过内在化,已创造的知识就可由全组织分享。内在化了的知识可用来拓宽、延伸和重构组织成员的隐性知识。知识通过分享精神模式或技术奥秘而内化于个人的隐性知识之中,它就成了极有价值的财富。个人不断积累的这种隐性知识,通过社会化与他人分享,便会引发知识创新的新一轮螺旋式上升。在实践中,内在化有两层含义:第一,显性知识必须在行动和实践中具体个人化。显性知识内在化的过程使得关于政策、策略、革新和改造的概念或方法现实化了。例如,训练计划就使受训人了解了组织和他们自身。第二,显性知识可以通过模拟或实践来具体个人化,以便激发边干边学的风气。这样,新的概念或方法就可在虚拟情景中学到。

对于企业技术创新来说,只有将显性知识内在化为个人的隐性知识,并以习惯或规范的形式存在于企业的隐性知识,企业技术创新才能够获得广泛的支持,并能够顺利地执行下去。只有将显性知识隐性化才能够保持企业的核心优势,因为隐性知识是难以转移的。事实上,显性知识的隐性化过程发生在技术创新的每一个阶段,是个人和群体以及企业整体互动的一个主要过程。这也是企业组织作为整体作用于技术创新的一个重要方式。

知识是在隐性知识和显性知识连续的能动的相互作用中推陈出新的。这种相互作用的形式就是 SECI 过程,也就是知识转换模式的依次交替:社会化、外在化、组合化和内在化。图2-2描绘了这四种转换模式。

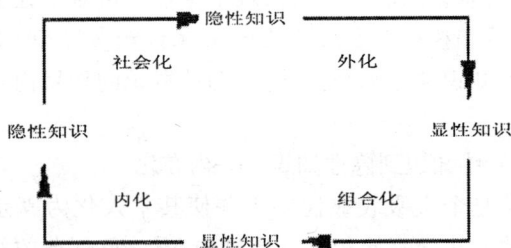

图2-2　隐性知识与显性知识的转换

资料来源:迈诺尔夫·迪尔克斯等,《组织学习与知识创新》,上海人民出版社2001年版,第387页(经作者整理)。

二、个体知识与组织知识

知识不能脱离认识的主体,因而在认识论分类之外存在着本体论的分类。知识可以分为个人知识、群体知识、组织知识和组织间知识。知识的产生来自人的认识,个人是知识创造的源泉,离开个人,组织无法产生知识。组织将个人、群体、组织间知识转化并结晶于产品,同时形成组织知识网络。组织是知识成为生产力的放大器,也是知识转化的平台。因此,知识转化的焦点是个人知识与组织知识。

个人知识是通过学习人类知识成果而获得的知识,是在实践中产生的知识混合体。一方面,个体在学习人类知识成果时,通过将外在知识结构转换为个体内在的逻辑结构和心理结构,从而真正掌握知识。另一方面,个人通过自己的实践活动,发生从动作向概念思维的转化,同时形成个体的技巧和能力,从而形成个人丰富多彩的知识世界,所以,个人知识存在于个人头脑中,或表现为个人技能方面的知识。它为个人所拥有,可以独立应用于特定任务或问题的解决,并随着个体的移动而移动[1]。个人知识主要包括专业知识、工作技巧、个人专利发明、生活常识、社会关系和体验、价值观念、各种意识和各种能力等。

组织知识分布在一个组织之中或者是为组织的所有成员所共享的知识。它是一个组织所累积的知识,并以规则、程序、日常惯例、指导行为的共同规范、解决问题的活动以及组织成员的互动方式等形式存在或者储存在组织内部。组织知识类似于组织的"记忆"(memory)或者是组织的"集体心智"(collective mind)(walsh Ungsn, 1991)。它既表现为已经储存的信息——知识"存量",组织的成员可以共享使用,也表现为知识"流量",从组织的成员之间的互动中浮现出来。集体知识存在于个人知识之中并且胜于个人

---

① Raisinghani, M., Knowledge management: a cognitive perspective on business and education, American Business Review, 2000, 18(2), pp.105 - 112.

知识。因为它既可能是中心化的,也可以是分散化的。它可能多于也可能少于个人知识的总和,但是,这主要取决于将个人知识转化为集体知识的机制。组织知识由个人知识、技术知识、管理知识构成,主要包括规章制度、技术、流程、数据库、共同愿景、品牌、商标、专利、管理模式和组织文化。

在这里我们借用柯林斯(H. M. Collins, 1993)①的划分方法,将知识分为4种类型:内含于头脑的知识(embrianed knowledge)、实体化知识(embodied knowledge)、编码化的知识(encoded knowledge)和嵌入的知识(embedded knowledge)。柯林斯认为,这种分类可以解释知识的心理学和行为特点。在此,我们认为,这种关于知识类型的分类可以说明社会的认知结构,是知识的认识论维度与本体论维度的交集,特别是将认知主体——个人和组织与知识的特征联结在一起,如表2-5所示。

表2-5 知识的类型:一个认知的分类

		本体论的维度	
		个人知识	组织知识
认识论维度	显性知识	内含于头脑的知识	编码化的知识
	默示知识	实体化的知识	嵌入的知识

内含于头脑的知识(显性的知识—个人知识)依赖于个人接受概念和认知的能力。它是正式的、抽象的或理论的知识。注重理性解释、普遍原理的领会以及自然界规律的本质分析的科学知识就属于这一范畴。这类知识也可以称为"理性的知识",这类知识的本质是理性主义和逻辑演绎的。内含于头脑的知识具有广泛的普遍性且易于传递,因为它可以被广泛地利用并应用于对不同现

① H. M. Collins. The Structure of Knowledge, Social Research, 1993, vol.60(1), pp.95-116.

象的解释,它是一种均一的和先验的知识,可以通过正式的教育和培训获得,换句话说,可以"通过研究而习得"(1earning - by - studying)。这种知识能够被标准化并应用于严格的逻辑推论。内含于头脑的知识在现代文明中具有非常特殊的社会地位。

编码化的知识(组织知识—显性的知识)是一种用信号和符号表达的知识(有时候类似于"信息")。这种知识可以被编码并储存在设计图、秘诀、书面规则和程序之中。它是一种公共知识,存在于开放的组织之中,脱离知识主体可以被理解和利用,但是,这种知识是在一种标准化的程序下形成的。它仅能处理标准化的问题或状态,并可能在处理问题时存在着将问题简单化或归类化的危险。编码化的知识是一种机械性的知识,在一个组织中引导了惟一的和可预言的行为方式。因为编码化的知识可以脱离知识主体储存和保留在一个组织之中,因而减弱了它们对个人的依赖。可以设想,个人的经验和知识被抽象成为编码化的知识,促进了组织的集中化和控制。显然,编码化的知识不可避免是简单化的、选择性的和局部的知识,因为它不可能完全捕获和保护个人的技巧和判断。

实体化知识(默认的知识—个人知识)是行动导向的,它是实践的个人类型的知识(实际技巧或技能)(Polanyi, 1962, 1966)。有时候,这种知识也被称为"经验的知识"(Nonaka, 1993)。这种知识是通过亲自的经验或边干边学而创造出来的。实体化知识主要建立在"事必躬亲"(bodily)或实践经验(行动)的基础之上的。这种知识的绝大部分都是无意识和自然而然产生的,它的产生和应用仅需要适应或者处理有意识的决策计划(Spender, 1996)。实体化知识需要特别的背景,它是一种与实践相关的,并且仅根据手边问题的性质才能产生,因而是一种特殊的知识。它的产生与主体之间的互动密切相关。

嵌入的知识是默示性知识的集体形式,它依赖于组织的日常惯例、实践和共同的规范。巴达瑞科(Badaracco, 1991)曾经认为，这种知识存在于复杂社会或团队关系之中，它们不能被明确地表达出来或者是轻易地被传递。在社会学界，嵌入的知识被认为是杜克海姆式默认的知识(Durkhemian type of tacit knowledge)，在一个组织中，它们以共同的信念和理解为基础，可以有效地在一个组织之内进行交流。或者说，由于组织是一个实践共同体(communities of practice)，它表明在一个组织内部存在着社会化的构建和互动式学习的性质，因而产生了默示性知识(Brown & Duguid, 1991)。尼尔森和温特(1982)也认为，日常惯例是植根于绝大多数组织的运行知识或是植根于专业化的工作实践和社会结构的"技巧"。他们强调在产生嵌入的知识方面，交流、共同实践和隐性合作的重要性。嵌入知识反映的是一种专业关系的、背景式的和分布式的知识。同时，它是一种"场景知识"(situated knowledge)，协调了不同的规则集合和无数的关系，并使组织发挥合作的功能，它们也是关于协调、交流和学习的社会知识。嵌入的知识是有机的和动态化的，在缺乏书面规则的时候，知识的紧急形式能够支持复杂的互动方式，嵌入的知识是"粘性的"(sticky)和路径依赖的。它的产生可能会受到已建立的组织原则和社会关系以及行为方式的约束①。

三、科学知识和技术知识

知识可分为科学知识和技术知识。从经济学的角度来看，可以理解为存在于不同领域内的两种不同属性的知识。虽然它们各自具有相对的独立性，但是作为知识，科学与技术都是人类学习活动的产物，而创新简言之是将科学技术知识在内的人类知识应用于经济领域的一种活动，它是社会生产力发展的直接源泉。因此，从认知的角度出发，运用经济学理论对科学知识和技术知识进行

---

① 秦海：《制度、演化与路径依赖——制度分析综合的理论尝试》，中国财政经济出版社2004年版。

比较有利于理解技术创新的本质。在这里,我们借用波兰尼的一些观点来分析它们的区别。

（一）科学知识和技术知识的区别

第一,科学和技术追求的目的不同。波兰尼认为技术追求的目的是为了获取某种利益:"一切技术都等值于一个有条件的命令,因为至少从间接方面来看,不承认技术操作可能合理地追求利益而确定一门技术是不可能的。"① 而科学则不然,科学发现的目的是为了增加我们对大自然的认识,是对人类认识无限性和对生命本体的肯定,就像哥白尼发现"日心说"一样。法国天文学家勒维烈在 1846 年发现海王星,这一遥远的新行星的发现,没有什么别的发现比它更有用途。科学研究是一个充满理性的、激情的过程,波兰尼认为科学与技术在目的上的不同,是因为科学发现的内驱力不是利益,而是激情,它"来源于我们对某种合理性的领悟,这种合理性能使我们肃然起敬,能引起我们沉思和仰慕"②。正是由于技术的目的是追求利益,波兰尼在此基础上又进一步指出,技术的有效性要受到货物价值变化的影响。如果燃料价格上涨 100倍,那么以此为动力的汽车和飞机就会被扔进垃圾堆,而科学发现的有效性不可能受这种货物价值变化的影响。波兰尼说,同样"一项发明可以因为出现了一种更加有利可图的取得同样利益的方法而遭到毁灭,但在科学中却不存在任何与此真正相同的情况"③波兰尼认为,全部人类知识的起源都来自个人的直觉。他认为,科学知识的创造主要是因为人类沉浸在有待解释的现象之中,因而导致了如何开始与这些有待解释现象之间的互动的直觉。对于波

---

① 迈克尔·波兰尼:《个人知识——迈向后批判哲学》,许泽民译,贵州人民出版社2000 年版。
② 迈克尔·波兰尼:《个人知识——迈向后批判哲学》,许泽民译,贵州人民出版社2000 年版。
③ 迈克尔·波兰尼:《个人知识——迈向后批判哲学》,许泽民译,贵州人民出版社2000 年版。

兰尼而言,科学就是以默认的直觉理解科学家们下意识的学习过程的详细说明。戴维·玻姆也对科学的创造性提出了相同的观点,他认为:"就相当普遍的情况而言,人在创造性的知觉行动中,往往首先以非语词的方式悟察到一组新的有意义差别,并开始摸索出或注意到一组新的相似性,它们不仅仅出自相同或不同领域中的以往知识。由新的相似性形成序,新的序进而形成新序的等级系统,该等级系统构成结构的新集合。整个过程倾向于形成各种和谐统一的总体,它们给人以美感,并能深深打动理解它们的人。"①

第二,在科学研究对象与技术研究对象的区别上,波兰尼认为专利法已经对科学发现与技术发明在研究对象上做了鲜明的区分:"发现增加了我们关于大自然的知识,而发明则建立了一个服务于某一得到承认的利益的新的操作原则。"② 这就是说,科学的研究对象是自然界中物质运动的形式,而技术主要是人与自然能动关系的范畴,与利用、控制和改造自然有关,与制造和利用工具有关。在此,我们看到由于现代科学与技术联系紧密,技术的发明通常会出现信赖科学理论的情况,同时在技术的新发明中也可能会遇到某种新的发现,但这并不就是说科学研究对象与技术研究对象是一体的,也不能认为科学是技术的先导。实际上,在科学与技术出现的时间顺序上,波兰尼也和亚里士多德持相同的观点:"人们对自然科学的欣赏是近代的事,它的传统也根植于一个有限的领域之内。它是很多具有悠久历史和财富的文明中一个文明的惟一嫩芽。"③ 波兰尼还分析了科学与技术紧密联系的根源,这是由于"事实上,无论在何处,只要大自然所固有的一个过程因其结果而对科学有意义,这一性质就成立,与此同时,为了取得这一欲

---

① 戴维·玻姆:《论创造力》,洪定国译,上海科学技术出版社2001年版。
② 迈克尔·波兰尼:《个人知识——迈向后批判哲学》,许泽民译,贵州人民出版社2000年版。
③ 迈克尔·波兰尼:《个人知识——迈向后批判哲学》,许泽民译,贵州人民出版社2000年版。

求的结果,它又是可以随意操作的",所以往往给人造成一种错觉,认为科学的研究对象也就是技术的研究对象,或者技术的研究对象也就是科学的研究对象。例如,医治糖尿病的胰岛素的发现是科学的一大发现,但同时也是一项发明,因为它创立了治疗糖尿病的一条操作原则,可是却不可以认为技术就是科学或者应用科学,因为"如果经济关系的剧烈变化把它们的实用性摧毁的话,它们可能失去一切意义,并被遗忘"①。

第三,科学与技术发明的目的性不同。早在古希腊罗马时代,亚里士多德提出一切技术、一切规划以及一切实践和抉择,都以某种善为目标。他认为,科学和技术在出现的时间顺序上是不一致的,技术出现在前,科学出现在后,技术的伦理价值是"有的为生活所需,有的供消磨时间",而科学"既不提供快乐,也不必满足必需为目的",科学的出现是在"全部生活必需都已具备的时候,在那些人们有了闲暇的地方"②。波兰尼也提出了一个影响深远的概念,即"原创性"。原创性是一个相当大的逻辑鸿沟,把自身与先行者分隔开来。只有在发明与发现让人惊异的时候,它们才具有原创性的品格。科学发现的原创性与技术发明的原创性有共同之处,就是两者的原创性都受人欣赏。它们的不同之处表现在,科学原创性的欣赏"在于比别人更深入地看到事物的本质的能力",而技术原创性的欣赏,"则在于发明家把已知的事实转化为惊人的利益的创造力"③。这里,我们清楚地看到,波兰尼对技术美的判定仍然是从经济关系出发的。

第四,科学与技术在获取途径上的不同。可表现为,科学发现

① 迈克尔·波兰尼:《个人知识——迈向后批判哲学》,许泽民译,贵州人民出版社2000年版。
② 苗力田译:《亚里士多德全集》第7卷,中国人民大学出版社1996年版。
③ 迈克尔·波兰尼:《个人知识——迈向后批判哲学》,许泽民译,贵州人民出版社2000年版。

离不开科学家个人的参与,科学实质上是一种"个人知识"。波兰尼指出:"即使在最精密的科学运作过程中,也都有科学家个人的必不可少的参与。"① 拉普拉斯式的否定科学是一种"个人知识",将可证实的经验事实视为科学乃至一切真理的标准,只能是白费力气。在这种"个人知识"体系里,可言传知识只占了极少的一部分,它们只是巨大冰山露出水面的一角,而默示知识却是隐匿在水下的宏大部分,而且,那极少部分的可言传知识——书面文字、图表和数学公式也只是默示知识的工具,人们只是在行使默示能力的过程中附带地使用它。这正如我们用锤子钉钉子的时候,我们关注的焦点是钉子如何钉进去,而对于锤子对手的作用,我们只是附带地感知到的一样。波兰尼说:"科学发现不能通过明确的论述来获得,其正确主张也不能明确地加以陈述,科学发现只能由思想的默会能力来达到,其内容,就其是不确定的而言,只能默会地加以认识。"科学家这种个人默示的认识是一种技能,"科学靠科学家的技能来操作。科学家正是通过行使自己的技能,而造就了科学理论"。技能是不可言传的,"技能无法按其细节进行充分解释"②。技术则不然,技术的获得或多或少要依靠言传的知识,"技术是只教人按照(或多或少)可言传的规则利用工具来获得物质利益的活动"③。需要指出的是,技术不等同于技能和行家绝技。前者是一种规则知识,在一定程度上可以与人分离,后者是一种直接经验知识,与人的劳动融为一体。在波兰尼看来,技术一词指的是一般的操作原则,"一件工具、一台机器或一个技术过程的特点最

---

① 迈克尔·波兰尼:《个人知识——迈向后批判哲学》,许泽民译,贵州人民出版社2000年版。
② 迈克尔·波兰尼:《个人知识——迈向后批判哲学》,许泽民译,贵州人民出版社2000年版。
③ 迈克尔·波兰尼:《个人知识——迈向后批判哲学》,许泽民译,贵州人民出版社2000年版。

集中的表现就是它们的操作规则"。技术的操作原则无法通过科学术语来说明。比如一台机器,它的发明者在操作原则中会说明它的部件是如何独具特色,如何在统一操作的过程中影响另一个部件,如何完成它的特殊功能并实现机器的目的。如果用科学术语,比如说通过物理学或化学的知识对这台机器做细致的分析来探讨它的本质,我们只能获得关于这台机器的一个完整的物理或化学图谱。至于它是如何工作的,则做不到。我们甚至不会发现它是一台机器。这是因为"我们通过从技术上理解机器而认识一台机器,也就是说,我们通过对它的目的的参与和认可它的操作原则而认识它。在物理学或化学的调查中,我们并没有这样的参与"①。因为我们对物理学或化学的获得都是依靠默示的能力来进行的。从广义的技术角度来看,技术与科学的不同,是技术获取的途径还多少包含着一些可言传的能力。技能和行家绝技是在掌握技术的基础上对技术迅速、精确、自如的运用。人们可以通过规则掌握一门技术,却不能仅凭规则掌握技能和行家绝技,因为后者不能够通过言传的知识来获得。波兰尼指出:"像技能一样,行家绝技也只能通过示范而不能通过规则来交流。"②

（二）科学知识和技术知识的联系

科学和技术之所以难以区分,其原因就在于它们之间有着紧密的联系。从它们的发展历史我们就可以看出它们的关系。

19世纪以前,科学和技术之间是分离的。科学理论一般落后于生产技术,比如,当空气动力学还没有形成时,飞机已经上了天。当热力学定律还没有总结出来的时候,蒸汽机已经制成。约翰·齐

---

① 迈克尔·波兰尼:《个人知识——迈向后批判哲学》,许泽民译,贵州人民出版社2000年版。

② 迈克尔·波兰尼:《个人知识——迈向后批判哲学》,许泽民译,贵州人民出版社2000年版。

曼在评论蒸汽机的发明时指出：在 19 世纪中期之前，蒸汽机对纯科学理论的贡献比科学对这项动力工程技术所做的贡献要大得多。只是到 19 世纪末，依靠这一技术领域内积累起来的经验、不断的尝试和直观的发明，利用热力学理论的设计才有进展。古代罗马以及我国的封建社会对科学理论并没有很大兴趣，但其文明分别持续了好几个世纪，它们在技术上创造了不少奇迹，在金属制造方面显示出来的精巧而富于创造性的技能是无与伦比的。但由手艺和经验所获得的先进技法并没有有意识地建立在抽象的原理和科学的理论基础之上。

由此可见，19 世纪以前的技术主要是以经验为基础的技术，而不是以科学为基础的技术。19 世纪以后，随着科学技术的飞速发展，科学与技术的关系出现了一些新的特点，即技术科学化，科学技术化，科学与技术相互渗透、相互转化，共同发展。这就使得技术的创新一般都是建立在一定的科学理论的基础上，同时，科学理论的发展又紧紧依赖着技术进步。现代自然科学在前沿领域中的成就，特别是微观物理学的发展，则进一步改变了科学与技术的关系。电磁理论形成以后，自然科学已显示出它的巨大实践力量，然而，在 19 世纪末和 20 世纪初的时候，毕竟还只有电力技术和试验性的电子技术等是以科学为先导的。20 世纪三四十年代以来，科学技术发生了重大变化，一批新兴技术——原子能技术、空间技术、电子计算机技术、激光技术等科学技术，则完全是以科学为基础、以科学为先导的技术。现代高技术一般认为可分为 6 大技术领域，12 项标志技术，也都是以科学为先导的技术。

可以说，在当代，技术来源于科学，技术受导于科学，技术依赖于科学，技术离不开科学，科学要转化为技术，科学实验活动要依靠技术，科学离不开技术，科学与技术的关系愈来愈密切，在有些领域科学与技术的界限难以分清，如纳米科学与纳米技术，基因工程与蛋白工程也很难分清楚它们是科学还是技术。在现代,就是普通的飞机工业、电子工业、机械工业、化学工业都必须具有雄厚的科学理论基础,才能得到发展。

可见,科学与技术之间的相互作用是一种动态的复杂现象。布鲁克斯提出,从创新的观点看,科学对技术的贡献至少体现在六个方面:①科学作为新技术构想的直接来源;②作为工程设计的源泉;③作为研究仪器、实验技术和分析方法的理论背景;④作为开发人的技能的一种基本途径;⑤作为技术评估的知识基础;⑥作为开发战略的一种源泉等。而罗森堡通过技术史的具体研究,对人们普遍持有的"先有科学后有技术"、"技术是科学的应用"等信念提出了质疑。他认为技术有自己的独立性,"技术本身是关于某些事件和活动的一组知识,它并非只是来自其他领域知识的应用"。他指出:"技术知识领先于科学知识,在过去是一个常规,今天,在很大程度上依然如此。"①实际上,从创新的观点看,技术对科学的反作用至少是同等重要的:一方面技术不断地提出一些需要解决的基本问题,而成为新的科学挑战的源泉;另一方面技术也为科学有效地解决越来越复杂的问题提供工具和方法。

第四节 知识的认知基础:脑神经科学的证据

一、认知的脑科学基础

众所周知,人脑是长期历史发展的产物,是人类一切知识产生的物质基础。人脑内存在着大量的神经细胞,这些细胞相互联系、相互协调、相互制约,共同参与人类的活动。

人脑是产生智慧和情感的物质基础。科学研究表明,人的大

---

① Rosenberg. Inside the Black Box. London: Cambridge University Press, 1982, p.121.

脑位于脊髓上端,大脑的基本单位是神经元。大脑由一条纵裂分成了基本对称的左右两半球。人的大脑皮质由于高度发展而形成许多沟和裂,表层突起的脑回就是由这些深浅不同的沟和裂将每侧半球各分成了大小不同、功能各异的额叶、顶叶、枕叶和颞叶。额叶负责身体对称运动动作,称为运动区。顶叶是脑的感受部分,它接受来自皮肤、肌肉、肌腱和关节关于身体位置和运动的信息以及来自视觉和听觉(经由枕叶和颞叶)传来的信息,然后进行综合,这些综合感觉印象来自记忆储存的传入信息,使人能解译特殊的视觉、声音、气味和触觉的意义。枕叶是视觉分析器的中枢部分。颞叶称为视觉区,包括听和记忆的机能,它是大脑两半脑最引起人们兴趣的部分。刺激不同的颞叶,可引起言语(左侧颞叶)或音乐(右侧颞叶)的听的幻觉。由于颞叶与边缘系统的联系,人们不但能够评价事件,也能体验惧怕、愤怒、渴望和嫉妒等情绪。

近30年来,科学家对左右大脑的功能和结构的研究有了重大进展。美国的斯佩里(R. W. Sperry)博士因对此项研究有重要贡献荣获1981年诺贝尔生理学奖。斯佩里以精细的实验研究证明:独立的大脑左半球同抽象思维、象征性关系和对细节的逻辑分析有关。它能说、写和进行数学计算。它的功能主要是分析,像计算机那样。右半球虽在语言功能方面不及左半球,但在具体思维的能力、对空间的认识能力以及对复杂关系的理解能力方面比左半球优越。在解释听觉的印象(声音)和理解音乐时,右半球也优胜于左半球。然而,右半球的功能也有不足之处,它几乎完全没有能力计算,只能做20以内的加法。它虽然能够识别并理解简单的单音节名词的意思,但不能领会形容词或动词的含义。它虽然不能写,但在认识空间和识别三维图像方面要比左半球优越得多。于是,斯佩里根据实验性分析研究,提出了大脑两半球既有各司其职的高度专门化,又有功能互补合作的特性,由此推翻了以往一直认为只有左半球占优势的传统观念。表 2－6 是半脑分工的临床实验证据。

表 2－6 半脑分工的临床实验证据

半脑优势之临床及实验证据:1976 年	
左脑(右半边身体)	右脑(左半边身体)
语言/文字	空间/音乐
逻辑、数学	全面的
线性、细节	艺术、象征
循序渐进	一心多用
自制	敏感的
好理智的	直觉的、创造性强的
强势的	弱势的(安静的)
俗世的	性灵的
积极的	感受力强的
好分析的	综合的、完形的
阅读、写作、述说	辨认面目
顺序整理	同时理解
善于感知重大秩序	感知抽象图形
复杂动作顺序	辨识复杂的数字

资料来源:Science News Volume 109，♯14，p. 219，1976 年 4 月 3 日发行。

加利福尼亚大学奥恩斯坦(R. Omstein)教授更明确地区分了左右半球的不同功能①，认为影响右半身的左脑主要负责意识与分析思考，尤其是语言与数理的功能，其运作的方式以直线为主，循序渐进，合乎逻辑。控制左半身的右脑则主要起整合的功能，能够在极短的时间内将从各处输入的信息予以综合而付诸行动。右脑的语言能力相当有限，但对于空间定位、艺术创造、身体印象、面孔认识，以及音乐乐符的感受等具有很大的影响。其运作的方式

---

① T. Buzsn. Make The Most of Your Mind, Pan Books, 1981.

则以整体、潜意识、关联式为主。在日常生活中左右脑依情境的需要而交互使用。左脑运作时，右脑便受压抑。这种情形在运动时最为显著。运动是受右脑所整合。一个人在滑雪时，他不能既滑雪又用语言(受左脑所控制)描述或逐步指导其滑雪的动作，所以常用左脑的人其右脑就不够灵活。特别要指出的是，右脑在创造性思维中占有重要的地位。因为右脑的视觉记忆系统不像语言和逻辑系统那样受语词、语序的限制，它不遵循固定的逻辑规则，常常在突然间、随意中产生灵感、直觉和顿悟，而这些恰恰正是创造性思维的源泉。但人的大脑是高度统一的整体功能的有机体，在创造性思维活动中，尽管右脑功能起到主导作用，但并不是说左脑功能就无足轻重。从创造性思维过程来看，左右脑功能始终是协同互补、共同完成的。左右脑的相互贯通和协同作用，才是创造性思维的真正生理物质基础。从本质上讲，创造性思维活动作为一种高层次的脑整体性机能活动方式，它是借助于抽象思维与形象思维、分析综合、发散与收敛等各种思维运动形成的，而这些思维运动形式的发挥，正是左右脑功能协调互补、相互贯通作用的结果。应当指出的是，这种功能上的划分并不是绝对的，因为有些实验表明，右脑也存在一些语言中枢，在左脑中也存在一些视觉—空间能力控制中枢，所以只能说大脑两半球在不同功能上有各自的优势，也就是说，更擅长某些方面。在少数人身上，两半球这种功能还可能是对换的。就是说，存在于左半球的语言中枢、分析性思维由右脑控制，而整体性、形象性思维则由左脑控制。

　　20世纪70年代后期，赫曼凭借对斯佩里和麦克莱恩的研究所做的实验和分析，进一步将这两个独立理论中的组成元素合成一个四分构造的模型，用以表示整个思维大脑，四个思维模型分别比拟大脑皮层的两个半球(斯佩里的理论)以及边缘系统的两个半脑(麦克莱恩的理论)，详见图2-3、图2-4、图2-5。

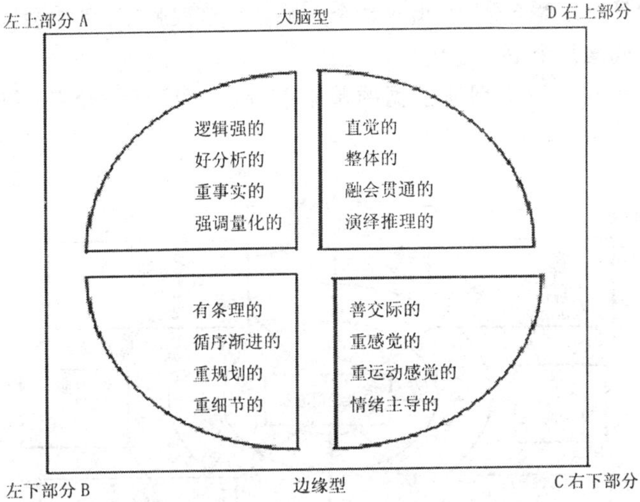

图2-3 赫曼的全脑模型

资料来源：奈得·赫曼，《全脑优势》，宋伟航译，中国人民大学出版社2006年版。

A、B、C、D四大象限内的描述语句，代表斯佩里和麦克莱恩两人找出的功能特点。

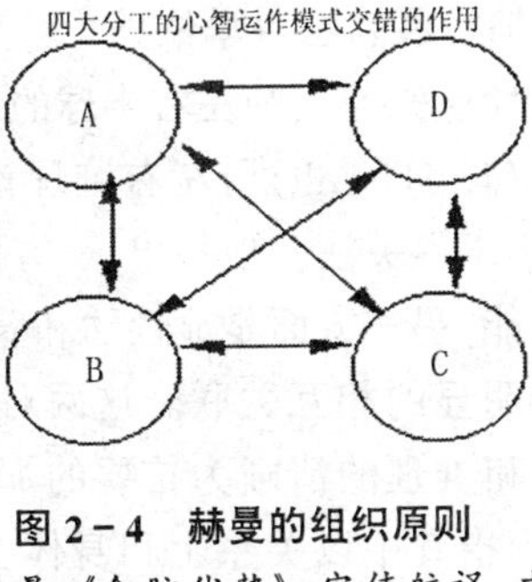

图2-4 赫曼的组织原则

资料来源：奈得·赫曼：《全脑优势》，宋伟航译，中国人民大学出版社2006年版。

依情景反复联合运作,组成整个大脑。在这大脑中,自然会以某一部分或某几个部分为优势。

大脑运作模型所依据的基本前提,说明所谓"全脑"包含些什么。

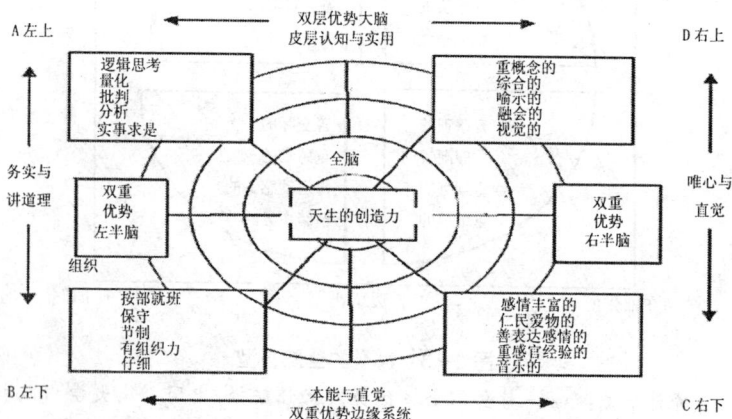

图2-5　思维形态体系模型(用描述语句,将每一象限的特质具体化)

资料来源:奈得·赫曼,《全脑优势》,宋伟航译,中国人民大学出版社2006年版。

二、知识存在与发展的脑科学依据

显性认知和隐性认知与人脑左右半球的结构和功能有密切联系。美国学者吉尔(J. H. Gill)用左右脑理论解释显性认知和隐性认知问题,引起学术界关注。他指出,一方面是所提出的大脑左半球和右半球的功能,另一方面是显性的和隐性的认知,这两方面之间都分别存在着明显的相互关联。这两对中每一对的头一项,都表示其中以概念和推理的清晰为首要的那个认识经历的范围;每一对的第二项,则指其中以关系上和身体上的判断为中心的一种认识范围。那么,似乎可以很自然地认为,既然显性认知是大脑左半球的功能,那么,隐性认知就是大脑右半球的功能了①。一些搞认知心理学研究的人提供了几项重要的观察资料与推论。有一种普遍一致的看法,认为大脑左半球是从陈述上用词和有顺序地与有分析地思维的处所。这半球的损坏一般与失语症、言语记忆丧失、对时间和顺序分辨不清、言语方面智商不足等有联系。另一方面,大脑右半球已被证明是空间知觉、综合和由关系进行判断,以及支配身体现行某项任务的所在。这半球的损坏,一般来说是与视觉、空间辨别能力以及记忆力等的削弱或丧失有联系的。Levy(2000)认为右半球很大程度上是"哑"的,但它却具有很好的语义知识并参与实际语言运用。右半球受损的人容易缺乏理解对话或讲故事的能力,缺乏从上下文推论的能力,不能理解隐喻或幽默的话语。

对于这些有关显性和隐性认识间区别的研究结果,一种看法是把大脑右半球看做附带觉察和身体活动的中枢。人们借助知觉与具体领会之间的互促作用,获得隐性知识。这种隐性知识又提供了一种框架或前后关系和一种模型,正是在这种框架或前后关系之中,以这种模型发生言传认识。有条理有分析的思维,毕竟只能在更加广阔的前后关系或更加具有意义的背景中产生。只有根据先前的认识(即使是在意会上承认其存在的整体),才能够这样认识它的各构成成分与形成阶段。维特根斯坦也说过,语言必须放在相应的语境里才可以被理解。这里"语言"是语义知识,是编码了的知识。可是它不充分,必须有相应的"语境"配合它。语境里包含着场景知识。后者是不可编码的,所以通常是由我们人脑的深层结构和右半球支持。主动接受的,一方面是我们作为遗传的和身体的存在,另一方面是身体的和社会的、环境的影响,这两方面的相互作用,通过大脑右半球形成隐性认知的方式,使得前者

① 吉尔:《裂脑和意会认识》,《自然科学哲学问题》1985 年第 1 期。

的各种范畴与能力发挥作用。这是一种主动的而不是被动的动力。有了隐性认知所提供的根据，才使更为专门化更为明确的功能得以发挥作用，而在此以前这种功能只作为潜能而存在，并且由此产生显性认识。换句话说，开始，我们的注意力由我们的遗传下来的和体现出来的能力(存在于身体的与社会的现实中)转移到只是通过隐性而形成的有意义的结构。然后，我们的注意力又由这些通过隐性而领悟的整体，转移到构成这些整体的那些细节与阶段①。以上就形成隐性认知继而形成显性模式的相互联系、相互作用的论述，其根据是波兰尼强调把身心感知的全局性作用作为一切知识的轴心。

由新近的脑科学研究(Evelyne Kohler, 2002)发现，在短尾猿脑中存在一组可能代表语言进化初级阶段的神经元——"听觉—视觉镜像神经元"。可能由这些神经元记录关于动作的抽象信息，以便用来计划和执行动作以及识别其他个体的动作。不管是自己做了动作，还是听到了与动作有关的声音，其脑部某一区域的一些神经元就被激活，同时当它看到其他个体做这些动作时，这些神经元中的许多也被激活。根据这些事实，"镜像神经元"可能也是动作通讯(gestural communication)的一个关键，而动作通讯可能导致人类的口头语言。上述对短尾猿的研究结果，改变了人类对自己独特性的观念，揭示了人类知识存在的生物演化基础，正如皮亚杰(1966)、哈耶克(1967)、波普尔(1990)② 所说，人类个体存在先天的知识。

以上事实说明，知识的存在和发展，已不再是哲学家们的思辨假说，而是正在被现代脑科学的进展所证实。

---

① 刘仲林：《波兰尼"意会知识"的脑科学背景》，《自然辩证法通讯》2004 年第 5 期。

② 皮亚杰(1966)通过对儿童心理学的研究认为，认知活动产生于生物学的基础上，行为过程与生物体的生长存在联系性；哈耶克(1967)认为个体的知识分别来源于先天的(遗传继承的)和后天习得(文化传承的)；波普尔(1990)在其"走向进化的知识论"的演讲中也强调知识的生物性基础。

第三章　认知、学习与技术创新

企业技术创新与认知学习有着必然联系。企业技术创新是一个将新思想、新设计引入生产体系的过程,这一过程,离不开大量的理论与实践、成功与失败的试验。从本质上来讲,技术创新是一个动态的学习过程。在这里,认知学习的结果即表现为技术知识。如何通过认知学习获得知识并形成合理有效的心智模式(隐性知识)是认知学习的最终目的,也是企业技术创新的基本要求。

第一节　认知学习:哲学和心理学基础

一、现代的认知学习:系统建构主义认知观

传统认知主义在其知识的本质上持客观主义立场,认为事物是客观的,知识是客观事物的表征,是人类认识的结果。它是在实践的基础上产生又经过实践检验的对客观实际的反映,能够和客观事物建立一一对应的关系。由于客体的基本特征是可知的和相对不变的,所以知识也是稳定的、客观的、可靠的。人们通过学习可以获得对客观世界各种事物的认知,了解真实世界,从而在他们的思维中复制世界的内容和结构。学习的目的是习得事物及其表征,使外部客观事物内化为其认知结构。

系统建构主义(或称"后认知主义")采取非客观主义立场,对知识的客观性和确定性提出了质疑。该认知观认为,客观世界是存在的,而且是独立的,知识是人脑内部对客观世界提供的信息材料的主观创造,而不是对客观事物的反映,即知识并不是对现实的

准确表征,它会随着人类的进步而不断地被"升级换代",出现新的"内涵",而且在具体问题上需要针对具体情境进行再创造。如"敌人"一词在战争年代和和平年代所指不同。此外系统建构主义认为,知识不可能以实体的形式存在于具体个体之外,语言赋予知识命题的外在形式并不意味着学习者会有着同样的理解,因为,这种理解只能由特定情境下的个体学习者基于自己的经验背景建构出来。由此可见,知识的本质是生成性的、主观的、不稳定的。建构主义反对客观主义的外塑论,把知识看成是主体与客体相互作用的结果。建构主义从以下几个方面对学习进行了诠释:

(一)学习是学习者主动地建构内部心理表征的过程

维特罗克(M. C. Wittrock, 1983)提出的学习的生成过程(generative proccess)模式较好地说明了这种建构过程。他认为,在学习过程中,人脑并不是被动地学习和记录输入的信息,而是主动地建构对信息的解释,学习者以长时记忆的内容和倾向为依据,对信息进行主动选择,并进行推断。另外,学习者对事物意义的理解总是与其已有的经验相结合,需要借助于贮存在长时记忆中的事件和信息加工策略。古宁汉(D. J. Cunningham, 1991)认为,学习是建构内在的心理表征的过程,学习者并不是把知识从外界搬到记忆中,而是以已有的经验为基础,通过与外界的相互作用来建构新的理解。学习要建构关于事物及其过程的表征,但它并不是外界的直接翻版,而是通过已有的认知结构(包括原有知识经验和认知策略)对新信息进行加工而建构成的。这方面一个著名的例子是德·格罗特所做的关于棋手的实验。在这个著名的实验中,德·格罗特把一盘棋的布局放在被试者面前约 5 秒,然后移去,要求被试者重新恢复原来的布局。象棋大师和专业棋手们几乎没有任何错误地恢复了原来的布局,而非棋手在棋盘上正确布局的棋子最多不超过 20~24 个。但是,如果胡乱地布子,象棋大师和专业棋手们都不能恢复原来的布局,他们真正的记忆功能在这种情况下并不比非棋手好。如此看来他们只不过是记住了从过去的经验中已经知道了的东西,这种布局在过去的专业象棋竞赛中很有可能出现过。他们的认知和回忆能力证明是依赖于他们所具有的比赛规则和具体走法的实际知识。这例子强调了这个事实:物理刺激本身并不强加它的意义;它仅仅是一幅一般性图式,当它和已知的模式同化后才被赋予意义。可以带点夸张地说,人们是在感知已知的东西,而不是在理解感知到的东西。对于建立一个关于先前认知范畴在认识论上的重要性的主张来说,这些例子已经足够了。一个相同的物理刺激对不同的人可能意味着不同的事物,这取决于他们解释物理刺激的认知范畴。如果他们没有适当的认知准备,这个刺激本身可能会没有被注意到——它可能仅仅被体验为一种关于色彩、声音、气味、滋味或触觉的无差异和不值得注意的模式。

(二) 学习过程同时包含两方面的建构

当今的系统建构主义者对于学习的建构过程做出了更深入的解释。作为建构主义中一支的"认知灵活性理论"(cognitive flexibility theory)认为,建构包含两方面的含义:一是对新信息的理解是通过运用已有经验,超越所提供的新信息而建构成的。二是从记忆系统中所提取的信息本身,也要按具体情况进行建构,而不单单是提取(Spiro et al.,1991)。当今的建构主义者用这种建构来解释学习,说明知识技能的获得和运用中的建构,而且,他们对于后一种建构给予了更高的重视,他们强调,学习者在学习过程中并不是在发展供日后提取出来用以指导活动的图式或命题网络,相反,他们形成的对概念的理解是丰富的、有着经验背景的,从而在面临新的情境时,能够灵活地建构起用于指导活动的图式(Spiro,1992)。

（三）在学习方式上，是从个体性为主向社会性为主发展

传统理论认为，通过字词就可以将观念、概念甚至整个知识体系由说话者传递给听话者，其实这是一种误解（Glasersfeld，1991）。当今的系统建构主义认知理论认为，事物的意义并非独立于我们而存在的，而是源于我们的建构（Brown，Collins Duguid，1989a），每个人都以自己的方式理解到事物的某些方面。同时由于建构主义强调知识的境域性和非理性，认为知识由具体的情境和主体已有经验的相互作用来决定，由于经验的个体性和具体情境的特定性，以个体方式生成的知识显然是与其他个体的理解标准不同。为了达到更加全面而丰富的理解，就需要通过对话、协商来集合更多个体的智慧，形成社会性的意义建构。离开社会性的对话与协商，个体的意义建构就失去了关注人的价值的参照标准。交往、实践活动成为社会性学习的主要形式。同时，这里的特定文化背景、具体社会情境实际上就是一种对话与协商的机会。因此，运用社会的学习方式来建构知识将成为我们学习的主要方式。

系统建构主义认知观认为，学习是学习者主动地建构内部心理表征的过程，建构一方面是对新信息意义的建构，同时又包含对原有经验的改造和重组。建构的过程既是学习的过程，也是创新的过程。建构主义哲学观也为心理学的发展奠定了基础，心理学的发展也对哲学观点做出了呼应，哲学和心理学辩证地交织在一起，因此，从认知心理学的角度认识学习具有一定的必要性。

二、现代认知学习的心理学基础

当代认知心理学把人看做是一个积极的、具有主观能动性的知识获得者和信息加工者。人的认知活动，是对信息的加工处理过程，以及对客观事物变化和特征的反映，也是对客观事物之间相互作用和相互联系的表征。当代认知心理学认为，人脑是一个信息加工系统，当人处于清醒状态时，就会不断地对来自外部环境的

刺激信息进行加工处理。在这个系统中,主要由以下几个部分组成,它们是感受器、感觉登记、模式识别、短时记忆和长时记忆,如图 3-1 所示。

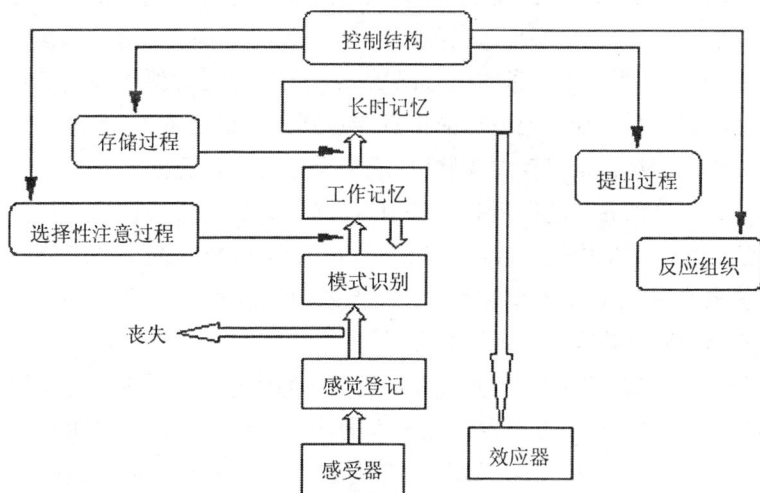

图 3-1 人类信息加工系统的基本部分

资料来源:梁宁建,《当代认知心理学》,上海教育出版社 2003 年版,第28 页。

眼、耳、鼻、舌、皮肤是人接受周围环境刺激与信息的器官,它们的感受器分别接受刺激信息并把它转换为生物电能后进入人脑内以作进一步的加工处理。输入人脑内的信息要得到进一步的加工处理,必须要使信息能够在人脑中短暂保留一段时间。这种把刚刚接收到的信息短暂保留以便作进一步加工处理的结构就是感觉登记,它又被视为刺激信息的短暂保留系统。模式识别是介于感觉登记和短时记忆之间的信息加工处理阶段,是把进入人脑内的感觉信息与先前掌握的、存储的长时记忆系统中的信息进行匹配的过程,即为了辨识外界事物,对信息或刺激物进行转化与分析,以便能够纳入或扩展到人脑认知结构中的过程。通过模式识别过程,即在对刺激信息进行编码以后,刺激信息被传递到另一个系统——短时记忆。在短时记忆系统中的信息已经不再是某种纯粹的感知,而是以某种形式(意义、形状、视图像、声响等)被保存下来,并通过复述把信息向长时记忆系统转移、加工并给予存储。由短时记忆系统加工处理后的信息传递到长时记忆系统,经过语义编码把信息长期保存在头脑中,成为个体关于客观世界的永久性知识。当外界环境的刺激信息引起短时记忆系统的加工处理时,还从长时记忆中提出或检索相关的知识,以供短时记忆加工处理信息使用。因此,存储在长时记忆系统中的信息,对个体识别客体作出正确反映起着决定性的作用。

信息加工取向的认知心理学还把人的信息加工系统分为几个部分,这种划分的主要原因在于人的认知活动之间存在着明显的差异,见图3-2。该学派认为,信息加工系统中第一部分是感觉登记,在这个系统中,个体把觉察到的环境中的刺激信息转换为认知代码,再将其传入模式识别系统。在模式识别系统中,将输入了的认知代码进行分析与组织,然后把它们输入到工作记忆系统中。工作记忆是认知代码的"工作码",它根据个体的目标、期望来加工或修正认知代码,最后把它们传入长时记忆系统中。长时记忆系统被视为一个知识与经验的巨大储藏库,它不仅存储着陈述性知识(事实性知识),而且还存储着程序性知识(运动、言语、智力技能),在长时记忆系统中,认知代码被精练与意义化,有些认知代码则进一步得到修正。

环境刺激（信息） → 注意、模式识别

感觉登记 → 工作记忆

长时记忆

陈述性知识　程序性知识

* 语义知识　* 技能
* 情节知识　* 推理、问题解决
* 世界知识　* 决策

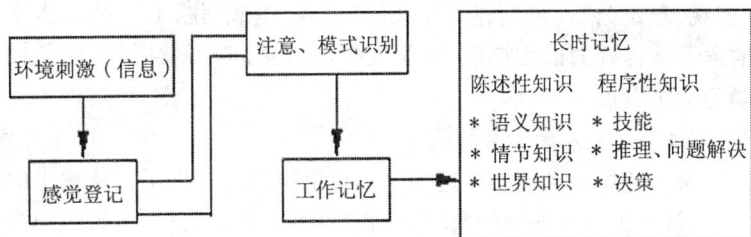

图 3-2　人类信息加工系统简单模型

资料来源：梁宁建，《当代认知心理学》，上海教育出版社 2003 年版，第 32 页。

三、系统建构主义认知观和心理学的启示

当代科学哲学以及认知理论的研究与实践表明，知识是主体与客体相互作用的结果，学习是学习者主动地建构内部心理表征的过程，建构一方面是对新信息意义的建构，同时又包含对原有经验的改造和重组。建构的过程既是学习的过程，也是创新的过程，因此，系统建构认知理论不仅为个体学习，也为组织学习奠定了理论基础。可表现为以下几个方面：

（一）在学习功能上，强调向发展性、创新性为主发展

在传统学习中，由于知识是稳定的、客观的、可靠的，主体通过学习活动来把握客观世界，积累关于客观的理性经验，维持主体与客观世界之间的平衡关系，以适应客观的层次结构(如知识权威)。建构主义关于知识生成及生长的观点，提倡通过学习活动来建构主体意义世界、发展主体经验(包括主体的个性和体验)，认为学习在于发展主体的内在性(对于学习者来说就是素质的发展)。主体性的社会意义表现为个性发展，个性的凸显意味着对社会现存知识的批判。对社会而言，个体充分发展的个性和批判精神的张扬有利于创新行为的出现。同时，建构主义关于知识非线性转化的观点，成为创新学习模式的理论基础，所以，知识观从认知主义的

"客观、稳定"说发展到建构主义的"主观、生成"说，必然要求未来的学习从传统的以维持性、积累性学习为主，向以发展性、创新性学习为主发展。

（二）改善人的心智模式

系统建构主义认知观还为个人与组织学习提供了方法论上的指导，认知理论中所说的"认知模式"实际上就是彼得·圣吉组织学习中的"心智模式"。不管是个人或是组织，在其进行认知学习的过程中，都有强化其固有的心智模式。

（三）在学习过程中，强调向多边互动为主发展

传统认知主义关于知识的线性结构和理性内化的观点，使得传统学习过程存在的单向被动的特点找到了理论支撑点。线性的知识结构崇拜"知识权威"，学习中要尽最大努力将自己的愿望、猜测、意志、观念、好恶等非理性因素和一切社会的干扰因素排除掉。没有了愿望、意志就是没有主体性，没有社会干扰因素就是没有学习交往和支持。显然，这种缺少内在主体性和外在社会支持的、被动单向传递的学习过程，不利于"知识网络"的建构。建构主义重视主体的交往、协商、对话等社会性实践活动对学习的互动作用，认为社会交往在知识建构中起着决定性作用，同时，还重视各种意外情境、外部干扰、环境影响、突发事件等特定学习情景对知识生长的意义，认为主体通过社会性实践与社会支持和特定社会情境进行多边互动，是建构平等的、开放的知识网络的基本途径。

第二节　个体和组织学习的认知机制

系统建构主义认知观点告诉我们，知识是主体与客体相互作用的结果，学习是学习者主动地建构内部心理表征的过程，建构一方面是对新信息的意义的建构，同时又包含对原有经验的改造和重组。因此，我们必须首先了解个人学习。个人学习也是组织学

习的前提和基础,没有个人学习就没有组织学习。其次,我们必须了解组织学习,技术创新的过程本质是一种组织学习过程。最后,阐述了作为组织学习类型的技术学习的内涵。

一、个人学习的认知机制

理解个人如何学习是有效地进行个人学习的关键。为此应首先了解个人学习的机制。任何个人学习都是一种认知行为,所以也可以将个人学习称为认知学习。

瑞士心理学家、哲学家皮亚杰从儿童心理学的研究出发,对个体认知学习发生和发展的机制提出了独到的见解,认为个体的认识是一个不断建构(construction)的产物。所谓建构,是指认知主体在和客体相互作用过程中逐步建立自己的思维结构,然后再运用主体结构去逼近客体结构,每一次建构都把认识提高到一个新的水平。皮亚杰认知发展理论的核心是,个体认知的发展是通过动作所获得的对客体的适应而实现的。适应的本质在于主体能取得自身与环境间的平衡。达到平衡的具体途径是同化和顺应。在同化和顺应的过程中,主体的认知获得系统化(组织化)的发展。

皮亚杰认知发展机制理论中最重要的概念包括图式(schema)、同化(assimilation)、顺应(accommodation)、平衡(equilibration)、建构等,这些概念集中反映了皮亚杰认知发展原理。

(一)知识的框架:图式

皮亚杰认为图式是指动作的结构或组织。皮亚杰借用生物学的机体概念和发展原理来阐明认识发生发展机制。人的认识图式和有机体一样,是在与外界进行物质交流过程中为适应环境不断进行自身调节而发展起来的,所以皮亚杰有时将图式称为"组织"或"结构",是主体用来组织经验事物的"知识框架"。有了它,主体才能够对客体的刺激做出反应。

图式相当于已有的经验知识,但不是具体的知识或经验,而是它们的抽象。图式从各种具体经验中抽象出共同的、普遍的、概括的东西,借以包容这些具体的经验知识。皮亚杰之所以将图式定义为动作的结构,是因为图式最初是从婴儿的感知运动行为中抽象而来的。但从人的高级认识阶段来看,认识不再局限于动作,而是对经验知识的抽象,或经验知识的结构,因此,图式可以简单地看做对事物的概念或范畴。

概念和范畴在通常意义上都和语言有关,但图式不仅仅是那些能用语言表达的概念。从起源来看,甚至婴儿最初的本能动作意识也属于图式。皮亚杰说,"任何图式都没有清晰的开端,它总是根据连续的分化,从较早的图式系列中产生出来,而较早的图式系列又可以在最初的反射或本能的运动中追溯它的渊源。"[1] 图式对我们的认识具有先在的规定作用,它是我们认识的前提,决定我们能认识哪些事物,不能认识哪些事物。一方面,它可以帮助我们认识新事物。另一方面,图式可以歪曲甚至遮蔽我们对客体的认识。图式作为一种认知结构,同时也是一种认知的无意识,它对认知的选择作用是暗示进行的。这种选择的结果对我们而言是有意识的。主体通常意识不到引导自己思维的机制。在这种意义上,图式结构决定着我们所能或不能够"做"的事情,以及我们"必须做"的事情。认知结构不是思维的意识活动,却赋予了思维特定的形式[2]。

根据皮亚杰的观点,主体图式不是单一的,而是多重的。虽然婴儿的图式很少,但通过不断地分化,图式越来越多,所以,主体图式的分化也是多重图式的分化。分化后的各个图式并不是孤立存在的,而是相互联系的,它们必然会形成协调。图式协调的结果是形成一个新的图式组织。在新图式组织中,被同化的客体具有与组织整体有关的意义。这样,图式就开始发展起来了。

---

[1]　皮亚杰:《生物学与知识》,芝加哥大学出版社 1967 年版。
[2]　皮亚杰:《发生认识论原理》,王宪钿等译,商务印书馆 1981 年版。

（二）同化、顺应与平衡

皮亚杰的生物学研究背景，使他认识到生物的发展是个体组织环境和适用环境这两种活动的相互作用过程，也是生物的内部活动和外部活动的相互作用过程。皮亚杰由此出发，认为行为主义的刺激—反应（stimulus response）认识论没有看到认识主体的能动作用，指出"一个刺激要引起某一特定反应，主体及其机体就必须有反应刺激的能力"，据此提出 S - R 这一互反（reciprocal）公式："更确切一些，应写作 S(A)R，其中 A 是刺激向某个反应图式的同化（assimilation），而同化才是引起反应的根源"，所以，"不从刺激开始，而从刺激的感受性开始"[①]。

皮亚杰认为，同化和顺应是机体和环境两极之间的相互作用。同化和顺应贯穿于认识发展的各个水平。在生物水平上，有生理同化，它的作用是对机体摄入的物质进行改造，使之变为有机体组织的营养；在感知运动水平上，有心理同化，它表现为把外部信息同化到动作结构中，使动作获得协调；在理性水平上，有认识同化，它把外部信息变成概念推理的形式，以丰富主体的认知图式。

在皮亚杰的发生认识中，同化是指主体将其所遇到的外界信息直接纳入自己现有的认知结构（图式）中去的过程。他认为，在这个过程中，虽然主体对自身的认知结构并未进行任何调整和改善，但也不能将这个过程看做是一个完全被动的过程。因为，在这个过程中，主体对外界信息所做的不仅仅是感觉登记，还需要对这些信息进行某些调整和转换，以使其主体与当前的认知结构相匹配，便于被接纳。同时，在主体对信息进行调整的过程中，有时为使其符合当前认知结构的要求，可能出现曲解的情况，这是导致出现认知错误的一个重要原因。为了说明这个概念，皮亚杰指出，当一个博物学家对动物进行分类时，他就是把动物给他的知觉同化

---

① 皮亚杰:《发生认识论原理》,王宪钿等译,商务印书馆 1981 年版。

于一个先前存在的概念系统,当人或动物知觉一个客体时,他将这个客体归属于某个概念上的或实际上的范畴,这个范畴给予所认识客体以意义。通过同化,主体能应用以前的经验来对待新的情景。

顺应是指客体作用于主体而主体的图式不适用客体时,主体调整图式或在原有图式的基础上创造新图式,以便接纳并适用客体的过程。当主体遇到新情况或新客体时,会试图首先运用旧图式将其同化,当同化不能完全做到时,才会调节或改变主体的原有图式,调节是指个体受到刺激或环境的作用而引起和促进原有图式的变化和创新以适用外界环境,也就是顺应过程。只有在顺应调节发生之后,图式才能更新,然后在新的水平上进行下一轮同化。同化是主体改造客体的保守性过程,而顺应表明了在客体的作用下主体得到改造的过程,所以,同化和顺应这一对机能代表了主客体的相互作用。

皮亚杰指出,同化和顺应并不是彼此分立的两个独立的过程,而是相互联系、相互依存的。甚至在同一个认知活动中同时包含着这两个认知过程。只是在某些活动中,同化占支配地位,在另一些活动中顺应占支配地位。

皮亚杰将平衡定义为个体保持认知结构处于一种稳定状态的内在倾向。并认为,这种倾向性是潜藏于个体发展背后的一种动力因素。因为当某种作用于人的信息不能与其现有的认知图式相匹配时,就会引起主体的一种不平衡状态。对这种不平衡状态的内部感受是一种不协调及不满足感,促使人努力去克服这种消极感受,以恢复旧的平衡或达到新的平衡。主体正是在这种不断地寻求平衡的过程中,实现了认知的发展。

皮亚杰也将平衡看成一种动态的过程。他认为,平衡包含着同化和顺应两个方面,平衡体现了主体存在与客观存在之间的最充分的相互作用。个体认知发展的过程就是不断取得主、客体之间协调一致的过程。任何一次平衡的发生,都包含着三个阶段。

第一阶段:个体满足自己现有的认知模式。处于暂时的平衡状态。

第二阶段:个体意识到自己现存的认知模式具有不足的地方,因而产生了不满足感,平衡状态被打破。

第三阶段:个体克服了原有认知模式中的不足,发展出了一种更有效的、更成熟的新的认知模式,从而达到了一种新的平衡状态。

(三) 认知发展的具体机制

那么个体是如何通过同化和顺应过程而达到平衡的? 皮亚杰及后来的皮亚杰学派的学者们对此进行了如下分析:当处于平衡状态的个体遇到某种新的信息的时候,由于在这种新的信息与原有的认知结构之间存在着差距,便会出现不平衡状态。个体会试图克服这种不平衡状态。克服不平衡状态具体有三种途径可供选择。

第一途径是忽略,是指当外界的信息与主体现有的认知结构差别很大,以至于主体根本不可能对此作出任何反应的时候,主体就通过忽略刺激的方式重新回到原有的平衡状态,这时不会引起主体原有认知图式的变化。

第二种途径是同化,是指当主体只需对外界信息略作调整或根本就不需要作任何调整时,就可将其纳入已有的认知结构中去。通过同化,主体原有的认知结构不会改变,或只会获得某种容量上的扩展,而不会引起质的变化,仍回到原有的平衡状态。

第三种途径是顺应,是指主体通过调整自己的认知结构,以一种正确的方式对外界信息进行反应的过程。这时,主体的认知结构发生了质的变化,进入到一种新的更稳定的平衡状态。至此,主体的认知能力跃上了一个新的水平,完成了主体对客体的又一次适应。比约克隆(Bjorklund)用图对上述三个过程进行了直观的描述(见图 3-3)。

状态 A→ 差异信息→不平衡

选择 a:忽略 →状态 A (恢复旧平衡)

选择 b:同化 →状态 A (恢复旧平衡)

选择 c:顺应 →状态 B (达到新平衡)→适应

图 3-3　比约克隆的平衡获得过程模式

资料来源:陈英和,《认知发展心理学》,浙江人民出版社 1996 年版。

皮亚杰认为,个体的认知能力就是通过这种不断地从平衡→不平衡→平衡的运动获得发展的。

二、组织学习的认知机制

(一)个体学习与组织学习的关系

个体学习与组织学习之间的关系,大多数学者都认为两者既有联系又有区别。如 Hedberg(1981)指出:"组织没有大脑,但它们具有认知系统和记忆。组织成员个体随着时间的推移逐渐形成他们的观点和意识形态。"但 Cook 和 Yanow(1993)的观点则恰恰相反,认为组织在其学习过程中所做的事情,与个体在学习过程中所做的事情是不同的。从本质上看,组织学习并不是一种认知活动,因为最起码的一点是,组织缺乏从事认知活动的必要手段……要认识组织学习过程,我们必须寻找组织所具有的那些使之能够为人们有意义地加以理解的属性。Micha Popper 和 Raanan Lipshitz(2000)也明确指出:一方面,个体学习与组织学习是相似的,因为他们涉及相同的信息处理阶段过程,即对信息的收集、分析、提炼和保留的过程;另一方面,个体学习与组织学习又是不同的,表现在两个方面,即信息处理过程是通过不同的结构、在不同的系统层次上进行的,并且组织学习还包括传播阶段,即信息和知识在不同的组织成员之间以及组织中的不同部门之间的传播。总体上看,越来越多的人都认识到,从根本上说,组织学习离不开个体成员的学习过程(Senge, 1990; Kim, 1993; Dodgson,

1993),如图 3-4 所示,但组织学习又不仅仅意味着其成员个体学习的简单加总,并且尽管组织这种实体没有大脑,但在管理者更换和员工流动的情况下,组织的确具有储存和调用知识、保持某种行为的能力(Hedberg,1981;Levitt and March,1988)。

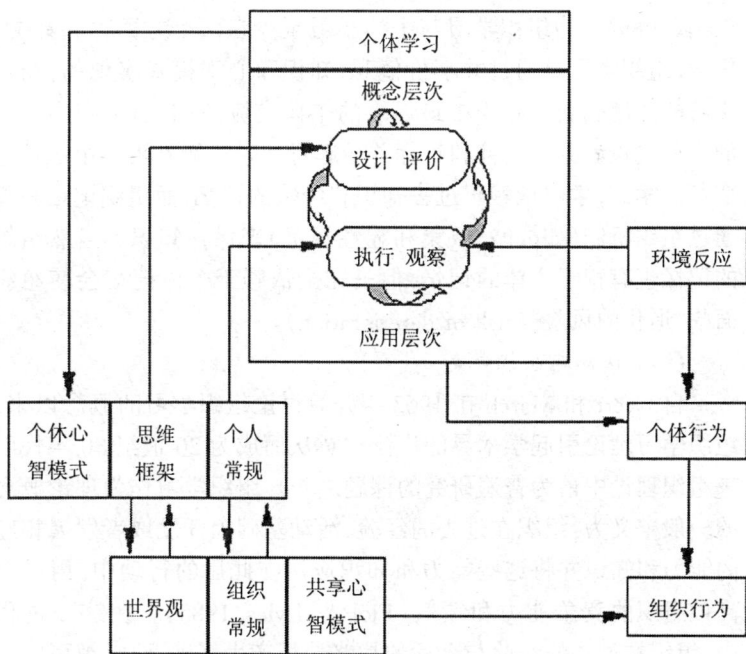

图 3-4 个体学习与组织学习

资料来源:Daniel H. Kim. The Link Between Individual and Organizational learning. Sloan Management Review, Fall , 1993, pp. 37-50.

Cummings 和 Worley(1997)的研究,在组织环境中个体学习与组织学习是可以明确区分的,个体在学习而组织没有在学习的情况时有发生,同样也可能组织在学习而个体没有学习。组织学习不是组织成员个体学习的总和,组织学习与个体学习的区别在于组织建立和维持了一种学习系统,它既影响了直接的组织成员,又随着组织的发展历史以标准化的方式留存下来影响了后来的人(Fiolnd Lyles,1985)。由于组织学习是抽象的、渐进的过程,比个体学习具有更多的不可控因素,因此比个体学习更为复杂。Stata(1989)认为组织学习与个体学习至少在两个方面存在差异:第一,组织学习是通过共享价值观、知识和心智模式实现的,组织学习的速度受制于组织中最迟缓的个体交流,只有当组织中所有的主要决策者共享信仰和目标并一起行动时才能不阻碍组织进行变革。第二,学习依赖于过去知识和经验的记忆,而组织记忆是指通过组织机制(如战略、政策和显性规范)来保存知识。当然组织的记忆也有赖于个体的记忆,但是完全依赖于个体记忆会使组织面临"退化的风险"(risk of deterioration)。

（二）认知与组织学习

自 Cyert 和 March 在 1963 年开始讨论组织学习的概念以来,组织学习理论引起学术界的广泛注意从而成为 20 世纪 80 年代以来组织理论中最为普遍研究的课题之一。组织学习作为理论概念的一般定义为:组织在过去的经验、活动基础上开发或者发展相应的能力和知识并将这些能力和知识应用在此后的行动中,用以提高该组织的竞争能力和绩效(Fiol & Lyles,1985)。在这一过程中,组织在过去的经验与今后的战略选择产生互动,而组织可以借此认知和修正过去行为产生的结果或者创造今后行动的模式。在组织学习的过程中,个人拥有的知识、能力和技能通过与集体的互动和交流沉积在组织的记忆中并通过组织自身的信息机制得以储存、传播与开发,然后在新的基础上不断重复上述过程,完成组织对知识的"创造—扩散—应用—再创造"的循环过程。

国内外学者在组织学习领域积累了丰富的研究文献,不同的学科对它进行了不同的界定,组织学习的行为、动因、实施也因研究视角的不同而有所差异。近20年来有关这个议题的文献可谓汗牛充栋，其范围很广，涉及学科很多。本书仅从认知视角来分析组织学习。

认知论的基本理论假设是"所有的故意行为都有认知基础，都反映了规范、战略，反映了对具有普遍有效性的世界的假设和模型……人的行动和学习可以处在更大的认知背景中"（Argyris & Schon，1978）。学习的有意识特征是认知论观念的本质。组织成员不仅仅是过去理性经验的贮存器，而且是按照他们认知系统的特点对现实的解释者。

组织学习的认知论视角也包括多种概念群，每一种概念群都侧重于不同的方面。有两种认知研究方法被广泛运用。第一种是结构研究方法，也叫"表现主义"，重点研究依赖于认知系统结构特性的信息处理能力。大量认知心理学研究显示：人处理信息的能力取决于个人认知结构的特点（个人的知识体系）或精神发展阶段。对组织社会认知动力的研究也说明认知结构观念可用于组织和团队层面。从这个视角来看，组织学习可以看做是对组织的知识系统进行修改的过程，这种修改过程可以使组织改善其对内外环境的理解和评估。菲奥尔和莱尔斯（1981）认为："学习能使组织形成对环境的理解和解释……其结果就产生了为组织成员所推进和分享的联想、认知系统和贮存记忆。"因此，知识系统既是组织学习过程的前提又是其结果。如果这种两重性的确存在，那么组织知识系统的特性就可被看做是组织学习过程的决定条件。可以通过考察知识系统的特性来观察学习过程的结果。在组织学习的文献中，有许多与组织知识系统相关的概念。第二种方法是团体认识论。这个研究把对现实的诠释过程和认识构造过程看做是学习的最重要的事情。重点问题是组织如何发展知识，这些理论基本上没有把知识定义为现实的"客观"精神反映，而把它定义为对现实的共存的矛盾的解释，这个现实的基础是共同知识体系每一个参与者的历史。韦克(1969)杜撰了一个新词"扮演的环境",意思是"人创造环境,而后系统才去适应它。个人并不是对环境作出反应,而是扮演了环境"。意义的主观构造在象征和语言的基础上得到发展。因此,组织的现实是由开发共同解释的组织成员的相互作用创造出来的。认识论视角表明,合作实验和相互作用方法,特别是语言游戏,是促进知识发展和组织学习的手段。

认知论视角的第二种重要的理论概念集群主要是从以下两个方面的组织学习来研究的。一是组织的核心能力。核心能力研究的基本假设认为组织的能力优势依赖于它在特定领域所具有的知识和技能,组织核心能力被看做是组织学习过程的源泉。这条思路受到创新扩散的传统研究的影响,因为其中心问题是组织核心能力的鉴别、发展和扩散。二是知识发展和创新研究。与组织学习的认识论概念密切相关,它的基础是波兰尼对组织的明晰知识和模糊知识的理解。知识发展被描绘成这两类知识在组织不同层面的相互作用过程。知识创新的关键问题在于调动组织中的模糊知识,使之上升到组织的和小组的层面,供整个系统学习(野中、托亚马和比奥西埃尔提出的 SECI 模型)。换句话说,通常是模糊的个人知识和经验必须让其他人能清楚说出并体验到。人们使用一种模型可以得到许多方法来促进知识的必要转换,从而推动知识创新。

(三) 组织学习的认知模型

1. 彼得·圣吉的五项修炼模型

圣吉认为组织演变成为学习型组织,并保持持久的竞争优势,必须进行五项修炼:自我超越、改善心智模式、建立共同愿景、团队学习以及系统思考。如图 3-5 所示。

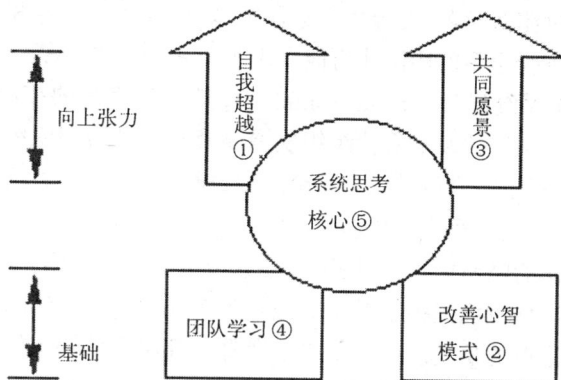

图 3－5　圣吉的五项修炼模型

资料来源:周晓莺,《基于演化视角的企业组织过程研究》,浙江大学,硕士学位论文,2005 年,第 17 页。

(1) 自我超越(personal mastery),强调的是自我向极限挑战,实现人们内心深处最想实现的愿望。其重要方法就是保持创造性张力,根据不断变化的情况调整愿望,使愿望与现状之间始终保持一定的差距,激发员工不断创造与超越,进行真正的"终身"学习。

(2) 改变心智模式((improving mental models),是指组织成员的心理素质和思维方式,它根源于内心深处,影响着人们看世界、对待事物和行为处事的态度,而组织内部共有的心智模式则会影响管理决策,进而影响组织的行为和发展。如果能够通过学习将自己的心智模式摊开,进行检查和改善,就有助于改变心中对周围世界如何运作的既有认识。

(3) 建立共同愿景(building shared vision),要求组织的全体成员拥有共同的目标、价值观和使命感,这对学习型组织至关重要,能把组织成员凝聚在一起,为了共同的目标而开展创造性学习。

(4) 团队学习(team learning),是学习型组织最基本的学习形式。通过团队学习,充分发挥集体智慧,提高组织思考和行动的能力。只有会学习的团队才可能发展为善于学习的组织。

(5) 系统思考(system thinking),是五项修炼的核心与基石,强调运用系统的观点看待组织发展以及其在学习型组织中的核心地位,能使组织成员具备一种全局观,解决组织的各种问题。

彼得·圣吉运用系统动力学的方法,比较全面地分析了创建学习型组织的障碍因素,并提出通过五项修炼来创建学习型组织,为创建学习型组织提供了基本思路与有效方法。但彼得·圣吉模型引起了很多的争议。比如日本学者野中郁次郎认为,圣吉关于"学习型组织"的观点存在严重缺陷,比如缺乏知识发展构成学习的观点,其大部分组织学习的理论都陷入了一个"刺激—反应"的行为概念中,没能提出知识创造的观点,对到底是什么构成"组织"学习也未能作出全面的说明。另外,五项修炼模型在实际操作中也存在相当的困难。

2. 迪珂蒂模型

美国学者南希·迪珂蒂(Nancy Dixon)在对组织学习进行研究的过程中,提出了"意义结构"(meaning structures)这一概念来取代传统上习惯使用的"知识"和"信息"。"意义结构"是一种数据的组织方式,是指对事物的理解和形成的最终看法。它是一种静态的认知构架。从建构主义学习理论的角度上来说,即使是相同信息和知识的输入,但由于个人认知结构的差异都会构建出不同的意义结构,也就是说,同样的原始信息的输入,却会在不同人的大脑中进行不同的解释和加工,从而得到不同的结论。借用圣吉的理论也可以解释为每个个体因为都有其独特的心智模式,也就导致对原始信息不同的加工过程得到不同的加工效果,如果把这种各异的心智模式看做是一个加工厂的话,那么我们就可以将最终形成的"意义结构"当作是加工而得的产品。当组织内的信息进行各自不同的意义构建,最终形成个人以及组织的意义结构时,组织学习也就产生了。

在迪珂蒂模型中,组织学习是通过组织成员的个人学习来实现的,但组织学习决非个人学习的简单相加,它是由个人学习进行集体整合、诠释而运用到组织中的。在这一过程中并非所有的个人意义结构都能整合成为集体意义结构。

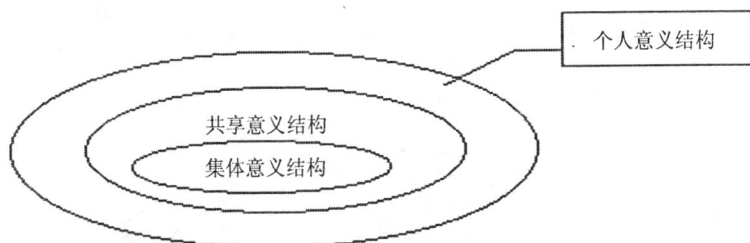

图3-6 意义结构类型示意图

资料来源:Nancy Dixon. The Organizational Learning Cycle. McGRAW - HILL Book Company Europe, 1995, p.37.

如图3-6所示,迪珂蒂将意义结构分为个人意义结构、共享意义结构和集体意义结构三部分。个人意义结构是指组织中所有个人意义结构的总和,包括言语可以传达、能够被大家所看到并得到认同的以及一些个体内在不可言传的看法和蕴含在个体内的价值观;共享意义结构是个人意义结构中愿意也确实可以与其他组织成员分享的部分;集体意义结构是在可共享意义结构的基础上被整个组织所吸收,为组织内大多数人所认同的组织价值观念、文化和认知。从数理逻辑的角度上来说,个人意义结构是一个全域,它包含了可共享意义结构和集体意义结构。换句话说,也就是集体意义结构是可共享意义结构的一部分,而可共享意义结构又只是个人意义结构中的一部分而已。

必须指出的是,共享意义结构并非是一个整体,它是由组织内成员各自不同的可共享意义结构汇集而成的一个集合,相对又是独立的,但正是由于可共享意义结构的存在使得组织学习成为一种可能。

组织成员间进行组织学习的过程也就是彼此间进行意义结构共享的过程,而这一过程也只能发生在可共享意义结构这部分。如图3-7所示,这一过程经历了创造→整合→诠释→行动这四个阶段,并且最终又从行动回到创造,形成一个循环。

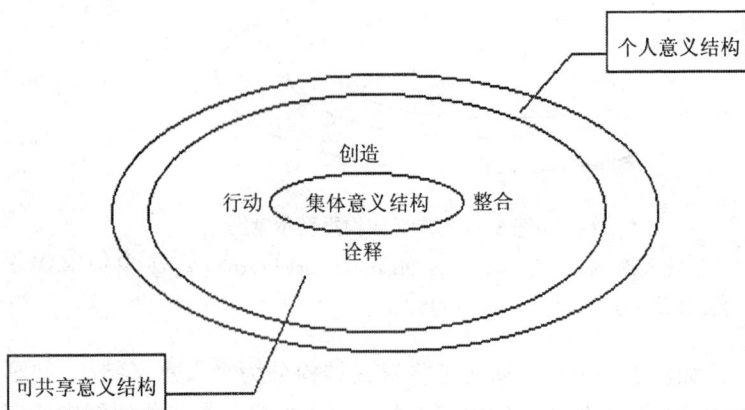

图3-7 迪珂蒂组织学习的循环过程模型

资料来源:Nancy Dixon. The Organizational Learning Cycle. McGRAW-HILL Book Company Europe, 1995, p.38.

(1) 创造(generate),是指信息和知识的广泛创造。这一阶段是在个人层面上完成的。个人在这一阶段中完成了从信息收集、信息整理、对信息的重新解释和信息贮存这一系列的学习过程。个人对一系列新信息进行处理并贮存的这一个过程,迪珂蒂将它看成是一个知识创新的过程,而个人的这一创新成果是组织学习的源泉,也是组织学习的起点。

（2）整合（integrate），是把新的（局部的）信息整合到组织的情景中。迪珂蒂模型的中心点不是在于个人意义构建而是集体意义的构建，所以无论是对个人意义结构还是可共享意义结构的阐述的最终目的都是为了形成集体的认知结构。对个人经过创新的知识进行整合，将其融合成为组织知识结构中的一个部分，这是整个组织学习创新的开始。在这一阶段并非所有个人已经创新的知识都能够被整合进集体层面，因为并非所有的个人意义结构都可以被大多数人所接受，也不是所有的个人意义结构都能顺应集体的需要进行创新，甚至有些是与集体的理念和价值观相违背的。

（3）诠释（interpret），是对信息作出集体的解释和说明。新信息在组织的知识体系中必须被赋予新的意义，而这一意义解释的出发点就应该是集体共同的意义结构背景，否则诠释也就失去了根基和土壤。迪珂蒂认为，对个人意义结构集体化的过程，即对已经成为集体意义结构那一部分的个人意义结构进行重新解释的过程，是组织学习的关键所在。重新在组织的立场上对它进行解释，也就是对知识的创新阶段。

（4）行动（act），是在对信息所诠释的基础上，授权成员采取可靠的行动。行动是理论实现其价值的必需环节，在迪珂蒂看来，知识经过创新如果最终不能被付诸实施，知识的创新就丧失了它最有价值的一个环节，理论不经过实践的检验就不能辨其真伪。尤其对于一个企业来说，知识的最终意义必须在实践中体现。

这四个阶段在企业中的实施通常都是被割裂开来的，各个部门间的分而治之导致了四个阶段的脱节，如果能使它们在一个部门内进行循环操作，操作上的统一性将有助于这一过程的发生，并保持其一致性和连贯性，这样可共享意义结构的共享最终将形成更好的集体意义结构。

3. 野中模型

野中郁次郎等从知识角度突破了西方把组织仅仅看做是信息

处理器的某些观点的局限,把创新和知识产生的解释建立在动员与转化隐性知识和由个人知识转化为组织知识的概念上,认为组织学习是组织内部获取、创造和传播知识的过程,开创了知识视角的组织学习新观点。

野中郁次郎首先把知识分成显性知识和隐性知识两类,显性知识是指可用正式的、系统的语言来表述,可以用数据、科学公式、说明书和手册等形式来共享,因此显性知识容易被处理、传递和储存。显性知识的对象是发生过了的事情或客体,它的存在和发展不再依环境条件的变化而变化。而对组织来说,最重要的知识是隐性知识,但隐性知识相对显性知识较难处理和学习,因为它属于个人内在的、很难公式化,更多的是一种个人洞察力、直觉、预感和经验的积累,只可意会而很难言传。隐性知识与显性知识的关系如表3-1所示。

表3-1　　　　　　　　隐性知识和显性知识的区别

隐性知识(主观性)	显性知识(客观性)
经验知识(具体)	理性知识(抽象)
即时性知识(此时此地)	承续性知识(彼时彼地)
模拟性知识(实践)	数字性知识(理论)

资料来源:迈诺尔夫·迪尔克斯等,《组织学习与知识创新》,上海人民出版社2001年版,第384页。

为了更好地了解组织是如何能动地创新知识的,野中郁次郎等在综合已有的理论框架基础上考虑时间维度,提出了一个整合的组织知识创新过程的五阶段模型。这个模型共包含五个阶段:①共享隐性知识;②创造新概念;③证明概念;④构建原型;⑤知识的层次交叉,如图3-8所示。

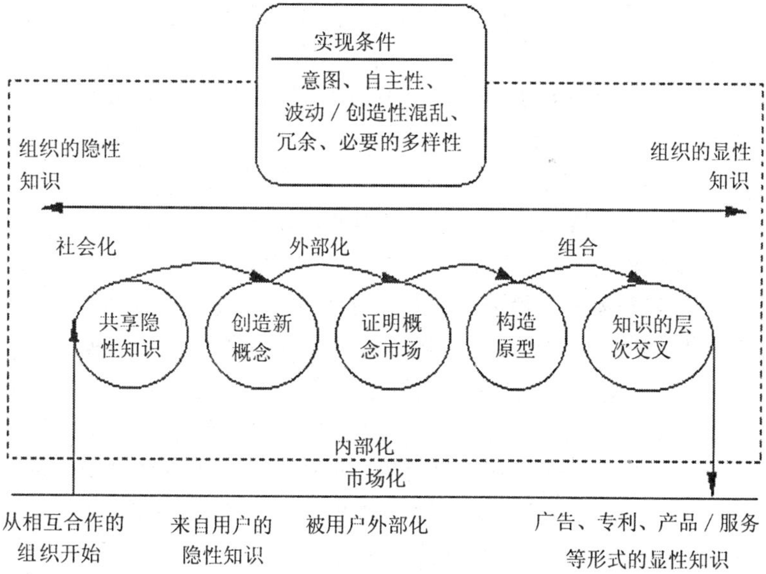

图 3-8　知识创新过程的五阶段模型

资料来源:野中郁次郎、竹内弘一,《企业知识创新的动态理论》,转引自《透视动态企业》,机械工业出版社 2005 年版。

(1)共享隐性知识。正如我们所知,一个组织本身无法创造新知识,由于存在于个体当中的隐性知识是组织知识创新的基础,因此,开发隐性知识是新知识的主要来源,但是隐性知识很难交流和传递,因为它主要通过经验而不是文字表达的方式获得。在不同背景、观点和动机的个人中间共享隐性知识成为组织知识创新的关键,组织中的个人必须共享情感和心智模式来创造共同的信任。为了达到这个目的,我们需要建立一个交流互动的"场",在这里个人之间可以面对面对话,从而个人之间彼此分享经验,使其身心都取得同步。最典型的交互场就是一个自组织团队,为了一个共同的目标,来自不同职能部门的成员一起工作。

自组织团队成员的多样化有助于组织知识创新的过程,他们体验到信息冗余并且共享他们对组织意图的理解。管理工作设定挑战性的目标创造了"创造性的混乱",并且赋予团队成员高度的自治性。一个自治的团队开始设立它自己的任务边界,作为一个"跨边界单元"开始和外界相互作用,积累显性知识和隐性知识。

(2)创造新概念。隐性知识和显性知识发展到深入的相互作用这个阶段,一旦在交互场中形成了共享的心智模式,自组织团队通过诸如集体反思等进一步连续对话的方式将其表达出来。共享的心智模式用文字描述,最终明确到显性的概念中去。从这个意义上讲,这个阶段和外部化相对应。使用复合的推理方式如归纳、演绎、诱导,有助于隐性知识的显性化,使用如暗喻和类比等比喻的语言诱导在这个过程特别有用。团队成员也可以通过使用辩证法,为组织灌输一种创造性的思维方式。这是一个螺旋式上升过程,冲突和矛盾有利于组织新知识的形成。

在这个过程中,大家通过对话性合作创造出新概念。自组织团队成员自由地发散他们的思维,而意图又把他们的思维聚集到同一个方向。为了创造新概念,团队成员必须彻底重新思考现存的假设。必要的多样性使得大家在看待同一个问题时拥有不同的视角和观点。不管是源于内部还是外部的波动和混乱,都有助于成员彻底转变其思考方式。信息冗余使得团队成员更好地理解比喻的语言,明确他们共享的心智模式。

(3)证明新概念。在组织知识创新理论中,知识是一个被证明的真理,因此,个人或团队创造的新概念必须在这个过程中能够被证明。证明过程涉及检验新创造的概念是否真的对组织和社会有价值。它和筛选过程类似,个人有意识或无意识地验证和筛选信息、概念和知识,但是组织必须以更明确的方式进行验证,来检查组织意图是否完整,来确认创造的新概念是否符合整个社会的需要。组织进行概念筛选的最佳时机是在概念刚刚被创造出来以后。

在知识创新的企业里,以组织意图的形式形成一个判断标准,通过组织战略或愿景的形式表现出来,是高层管理者的重要任务。中层管理者也可以通过中期概念的形式来形成判断标准。虽然企业重要的判断标准是由高层管理者或是中层管理者制定的,但这并不排除其他的自治单元可以在一定程度上自主地制定其团队的判断标准。信息冗余可以避免对组织意图的曲解,有助于证明过程。

(4) 构造原型。被证明的概念在这个阶段转化为具体的、切实的东西——原型。在新产品开发过程中,原型可以被看做一个"模型";在服务或者组织创新中,原型可以看做是一个样板的操作规范。在两种情况下,它都是由组合现存的和新创造的显性知识所构建的。在构建原型中,要组合的新显性知识可以是技术或组件。由于被证明的概念是显性的,转化成的原型也是显性的,因此这个阶段和知识组合类似。

正如在建造建筑物之前首先制作一个模型一样,组织成员为真正的产品或实际的组织模式建造一个原型。为了建构这个原型,拥有不同经验的人(如研发、生产、市场、质量检测等)组合到一起,提出符合每个人要求的规范,制造一个和新产品概念完全一致的真实产品。由于这个阶段很复杂,组织内部不同部门的动态合作是必不可少的。必要的多样化和信息冗余都有助于这个过程的实现,组织意图也对汇集组织内的诀窍和技能以及促进个人间、部门间的合作有重要作用。

(5) 知识的层次交叉。组织知识创新过程是一个不断自我更新的无止境的过程,原型创造出来以后并未结束而进入到一个不同实体层次的知识创新循环中去。这个互动的螺旋式过程我们称为"知识的层次交叉",在组织内或组织间都有发生。

在组织内,以原型或者其他方式实现的知识引发了新一轮知识创新过程,知识在组织内部横向延伸和纵向扩展。在组织间,组织创造的知识的互动,可以调动企业的子公司、客户、供应商、竞争对手和其他公司外部的知识。如一家设计公司预算控制的新方法可以给子公司的财务控制系统带来变化,进而可能引发新一轮的创新。

为了使这个阶段有效地进行,每个组织单元可以自主地把知识带到其他领域并且在不同层次和边界内自由地使用知识。像内部频繁的工作轮换这样的波动、信息冗余、必要的多样化都有助于知识转化。在组织内知识层次交叉中,组织意图将成为一种控制机制,它决定了知识是否应该在企业内相互作用[①]。

野中郁次郎等人的组织学习模型为人们提供了一个了解组织能动地、持续地创造知识的动态过程,以及组织中隐性知识和显性知识的转化过程。在这里,组织知识创新是指企业作为一个整体创造新知识、将知识在组织内传播并把知识物化到产品、服务和系统中去的能力。这个理论对于企业的技术创新具有重要的理论现实指导意义。

三、创新与技术学习

(一)创新与学习

虽然主流经济学基本忽视了学习理论的研究,但组织学习理论在创新经济学理论中却占据重要地位。一般来说,创新涉及企业获得新的产品和生产过程的技术并使之投入实践的过程(Nelson and Rosenberg, 1993)。自从熊彼特和哈耶克的早期研究以来,对创新感兴趣的经济学家一直在试图界定这些过程的性质和特点。他们发现,企业开发新产品和生产过程技术的手段并不是随机的,技术创新是在界定清晰的框架里形成并有秩序地发生的(Dosi, 1982;Orsenigo, 1998;Pavitt, 1987)。为了进一步理解这

---

① 野中郁次郎、竹内弘一:《企业知识创新的动态理论》,转引自《透视动态企业》,机械工业出版社2005年版。

些可辨认的定义明晰的结构,创新学理论着重研究了组织学习过程(Metcalfe, 1995)。这些理论所提供的启示虽然建立在主流文献的学习理论基础上,却在重要方面扩展了这些学习理论。

创新文献的一个重要启示涉及技术的复杂性质。开发一个新产品或新的生产过程具有高度的风险性,需要许多常常是复杂的技术和市场因素的相互作用(Kline and Rosenberg, 1986)。成功的开发需要组合不同来源的知识,需要有效满足多重维度的各不相同的业绩标准(Patel, 1998)。复杂性意味着容易处理的知识不足以指导实践。企业经常依靠的是难以(并非不可能)搞清和处理的知识(Polanyi, 1967; Winter, 1987)。这种模糊知识是通过更多学习活动中的经验和在职训练而获得的,其中包括设计、生产工程、试验和开发活动。这种知识常常体现在组织的协调和管理工作中,就是说体现在组织的常规中(Nelson and Winter, 1982)。技术知识的模糊部分很难在组织之间传递。结果,组织的技术知识的一部分就成了该企业或研究实体所特有的东西。这个事实说明了为什么模仿成本(模仿现有生产过程或产品设计的成本)常常和创新成本(开发新产品或生产过程设计所花成本)差不多。Mansfield 等人的研究表明,平均模仿成本是创新成本的 70%。正如创新一样,成功模仿也需要有控制许多相互作用的复杂变数的能力(Patel, 1998)。这些相互作用不大可能被简化为简单的容易处理的演算程序,因此就需要有试错过程和运作经验。技术知识的难以转移性同样可说明为什么新技术的扩散经常要靠技术人员和科学家的主动性(Teece, 1977)。由于模糊知识常常体现在个人的能力中,因此要转移这种知识需要依靠有经验的个人的能动性[①]。

(二) 技术学习的内涵

技术学习是一个与组织学习十分相近的概念,两者都是指一

---

① 迈诺尔夫·迪尔克斯等:《组织学习与知识创新》,上海人民出版社 2001 年版。

种组织的学习行为。不同的是,技术学习是指一个组织以技术为目的的学习行为,而组织学习是指从事学习的实体是一个组织,学习的范围和内容更加广泛。

关于技术学习,不同的学者给出了不同的定义,技术管理专家Kim Linsu认为,技术学习是一个构建和累积技术能力的过程。他同时指出,为了增强竞争力,政府和组织都必须关注能力的构建。当然,这些活动大部分是组织的事,但政府的公共政策可以建立便利这些活动展开的重要基础设施。另一位技术管理专家Hobday认为技术学习指的是组织利用内部和外部有利条件获得新技术的行为。技术学习另一种较为具体的定义是:技术学习指的是组织利用内部和外部有利条件,吸收外部知识或自主开发新技术的行为。从以上所述我们不难看出,技术学习的概念包含以下几层含义:首先,技术学习是一个获得新知识、新技术的过程或行为;其次,技术学习是一种组织学习,而不仅仅是技术人员个人的学习;最后,技术学习要充分利用企业内部和企业外部各种有利的条件,既可以通过企业内部有效的组织进行技术学习,也可以通过与企业外部单位的合作、合资等多种途径进行技术学习。

创新文献中对组织技术学习研究的主要贡献就是明确承认企业内的学习是以多种方式出现的。技术创新由几种不同类型的学习所组成,每一种类型的学习在不同活动中与创新过程具有各不相同的相关性(Rosenberg,1982)。有四种类型的技术学习过程值得注意:第一种是边干边学学习类型。这个类型基本与制造活动相联系(Malerba,1992;Rosenberg,1982)。在这个阶段,学习主要涉及生产技能的提高,目的是降低每个产出单位的投入成本。不过,传统的边干边学观只是学习的一种类型,它仅仅涉及技术创新全部活动的一个方面。第二种是科学学习类型,它经常与基础研究相联系,但在创新过程的一些阶段也具有可操作性。科学学习包括获取关于科学和自然的基本规律及原理的知识。随着科学知识的积累,从事以科学为基础的创新活动的成本就降低了(Rosenberg, 1974)。纳尔逊和温特(1982)认为学习过程中科学的重要性在于它缩小了研究选择的范围,将注意力直接导向最有希望成功的研究。Evenson and Kislev(1976)丰富了这个观点,认为科学在学习过程中的另一个作用是它可以扩大在解决一个特定技术问题时的理论库存。随着候选研究数量的增加,虽然要付出扩大探索范围的代价,但成功的可能性和预期回报也增加了(Cohen, 1998)。Cohen and Klepper(1992)提出了一个与之有关的观点,认为科学知识的强大基础并非简单地增加为达到既定目标所从事研究的数量,而是实际上增加了企业追求的技术目标的数量。上述每一种观点都认为科学学习在技术变化过程中起重要作用。它不仅为搜索新产品或新的生产过程提供了许多有用的工具,而且对这种搜索过程给予了有力的启发指导(Cohen, 1998)。第三种是搜索—学习类型。基础研究主要与研究活动本身相联系(但不是绝对的),而边搜索边学习形式却需要搜索出新产品或新的生产过程的理想设计(Rosenberg, 1982)。这种学习类型主要与开发活动紧密相关,具有很强的商业性质。例如,企业可以搜索市场所需要的特定产品的特性,然后把这些特性组合进设计里。企业也可以通过考察对于企业的整套技术来创新。许多学者研究了企业在创新背景中所用的不同的搜索常规(Dosi, 1988;Nelson and Winter 1982;Winter, 1986)。他们都发现,企业不可能在作出技术选择之前将全部技术库存考察一遍。因为技术知识常常是高度模糊的,为一定企业所独有的,所以创新决策一般参照企业的流行技术能力。企业往往在那些最能启发和加强自己现有技术基础的区域进行搜索以使自己的技术得到改善和多样化(Dosi, 1998)。使用相对较窄的搜索常规说明了为什么技术创新往往是累积的。第四种是边使用边学习类型,是通过对这个产品有广泛经验的消费者的反馈来决定其使用和保养性能的过程。这种学习类型在决定新的高度复杂的技术的理想特征方面有特别重要的作用。Rosenberg (1982)说："在一个具有复杂新技术的经济结构中,学习的重要方面不是制造产品的经验的功能,而是产品最后使用者的使用功能……对于涉及复杂的相互依赖的组成成分的产品领域来说……不可能明确预见这些成分相互作用的结果。在这个意义上,可以说我们正在处理科学知识或技术不能精确预知的表现特征。所以,这些产品的最终表现是非常不确定的。"边使用边学习类型产生了有助于降低这种不确定性的两种不同类型的知识:一是来自使用者的反馈加深了对产品设计和使用性能间关系的认识。这个信息可用于必要的产品设计修改。例如,20 世纪 60 年代后期关于波音 747 发动机叶片应力损坏的用户反馈就导致飞机设计的修改。二是边使用边学习形式也许会产生与产品有关的知识。这种知识就会导致新的性能或操作实践。出现这种情况时,使用过程所产生的信息并不体现在产品设计中,而是导致能延长产品使用寿命或降低操作成本的新的实践。例如在航空业中,早期操作经验产生于不同飞行条件如何影响燃油消耗和总体表现性能的数据。尽管这些信息并没有组合进飞机设计中,但它们可用来改进训练和操作程序(Rosenberg, 1982)。

虽然每一种类型的学习与特定创新过程相联系,但它们的用途却绝不局限于这些过程。企业在创新的多个阶段使用多种学习类型。例如,科学学习并不局限于基础研究活动,而是沿着创新链全线发生。克兰和罗森伯格(1986)注意到,创新活动之间的复杂反馈循环经常使在一个创新阶段所获得的知识被组合进其他活动中去。再者,这四种学习类型间的区别可以被强化。例如,创新理论指出,一个企业持有的科学学习类型在创新的不同阶段会大不相同。例如,在初始的分析设计活动中,纯粹的长时段科学学习是重要的,而在开发活动中,强调的是应用学习。因此,创新进程中组织技术学习类型的划分不仅仅是简单的分类研究,它推动了组织技术学习在创新进程中的细微考察。

（三）技术学习的来源

企业在技术创新过程中除了使用许多不同类型的学习过程之外，技术学习还与知识的不同来源有关，这些来源既可以是企业内部的也可以是外部的。企业现有知识基础的一部分是高度模糊的，对该组织或研究单位来说是特有的。而另外的知识可以用定期刊物、手册和明确的验算公式等形式清楚表达和处理（Dosi，1982）。这部分知识可以容易地在组织之间转移，可以事实地存在于公共部位。甚至那些个人拥有的或高度模糊的知识，通过有经验的个人活动，也可以越过组织边界。技术知识、经验和技能的这种外溢，本质上是在创新的生产者和使用者之间流动的外在物，结果就建立了部门间、企业间甚至业务单位间和企业各生产阶段间的相互依赖性和协同作用。在一定组织里所达到的学习层次不仅依赖于自身的研究努力，也取决于储备全部有效知识和利用知识外溢的能力，所以，理解内部和外部的知识外溢运动，对形成组织学习的综合概念是十分重要的。

总之，创新行为受到各种内部知识和外部知识来源的极大影响。表3-2罗列了技术的不同源泉。科恩和利文索尔（1990）考察了组织吸收和消化这些内外知识的能力的具体因素。他们认为，组织认可新知识的价值、消化，并应用于商业目的（即企业的吸收能力）的能力，是企业以往相关知识层次的功能表现。科恩和利文索尔利用了学习是累积的这一认识论观点，指出组织更容易吸收与它的现有知识贮存联系密切的外部知识，因此，投资于研发工程的企业不仅在创造新的知识，而且在加强未来的学习能力。这种双重作用说明，组织的创新行为部分地具有路径依附性，因为不能适当投资于某专门技术领域，也就等于排斥了在该领域未来的能力发展。

表 3-2 　　　　　　目前已提出的技术学习的来源

不同的学习过程	学习的来源	研究者和时间	知识类型
干中学 (learning by doing)	企业内部	Arrow (1962)	与生产活动相关
用中学 (learning by using)	企业内部	Rosenberg (1976,1982)	与产品、机器和投入的使用相关
从科技进步中学习 (learning from advance science and technology)	企业外部	Kline and Rosenberg (1986)	吸收科技的新发展知识
从产业间竞争的溢出中学习 (learning from interindustry spillovers)	产业外部	Nonaka and Takeuchi (1988)	对于竞争者溢出的知识或信息通过学习可以提高效率
通过培训来学习 learning through training)	企业内外部	Enos and Park (1988)	通过内外部培训来提高整个企业的知识存量
通过交互作用来学习 (learning by interacting)	企业外部	Von Hippel (1987) Lundvall (1988)	与价值创造链条中的上下游企业或竞争对手合作
通过雇用来学习 (learning by hiring)	企业外部	Bell(1984)	通过雇用其他企业的人员来学习知识
基于联盟的学习 (alliances based learning)	企业外部	Hagedoorn and Schakenraad (1994) Lei, Slocum and Pitts, (1997)	与其他企业结成战略联盟来学习
通过创新和研究开发来学习 (learning by innovation and RD)	企业内部	Cohen and Levinthal (1989), Kim Linsu (1997), Hobday (1995)	通过内部的创新和研究开发来学习新知识
共享的学习 (shared learning)	企业内部	Adler (1990)	企业内部部门间的学习
通过模仿来学习 learning by imitating	企业外部	Dutton and Thomas (1984)	主要集中于对企业外部竞争对手的产品或工艺的学习
通过搜索来学习 (learning by searching)	企业内部	Nelson and Winter (1982), Sahal(1981)Dosi (1988)	主要集中于产生知识的规范化活动,如研究和开发

资料来源:鲁若愚、银路,《企业技术管理》,高等教育出版社 2006 年版。

第三节 技术创新的认知机制

一、认知结构与技术创新启发机制

(一) 认知与创新性思维

创新实现的关键是创新性思维的过程,不同的创新性思维方式具有各自的优点。通常在实际发明创造过程中,往往会在不同的层次上综合利用多种思维方式进行问题求解。因而我们在进行企业技术问题创新求解的相关研究中也充分考虑到这一点。我们更为关心的是如何在企业技术创新中将多种思维方式在系统中有机地整合在一起。

创新性思维过程是怎样的,新思想的产生过程是怎样的,这是一个到目前为止人们还不是很清楚的问题,也是一个众说纷纭的问题。有"二阶段说"、"三阶段说"、"四阶段说"、"五阶段说"、"六阶段说"、"七阶段说",等等。

在这里,我们采用英国心理学家华莱士于1926年提出的著名的四阶段创新过程。华莱士曾对创新性思维进行过卓有成效的研究。他研究了大量的科学家的传记和回忆录,最后得出结论认为:任何创造活动的过程都包括准备阶段、酝酿阶段、明朗阶段和验证阶段。在他的基础上,许多学者后来也提出了自己的划分方法,但这些方法都是华莱士"四阶段"模式的演变和发展。

第一,准备阶段:在这个阶段,主体已明确所要解决的问题,然后围绕这个问题,收集资料信息,并试图使之概括化和系统化,形成自己的认识,了解问题的性质,澄清疑难的关键等;同时开始尝试和寻找初步的解决方法,但往往这些方法行不通,问题的解决出现了僵持状态。

第二,酝酿阶段:这一阶段的最大特点是潜意识的参与。对主体来说,需要解决的问题被搁置起来,主体并没有做什么有意识的工作。由于问题是暂时表面搁置而实际上在继续思考,因而该阶段也常常叫做探索解决问题的潜伏期或孕育期。

第三,明朗阶段:进入这一阶段,问题的解决一下子变得豁然开朗。主体突然间被特定情境下的某一特定启发唤醒,创新性的新意识猛地发现,以前的困扰顿时——化解,问题顺利解决。这一阶段伴随着强烈而明显的发生变化的情绪,这一情绪变化是在面临问题的一刹那出现的,是突然的、完整的、强烈的。这一阶段也称灵感期或顿悟期。

第四,验证阶段:这一阶段是个体对整个创造过程的反思,检验解决方法是否正确的验证期。在这个阶段,把抽象的新观念落实在具体操作的层次上,提出的解决方法必须详细地、具体地叙述出来并加以运用和验证。如果试验并检验是好的,问题便解决了。如果提出的方案失败了,则上述过程必须全部或部分地重新进行①

创新过程四阶段学说虽不能确切说明创新性思维产生的过程,但主体在不同阶段的心理情绪变化对潜意识与灵感产生的研究可能有启示作用。一些心理学家根据信息加工的观点,以问题解决为蓝本,来探讨和分析创造性思维问题解决的过程。其中最具代表性的是美国心理学家阿玛贝尔,她认为创新性思维活动由提出问题或任务、进行准备、产生反应、验证反应、得出结果五个阶段组成,而且这五个阶段相互联系,形成一个复杂的循环系统。

创新性思维过程也可以看做一个问题解决的过程,是一个发现问题、组织问题和解决问题的过程。近些年来,随着现代认知心理学的迅速发展,有一种研究思路以信息论、系统论、控制论为基础,把人对问题的解决作为一种基本的信息加工过程来考察。该理论认为,个体的问题解决一般过程表现为:获取外界信息,经编

---

① 俞国良:《创造力心理学》,浙江人民出版社 1996 年版。

码后转化为主体信息系统的一个部分贮存起来,然后激活和加工整个主体信息系统的有关部分来指导行为,从而解决问题。其中主体的监控与调节贯穿于整个加工过程的始终。

1. 发现问题

发现问题是指创新主体从外界众多的信息源中,发现自己所需要的、有价值的问题。在外部世界中,存在着大量的复杂的信息,其中有些是常规性问题,有些是创造性问题。这就需要个体去鉴别、选择与自己要求相关的问题。由于以往的知识经验、习惯、立场、评价深刻地影响着人们的认识与活动,因此人们通常重视常规性问题,而忽视了对创造性问题的探索。然而,与创造性有关的信息恰恰就隐藏在这些貌似平常的信息中,能否被发现完全取决于主体超乎寻常的洞察力。

历史和实践证明,科学上的突破,技术上的创新,艺术上的创造,无不从发现问题、提出问题开始。爱因斯坦和英菲尔德认为,发现问题可能要比解决问题更为重要,解决问题可能仅仅是数学或实验技能问题,而发现问题、提出新问题,从新的可能性、新的角度去考虑问题,则要求创造性的想象,这标志着科学真正的进展。发现和提出问题建立在所获得的问题信号的基础上。而且,在许多情况下,某些问题的获取常常直接导致创造性观念的产生。因此,问题的选择和获取能力是创新性的重要成分之一。

2. 明确问题

所谓明确问题,就是将获取的新问题纳入主体已有的知识经验之中贮存起来。所获得的问题的贮存质量与能否产生创造性思维有密切的关系。问题信息编码质量高,贮存合理,在进行时就容易被激活,容易被提取,容易产生联想,思路也较为灵活,有助于产生创新性的观念和成果。研究发现,富有创造力的个体比较注重对所发现问题的各种信息的融会贯通,理清它们的来龙去脉,弄清其中的逻辑联系及相互关系,而不是去死记硬背,堆砌知识和问题信息。其中所体现的就是明确问题的能力,这是创新性思维发挥作用的基础。

3. 阐述问题

创新性思维活动,需要从贮存在头脑中的知识经验中提取有关的信息,这种提取的过程在信息加工理论中称为有关信息的激活。激活是阐述问题的重要途径。一般人往往只注意了问题的答案,而忽略了问题中的问题。由于一个人知识经验中包括的信息繁多而复杂,所以全部将其激活不可能,也没有必要。这就需要有选择、有针对性地去激活那些与解决问题有关的信息。西蒙认为这是一个"熟悉化"和"选择性遗忘"的过程。熟悉化是指在缓慢的长时记忆中建立问题表征和相关资料,搜集、激活信息受短时记忆中目标系统的影响,信息进入长时记忆后,又反过来影响目标系统。这样,短时记忆中的目标信息和长时记忆中的问题信息不断地相互作用着,只有在一定的时候,所需信息才能被激活,这是一个明确问题基础上的阐明过程。同时,激活的程度也应随问题和要求的不同而相应变化。如果一个人激活问题的能力太差,他要么不能激活那些十分重要的有关信息,要么问题信息激活的程度不够,这都将影响创新性思维的产生。

4. 组织问题

问题被阐述以后就进入加工阶段,创新性思维成果往往是通过对问题的加工而形成的,因此,思维能否有效组织问题最为关键和重要。对问题的组织加工一般包括初级加工和二级加工两种方式。前者指形象水平上的加工,如联想、类比、灵感、直觉等,其他人通常观察不到,但主体可借助内省体验到。后者指以现实为导向的抽象逻辑形式。创新性灵感发生常常是在意识回复到初级加工状态时出现的,因为初级加工的意识是联想性的,它有利于思想元素新组合的发现。另一方面,苦思冥想进行创新时又会使意识回到二级加工状态。也有实验证明有创造性的人更容易进入初级加工形式,特别是高创新性人的幻想包括更多的初级加工内容。在创造性活动中,两种加工方式互相补充、互相配合,以促进创新性思维成果的产生。

5.输出问题解决方案

经前几个阶段的加工后,问题的解决方案基本上已经产生。接下来的工作便是如何输出这些信息,也就是以何种创新性成果输出。新方案的输出方式一般可分为书面的和非书面的。合理而有效的输出,可以更好地反映创新性的新观念,使创新成果客观化。因此,它也是完整的创新性思维过程中的环节。

在创新过程中,影响创新能力的关键因素包括:①发现问题的能力;②明确问题的能力;③策略的选择;④专业知识;⑤思维风格;⑥人格特征;⑦动机与环境要求;⑧创新性大小等。其中策略地选择这种运用启发式搜索的能力对于创新是非常有利的。

（二）创新性思维方式

创新的核心是创新性思维,创新性思维是形象思维、灵感思维和抽象思维或其互相联系和互相影响的结果。在创新性思维活动过程中,多种思维方式相互结合交叉进行。同时,作为思维工具,形象思维、抽象逻辑思维和灵感思维在创新的过程中发挥重要作用。

形象思维是以已经获取、积累和存储的形象来进行思维并产生或创造新形象的一种思维形式或思维方法。把客观世界的形象信息变为主观形象信息,以进行形象的描述、识别、联想、想象和创造,从而把握事物的本质和规律。形象思维将客观世界的感知转化为大脑中的主观形象信息,在大脑中完成形象信息的存储、变换和加工,或运用形象信息进行联想、类比和想象,在此基础上完成形象的描述、识别和创造。形象是客观世界的内部结构与外部形态的抽象形象描述,具有较好的可理解性和可操作性,对于联想、类比具有较好的启发作用,因而是一种重要的创新性思维工具。

其中,在系统可视化建模以及创新知识库中利用图文并茂的方式来展示示例中所蕴含的机理和启示,这就是形象思维的具体体现。

对创新理论进行抽象,得到的就是具有创新性的抽象思维的逻辑框架。抽象逻辑是由抽象概念和推理构成的思维形式。抽象逻辑思维的基点在于概念,以概念进行思考,并以概念、判断和推理的方式引出新的结论,揭示客观世界本质和规律。抽象逻辑思维以其抽象性和逻辑的严密性在创新的思维过程中发挥重要作用。抽象思维在创新理论中起着元认知的作用,基于创新理论的逻辑框架引导人们一步步通过创新操作来实现创新。

灵感思维产生的条件:①限定的待解决问题;②丰富的信息与知识储备;③大量积极的思想试验。灵感是有意识和无意识活动相结合的产物。灵感是在过去自觉思维活动的基础上产生的。灵感所提供的东西实际上是对过去问题的回答,对过去思想的一种想法。灵感是某种外部刺激所带来的联想,是神经联系的重新组合和认识心理结构上的突破、更新。自觉的思维过程是认识心理结构建立的过程,是自觉运用这种结构解决问题的过程。当思路接近解决的问题时,这种认知心理结构是认知发展的形式;当问题无法解决时,原有认知心理结构就成为认识发展的障碍。科学发现和创造性思维的本质就是要突破这种认知心理结构,通过心理结构的改造和更新,形成新的认知心理结构,即产生灵感和顿悟。

二、技术创新认知启发原理

根据斯滕伯格(Stenberg,1985)认知理论,从信息加工的角度来看,认知可分为元成分、操作成分和知识获得成分。不同的成分在创新过程中都有体现并发挥重要作用。

(1)元成分,即监控认知,是个体对自己的心理过程、心理状态、目标任务、认知策略等多方面因素的认知,它是以认知过程和认知结果为对象,以自身认知活动的监控和调节为外在表现的认知活动过程。

（2）操作成分，执行具体的加工过程。操作成分又由编码（encoding）、推理（inference）、映射（mapping）以及应用（application）4个环节构成。据斯滕伯格（Stenberg, 1979）的研究结论，成人与儿童所使用的操作成分基本一致，但用在操作成分的各个具体步骤的时间却不一致。成人用在编码上的时间较多，儿童提取事物的特征较少，却使得求解的总体时间加长。

（3）知识获得成分：选取问题情境有关的成分，忽略无关信息，并将其与已有的知识相联系，其中包括知识获得、提取以及转换。知识获取成分由选择性编码、选择性结合以及选择性比较三个环节构成。选择性编码是从无关的信息中抽取有用的信息，选择性结合是以一种有意义的方式将表面上看起来分散的信息整合到一起，选择性比较的作用是建立新编码知识与已有知识间的联系。

认知能力的发展不是由于认知结构本身的变化所导致，而是通过原有认知结构功能的不断被激活、工作效率的不断提高及其结构间各元素相互作用的熟练程度的提高而逐渐实现的。元成分的作用是制定计划、选择策略及监控具体的过程，使主体在认知活动中不断地建构策略，且对其他两个成分具有调控作用。对个体发展起重要作用，是构成认知发展的重要基础。操作成分的作用根据在执行任务的不同阶段中的具体功能有三种不同的职能：①编码，即对刺激信息进行定义并在信息加工系统中予以表征；②联系，即对不同的信息进行比较和联合；③反应，即对刺激予以应答。知识获得成分的作用是选取问题情景中有关的信息，忽略无关信息，并将新信息与记忆库中所储存的知识相联系。认知结构的三种成分相互依存、相互联系，通过这三种成分反复相互激活完成认知。操作成分及知识获得成分得到元成分的不断激活和作用，并给元成分提供反馈性信息，元成分据此对它们工作的有效性进行评价，进而使整个加工程序获得调整。随着这种内部调整过程的不断持续,加工策略会不断得到改进和增长,各种成分工作的自动化程度也会不断提高,从而推动认知水平的不断提高。

从过程的角度来看,创新求解的过程有元创新和创新启发机制在发挥作用。元创新和创新启发机制对于创新概念的形成十分重要。在这里的研究中,我们采用定性推理将其纳入企业技术创新。启发是指个体根据自己已有的知识经验,在问题空间内进行粗略搜索来解决问题的策略。它要求以与问题相关系统特定的知识为前提。启发并不能完全保证问题解决的成功,但是运用这种方法来解决问题比较省时、省力,而且效率较高。问题解决的效率取决于问题空间的性质和对问题空间的搜索模式。问题解决行为是个体在问题空间中搜索解决问题的路径、一系列结点状态,它引导着问题解决者通过问题空间达到问题解决。认知心理学认为,在问题解决中最重要的策略是启发式。

启发式策略有许多种,不同的问题可以用不同的启发式策略来解决问题。一个问题也可以用几种不同的启发式策略组合来解决问题。有些启发式策略只适用于某种或某些特定类别的问题,应用范围非常有限,而有些启发式策略则具有一定的普遍性,可运用于某些不同类别的问题。其中手段—目的分析和逆向搜索是两种重要的启发式策略。我们根据目的手段的具体特点将其引入企业技术创新。

在创新理论中,理解分析与手段—目的分析方法十分类似,即找出问题空间中问题的初始状态和目标状态(理想状态)之间存在着的差距,确定缩小差距的子目标,通过实现一系列子目标,最终达到目标状态,使问题得到解决。手段—目的分析经常是与子目标策略一起运用的。子目标策略就是把一个问题分成若干比较小的问题,每个小问题都有它们自己的目标,通过子目标的实现,最终使问题的初始状态到达最后的目标状态。问题解决者的任务,就是先要确认在问题空间里的初始状态与目标状态之间的差别,然后确认要消灭这些差别达到目标状态所要实现的子目标或者中间状态。一旦子目标确立,问题解决者就可以运用算子来实现子目标,这样通过运用一系列算子,并且逐步实现一个一个的子目标,最后达到目标状态。因此可以把手段—目的分析的基本步骤概括为以下四个步骤:①比较问题的初始状态,即了解问题空间,并选定第一个子目标。②找出达到第一个子目标的算子。③运用算子来实现各个子目标。④提出新的子目标,并运用新的算子,逐步缩小问题空间。按照以上四个步骤的循环往复,最终达到问题的解决。

逆向搜索或称为反向搜索是指从问题的已知目标状态开始往回搜索,直至找到通往初始状态的路径或方法的启发式问题解决策略。逆向搜索可以从最后的目标状态出发,也可以先从中间的子目标状态来反向思考。但是,逆向搜索策略只能在那些规定比较清楚与具体的时候,才可能有效果。如果问题能满足以下两个条件,采用逆向搜索是有效的:第一,所面临的问题具有唯一确定的目标,即问题具有一个可以清楚描述的目标状态;第二,已知目标状态提供了从何处开始着手解决问题的线索①。

三、技术创新的案例认知分析

在这一节中,将利用上节中创新思维过程与问题解决过程的类似性来具体分析技术创新的过程。利用创新周期理论和默示性知识理论,通过案例来研究技术创新的认知机制,在这个过程中科学知识和技术知识起着不同的作用。

(一)创新周期论

如果未知的初始条件要求与已知的最终结果相匹配,但不能通过推断科学的模式得到,那么问题源于过程的方式。通过探讨"相似性"的本质可以找到答案。

---

① 张德政、阿孜古丽:《创新理论与实现技术:企业技术创新与组织创新的利器》,冶金工业出版社 2005 年版。

当设计师和工程师想象一种功能性途径来解决问题,他们首先考虑的是给定的默示设计知识背景。他们不能仅仅运用科学知识或模式来期望结果轻而易举地突然出现。相反,技术专家必须"看"他们现在面临的问题与以前面临的类似问题相关的解决方式。

通过假设类似的问题将有类似的解决方法,技术专家能够用未知的方法解决问题,并能够将其和用已知的方法解决类似的问题相比较。然后他可以假设解决方法将是类似的。这个过程可以从图中 3-9 看出。技术性问题提供一套能产生预期的最终结果的初始条件,标明 X,那样可以解决某一设计上的问题。但这套初始条件集合 Y,不能由科学的模式推测得到。相反,技术专家认为这个问题与以前解决的问题相类似,例如标明 X^2 作为解答的参量,如产生预期作用的初始条件是可知的。从 X 推断到 X^2,再回到已知的初始条件 Y^2,那么技术专家可以假设 Y 与 Y^2 相似,而且和预期的结果有不确定性。

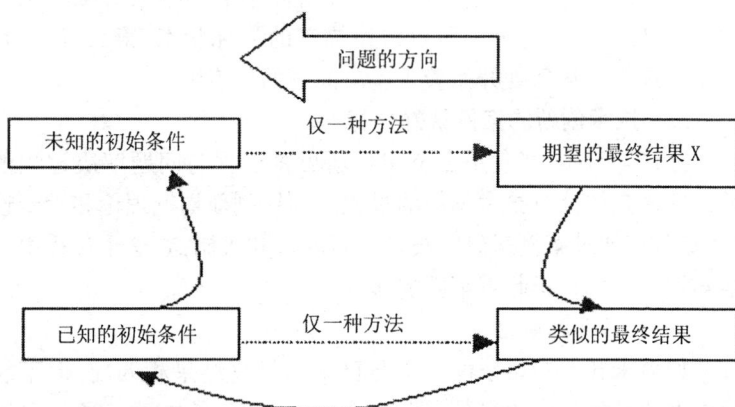

图 3-9　技术创新的启发式策略

资料来源:Paul Nightingale. A cognitive model of innovation. Research Policy , 1998, (27):700.

发现相似性的推断过程通常表现为，通过在社会化的技术惯例范围内识别相似性的过程来解决一般性的问题，使其变为可解决的具体问题。一旦一个可解决的问题出现，往往会采取最初的"相似的"解决方法，并且分析和修改直到它被"调整"。这个调整技术的过程将把一般问题变为具体问题后再加以讨论。在这里，用制药业和合理化药物发现范例来加以说明。

在合理化药物的发现范例中，最初的问题即发现一种药物以阻止一种特定的疾病是非常普遍的，因此，理想的结果是疾病被阻止，并且技术问题涉及发现一套本质的初始条件，在这种案例中，一种特定的分子将阻止疾病。

运用科学是无法完成的。相反，根据以前类似问题的经验获得的知识可以推测得出类似的解决方法。这些相同的感知是默示性技术理解惯例不断发展的部分。这里最重要的是基本的设计理念："这些理念也许只隐性地存在于设计师的心智里，但是一定存在。它们是这个项目的给予物，即使不确定。它们是通过渗透作用吸收的，也可以说，是工程师在成长的过程中，或者甚至在进入正式工程学培训以前吸收的。"（Vincenti，1990）

第一个基本的设计理念是操作原理及设备运行方式背后的原理。这个问题提供了设备必须符合的功能和描述机器履行职能的基本方式的操作原理。Vincenti（1990）说"操作原理……产生于科学知识本身之外并形成以此为内在的技术目的服务。"Vincenti的第二个基本设计理念是"设备的常规布局……一般的形状和安排通常一致认为是由最能体现操作原理的"（同上）。例如"当今的汽车设计师常常无需周密考虑就可以做出假定，认为他们的车应该有四个轮子而不是三个轮子和一个固定在前面的可使液体冷却的引擎"（同上）。常规的布局并不需要使用科学知识，已演化成为技术惯例的一部分。例如，希腊寺庙的常规结构知识是从设计者最初用来建造木房的结构知识演化过来的。即使这种结构类型被认为没有必要，它们仍被保留下来。设计者无需理解选择的原因或者选择布局的问题，他所要做的就是由此推断出新的设计(c. f. Turro, 1986)。一旦功能的默示性理解被推断到下一个阶段，那么这个新的阶段就是把设计变为现实的反复过程。

合理化药物发现范例的部分隐性的背景惯例是假定疾病由生化途径引起的，阻止疾病的方法是制止疾病引发的生化机制。因为有各种各样不同的机制会导致一种特定的疾病的，基于技术惯例的习得经验的默示性感觉，常常用来选择最佳治疗的生化机制。一旦找到候选物，通过艰难的生化研究，问题可以被解决。而不是一般的"阻止疾病"问题，而是问题需细化并且更加具体到"制止生化机制"。

这一过程持续到问题的具体细节得到明确说明并找到实际的解决方法，这可以从图3-10中看出：

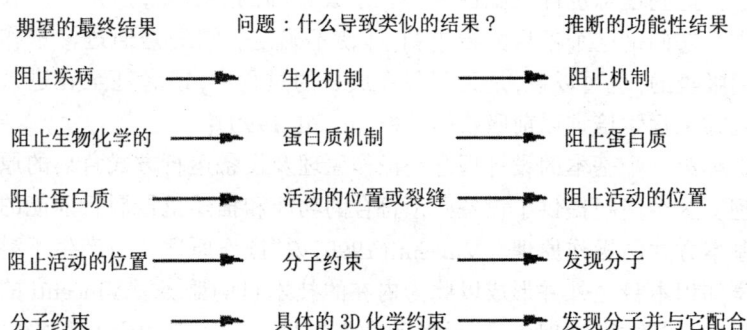

期望的最终结果	问题：什么导致类似的结果？	推断的功能性结果
阻止疾病	生化机制	阻止机制
阻止生物化学的	蛋白质机制	阻止蛋白质
阻止蛋白质	活动的位置或裂缝	阻止活动的位置
阻止活动的位置	分子约束	发现分子
分子约束	具体的3D化学约束	发现分子并与它配合

图3-10　发现药物的认知模式

资料来源：作者整理。

这是一个非常格式化的过程，它错误地暗示了选择合适的机制是一件容易的事，但是，它却说明创新周期论在起作用。第一，

— 158 —

它清楚地表明一般问题的解决方法是将其分解成越来越多的具体问题。因此,创新任务的完成是从一般的"阻止疾病"到一个更加具体的"找到分子配合具体的 3D 化学约束"。第二,格式化的创新过程显示其发生的机制。这个周期包括以下过程,发现问题,识别它和以前解决的问题类似性,然后用它来推测得出类似的解决方法。因此回答问题"什么导致类似的结果"的过程是识别问题的相似性和用实验建立相似性的复合过程。这个结果将问题分解成更为具体的水平。

在技术变化的范围内,通过将一般问题分解成具体问题的解决方法是相当普遍的(Vincenti, 1990)。最初的问题也许是"概念性和相对无结构的",但一旦问题开始被分解成更加具体的子问题,随着潜在的解决方案范围的缩小,问题产生的社会本质也变得清晰,并且问题"在更低的水平,即大多数工程作用力发生的地方⋯⋯通常很好地定义,而且活动倾向于高度结构化"(Vincenti, 1990)。当你开始着手问题的"基本要点"时,重大的社会政治决定已经做出,并且问题几乎是纯技术的。这些想法可以被用来推断提供一个技术变化的认知模型。

(二)技术变化的认知方式

创造的认知模型是从产生一系列理念开始的。正如前文阐述的,这些理念是基于过去的构思经验,从中找出问题的相似性而得出。理念产生,然后检验,检验结果不断修正理解,进而产生更好的办法。在介绍合理化药物发现起作用方式之前,我们可以从图 3 - 11 中得到一些直观的了解。

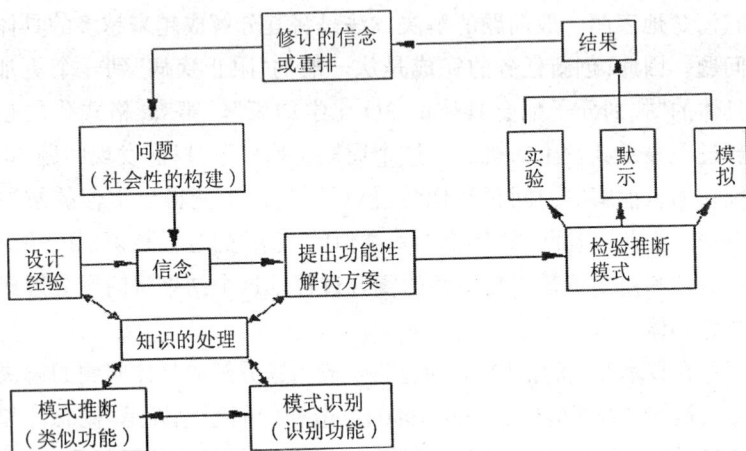

图 3-11　创新的认知方式

资料来源：Paul Nightingale. A Cognitive Model of Innovation. Research Policy, 1998, (27):p.703.

一旦认清问题所在,则各种次级问题也产生了,构思的技术和科学部分就开始起作用。技术部分起着功能性作用,它通过对先前解决的相似问题来推导相似的解决方法,给予技术问题一种本身不确定的解决方案。第二个目的是揭示设定的技术能否起作用。而科学部分,运用了科学知识的模式,检验构想的解决方案,看其能否产生预想的结果,所以,科学知识不是直接运用于创造技术,而是间接地帮助检验那些不确定的功能性方案。这都是由技术传统引起的。分析和检验使设计师了解到,变化初始条件影响最后结果的方式。通过构造和推断知识(朝预定的结果的方向)来调整技术,使之产生预定的行为。在整个创新循环中,使用新的理解来修订功能性方案后,又进入另一个检验循环,直到满意的结果达成为止。

　　这个过程充满了不确定因素。因为行为模式就被推定为未知,从纸夹到石油平台,工程师只能在事后才能确定失败,所以,他们得依靠对事物尽可能多的了解,并确保能对构思失误进行预防。Petroski(1985)认为,技术就是假设,当它失败,假设就被证伪。他指出,完全确定构思失败是不可能的,因为人们探求问题永无止境。

工程师和设计师需要理论工具来进行分析(Vincenti, 1990),包括数学理论、科学规则、现象学理论。"这些特定的理论解释力和科学立场都不强。工程师设计它们是为了配合其设计工作,问题表象太难或不能理解而得不到处理⋯⋯这些理论工具尽管有缺陷,但是能起作用,而且除此没有更好的分析工具了。"(Vincenti, 1990)

这些理论工具通过大量数据补充,这些数据采用很多形式,从物理常数到复杂的发生率。由于大部分技术在数学上或物理上都非常复杂,大量数据来源于经验性工作,或者原型。

这些过程能在前面讨论的合理化药品发现的范例中体现。正如前文所述,回顾整个设计过程,解决了细节问题后,最后解决的问题是找到特定的分子与具体的 3D 化合物匹配,使分子与蛋白质结合,它就不能起作用,从而阻止疾病的发生。

正如 Brdshaw(1995)指出,医学药剂师的工作是减少大量化学物的空间:包括 10^{180} 可能的药物、10^{18} 可能为药物的分子、10^8 存在于 10^3 药品库的化合物,但是只有 10^2 能合成化合物获利。发明药物需要缩小分子空间到足够的程度,这样才能进行实践检验,从中发现可获利的药物。就算宇宙中只存在 10^{78} 种质子,显然,工作中也没有任何与其对应的知识理论类型。因为连对应于每个分子的 10^{18} 个人脑都不可能,更何况是 10^{180},所以,它们被看做潜在的特征推断模式。

这样,当分子空间被缩小,药剂师就会排除那些可能毒性比较大的化合物,如二氧(杂)芑或氰化物,而不是列出所有可能的化合物。由于存在共同的化学基础而具有共同的特性,或是由于隶属于统一更广义上的类别而具有相似特征,这些整族都被排除在外,所以,化学药剂师会凭直觉猜测哪类化合物可能与蛋白质的活性源结合,并对类别中一种代表性的物质进行检验。如果试验成功,那么化学药剂师就会在此类族中做更加细致、更加精确的查找。而如果试验失败,那结果就会外推至该族中的其他化合物,试验的结果也会对以后的判断产生不利影响。整个过程需要把握整个设计流程,构建化合物合成和生物活动联系的知识。

化学药剂师用这些知识来选择可能与目标相似的分子。这种相似感被称为化学直觉,它是默示知识的体现,使药剂师识别那些可能的药物分子并用作检验。新手可能只是了解一种简单的分子,而具有多年经验和化学直觉的药剂师则能识别和药物多少相似的分子,然后再进行检验。正如电子工程师能由部件看到整体事物,这种默示的知识使化学药剂师能把形式和功能联系起来。

这种缩小化学空间的过程不断重复,直到发现能和蛋白质紧密结合的代表性化合物。一旦发现了这样的代表,还要继续优化过程,找出能用作更好药物的相似化合物。这个过程需要把握整个设计流程,从计划到检验,以便了解形式和功能的关系。这样的知识能用来在可能的候选中选择对象来做临床和动物试验。这样,化学药剂师用他对因果关系的默示性理解,识别出哪种方法能产生既定的效果,从而解决了他的构思问题。而那些关于不能用作药物的分子知识被用来排除整族的分子,药剂师把视角转向问题可能得到解决的其他化学空间领域。试验性证据澄清了认识,缩小解决问题的样本空间,能够检验并找出最优的一种化合物。

认知框架对理解科学在技术中的作用提供了一种新的方法,它指出科学知识的本质模式是通过检验和修订行为的默示性假设提供了另外的路径。科学知识并不能用来产生答案,而是用来理解技术的原理。这种理解减少了技术的不确定性,有助于减少无意义实验结果的次数。总之,科学知识在技术变化中起着三个作用:第一,它用来理解和预测行为模式。技术专家用来理解技术变化的原因,因而,对技术潜在变化方式的理解将影响到它的行为。第二,在科学知识被实证检验以前,科学知识能用来过滤选择的方案。各种规则,特定尺寸或重量或密度对技术问题以及它的解决方案起约束作用。科学知识可以被用来适当地检验来确保潜在的设计满足设计准则。第三,关于世界运行方式的知识可以用来理解事物的作用方式。这些作用可以用来推断新奇的情景下解决相似的问题。例如,爱迪生洞察到空气压力变化能在耳朵里产生信号,于是他根据这个相似的原理设计了耳机。

这一节所讨论的理论只是个体心智的创新理论。在真实世界里,正如在前一节所论述的组织学习一样,创新发生在不同的群体、不同的情境、不同的经验甚至不兼容的期望和信念中。正如Mintzberg(1994),Leonard-Barton(1995),Nonaka 和 Takeuchi(1995)等学者所指出的,集体创新并不是个体简单的加总。集体学习包括既在一个组织环境下(Leonard-Barton, 1992;Teeceetal., 1992;Dodgson, 1993;Teece and Pisano, 1994;Bowen at al.,1994)也在不同的组织中(Hobday, 1988;Bessantet al., 1994)发展共享的协定。在这里,主要强调了知识的默示性本质相关的问题,也强调了共享的技术惯例的方式,它与技术轨道共同演化。

四、技术创新的源泉——来自脑科学的证据

20世纪70年代,美国心理学家奈德·赫曼(Ned Herrmann)在总结斯佩里(Sperry)的左右脑理论和麦克恩的研究小组提出的大脑三位一体的论述后,提出了"全脑技术"(whole brain technology)。

他认为,大脑都是电化式的,由大脑电波可以方便测得大脑任何时候的运动状态。就跟我们是四大思维(理智、组织、感觉、实验)的集合体一样,我们也有四种脑波态,即 α、β、θ、δ,每一种专门负责一种神经活动。我们对这些脑波态了解越多，就越有办法通过生物反馈这类方法，运用脑电波来加强我们的思维能力。脑波态是以每秒几周的电波频率或是赫兹而定的。

β代表警醒的状态，频率约为13~30赫兹。数值越高，大脑的状态就越警醒；α则是不警醒的状态，是平静、深思的状态，脑电波频率在9~12赫兹之间；θ则是非常开放、自由流通的创造状态，脑电波的频率是5~8赫兹；最后一种脑电波状态δ，代表的是无梦沉睡的状态，频率是0.5~4赫兹。赫曼用脑电图仪测量脑波态的实验证明，这些脑电波任何时候都有，但α、β、θ、δ四类所占的比重会因情况而有很大的变化。当一个人在全神贯注做一件事情时，这个人的脑电波会有很大的比例是β这一类型。越是紧张、越是专注，β波的频率就越高。另一个极端则是一个人沉睡的时候，脑电波以δ波为最多，睡得越沉，频率就越低。若是睡时做梦，则每90分钟脑电波的组合就会出现一次变动，θ波会增加。就是这些θ波，带来"快速动眼期"（Rapid Eye Movement，REM）中做梦梦见的那些奇幻旅行、"大脑上演电影"等现象。至于我们在深思熟虑的时候，可能便是α波状态中。下面我们将每一波态和创造过程的阶段联系起来。

赫曼利用Graham Wallas的研究成果，提出了全脑创新过程。他把这个过程分为六个阶段：兴趣、准备、酝酿、领悟、检验以及应用①（见图3-12和图3-13）。

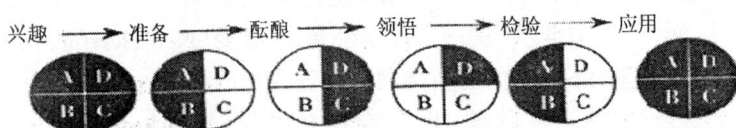

兴趣 ——→ 准备 ——→ 酝酿 ——→ 领悟 ——→ 检验 ——→ 应用

图3-12　创造过程与四象限模型的关联

① 奈德·赫曼:《全脑优势》，宋伟航译，中国人民大学出版社2006年版。

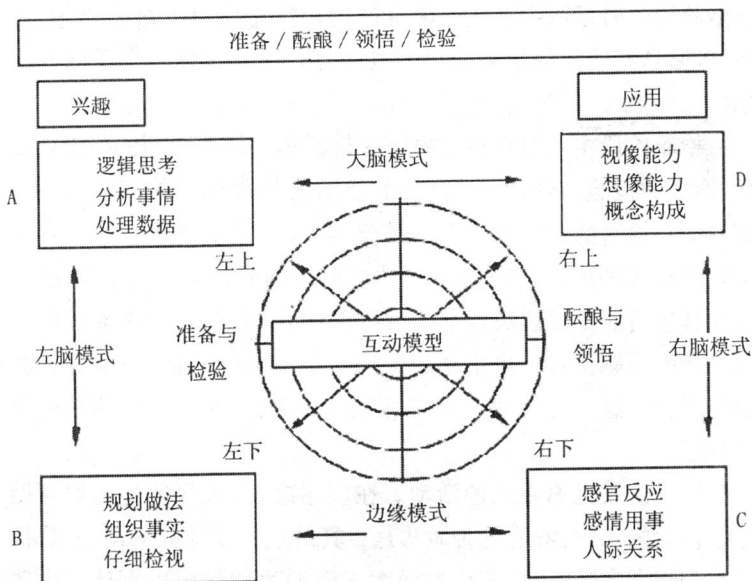

图 3-13 全脑式创造和创新模型

兴趣的主要目的是带动程序起飞。

准备阶段这一步骤需要进行资料收集,分析事实,还要将事实按照时间排列出来,准确说明问题所在。

酝酿阶段是在大脑有了感兴趣的问题可以做之后,开始在有意识和无意识两个层面同时处理这个问题,这个过程使大脑天生具有解决问题的"程序"可以启动起来。创造过程的酝酿阶段,显然是右脑型的心智活动,运用的是直觉和概念式的理解能力,将可能的解决办法提升到意识的层次中。这在人们完全处于放松状态时,功效最好。

领悟阶段也就是创新过程中的"我发现了"。这时便是脑子里突然冒出来一个点子,有时可能是可行的做法,有时是我们在做白

— 165 —

日梦阶段的时候脑中θ波的附带产物。这个阶段综合了兴趣、准备、酝酿这些阶段的成果,而且通过汇总、融合、增效,点子随时出现。

检验阶段主要是对可行的做法与原本问题两者间的关系做实际、客观的检验。这新点子和你想要解决的那原先的问题有任何关联吗?检验的这道手续非常必要,因为由领悟而带出的创意活动能得出各种想法,有些是和手边要解决的问题一点关系也没有,有些其实可能是要解决以前出现的问题,或者是要解决你还没理清头绪的问题,所以,想出来的做法在实际去做以前,必须评估其适当与否。这点是运用了 A 象限批判、诊断、分析能力的左脑模式程序。

应用阶段是 B 象限的活动。在应用之初,你可能还需要再做一下检验的工作,看看这种做法是否真的适用于原先的问题,这样做是否切合实际,不要忘记发明大王爱迪生和他数以百计的失败经验。看看这东西是否能用,该怎样用。等到你终于做出能用的东西时,看看这东西是否真的能解决原先的问题。

综上所述,创新必须动用所有的象限和模式,而大脑全体在这个过程中投入得越多,成功的机会就越大。这些重要步骤或是基本的心理过程,只要漏掉一个,都会影响结果。研究创新力的人员进行的脑电波研究,皆显示不同的脑波态和创新程序中的不同阶段,有着密切的对应关系。研究结论如下:兴趣是一种警醒的整体状态,专注在思考问题上,是 β 脑波态的作用;准备是将创新过程应用到明确的问题上,是较高频率的 β 波在作用:更为专注,更有决心,比较实际;酝酿是准备之后的阶段,是频率较低的 α 波:高振幅的脑电波在沉思时能得出最好的结果;领悟通常形容成创新过程中豁然开朗阶段,脑电波是 θ 波。这时脑子里会蹦出一些点子,其中可能包含可行的解决方法;检验这个阶段的脑电波又回到了

β的范围,在这个阶段是将可能的做法和原先问题两者间的关系做一番认真的评估;应用是创造过程的最后阶段,是 β 波长的活动,可提高警觉。

　　上面所描述的创新过程,运用到全脑模型的四大象限及三大脑波态,而这些都涉及了个别创造阶段中的意识运作。

第四章 企业技术创新的认知演化机制

第一节 企业的创造力:认知系统理论的观点

一、企业认知理论的思想渊源

企业认知理论是在近十年才出现的,还没有发展成一个完整的体系,企业认知理论主要是在企业的资源观或能力观基础上发展起来的。潘罗斯(E. T. Penrose)的企业成长理论、哈耶克的心智理论、波兰尼的个人知识论、纳尔逊和温特的企业演化理论、格兰特(Grant R. M.)的企业知识观、斯宾德(Spender J. C.)的企业知识观、野中郁次郎(Nonaka I. & Takeuchi H.)的企业知识观都与之密切相关,并构成了企业认知理论的基础。由于上述有些理论在前面章节已经介绍过,这里主要介绍潘罗斯的企业成长理论和纳尔逊与温特的企业演化理论以及格兰特和斯宾德的企业知识观。

(一)潘罗斯的企业成长理论

企业成长理论可追溯到古典经济学家亚当·斯密的劳动分工论。亚当·斯密的劳动分工论是从企业内部解释企业的成长过程,因为"生产流程被分解为简单工序是一个连续的发现过程,在此过程中企业内部可以不断产生各种可能性知识"(尼古莱·J. 福斯、克里斯蒂安·克努森,1998)。真正为企业能力理论奠定基础的是阿尔弗雷德·马歇尔(Alfred Marshall, 1925)。他认为,企业中的一项职能工作通常可以分解为多个新的次级职能单元,而且企业之间、产业之间同样存在着"差异分工",这种分工直接与各自的技能和知识相关。然而,这种"差异分工"的增加导致了新的协调问题,这又需要全新的内部职能来对原有的专业职能进行协调与整合。这样,企业生产和协调能力就会在内部获得持续成长,从而推动企业的不断发展。

潘罗斯和理查德森(G. B. Richardson)分别在20世纪五六十年代对马歇尔的企业内在成长思想进行了深入的研究。美国经济学家潘罗斯发表于1959年的《企业成长理论》,是一部继承熊彼特的传统,从经济学角度通过研究企业内部动态活动来分析企业能力理论的奠基之作。潘罗斯通过构建企业资源和企业成长的分析框架,揭示了企业成长的内在动力。她把企业定义为"被一个行政管理框架协调并限定边界的资源集合"(Penrose, 1959),认为企业拥有的资源状况是决定企业能力的基础,由资源所产生的生产性服务发挥作用的过程推动知识的增长,而知识的增长又会导致管理力量的增长,从而推动企业演化成长。潘罗斯认为企业本质上是知识仓库,学习对企业的发展至关重要。根据潘罗斯的观点,企业既是行政组织又是生产资源的集合体,具有人的因素和物质的因素。这些资源所提供的服务就是对企业生产过程的初始投入,这些服务因企业的不同而有所差异,它们是企业长期获得的经验和知识的函数。当目前不再使用的服务被应用于新的业务领域时,它们就作为企业成长的发动机而发挥作用。按照潘罗斯的观点,企业拥有闲置资源,其主要原因是学习。学习能使组织比以前更有效地利用其资源。意思就是,保持恒定资产水平的企业依然能够将服务闲置起来作为组织学习结果的新用途而利用,从而得到发展。潘罗斯的分析说明,企业的资源和学习过程对战略行动和发展有重大影响。

潘罗斯集中研究了企业新知识促进机制和企业知识积累机制,她的理论主要基于内部化进程之上,新知识的积累是通过把关联的和正式的知识以最佳解决某一问题的方式转化为程序化的富有针对性的默示知识。对潘罗斯来说,知识的积累主要是企业内部化的结果,这一过程节约了企业稀缺的决策能力资源。依此而行,新的管理者才能释放出能力用来解决新问题,以此促进企业成长的能量。

潘罗斯认为企业获得租金可能并不是因为它拥有较好的资源,而是因为企业拥有较好地利用这些资源的独特专长。她把企业看做是具有许多潜在服务效用的不同性质的资源集合体,资源发挥效用的范围由企业现有的知识水平决定。潘罗斯认为企业资源的生产性服务决定了企业知识搜寻的范围和方向。资源所产生的服务与租金取决于高层管理群体的观念,而高层管理群体的观念发展部分地是由企业所经营的资源来决定。企业现有的资源影响了管理者的观念,从而影响了企业成长的方向。这是一个认知方面的命题,它加固了这一判断的经济理论基础,即企业的资源状况将影响多元化的方向。

总之,潘罗斯认为,企业的显著特征就在于根植于企业中的知识。企业能够预见并把握住各种生产机会的能力源自企业内产生的各种经验和知识,企业的生产活动受制于我们所称作的企业"生产机会",它包括企业所预见的所有生产可能性以及能够利用的可能性。很显然,这些可能性限制在一定范围内,一旦超出了这一范围,企业将无法预见扩张的机会或不愿意按这种可能性作出反应。后来的研究者发展了潘罗斯的"企业拥有特有的知识"这一观点,如纳尔逊、温特等。

(二) 纳尔逊和温特的演化理论

纳尔逊和温特在关于企业进化性质的著作中广泛讨论了知识对企业的重要性(纳尔逊和温特,1982;温特,1988)。与潘罗斯(1959)和哈耶克(1945)的观点一致,纳尔逊和温特(1982)也认为企业本质上是一系列高度专有的具有再生能力的知识的仓库。他们认为这种知识栖息于组织的标准运作规程和惯例中。就像生物进化理论中的基因,惯例是对特定问题提供成功答案的相互作用模式。这些相互作用模式就其本质而言具有社会性,故大多数常规存在于企业层面,但某些次常规可能存在于个人行为中。纳尔逊和温特于1982年发表《经济变迁的演化理论》,提出了"由产业创新驱动的经济活动的正式理论"(纳尔逊,1994)。他认为,由于有限理性的存在,在满意原则的指导下,企业根据惯例行事。当惯例出现问题时,企业就搜寻更好的惯例。但是,由于不确定性的存在,事前确定最佳做事方式是不可能的,因此,选择即竞争的重要功能是激励试验并选择最佳的反映(纳尔逊和温特,1980)。具体来说,纳尔逊和温特的演化理论围绕三个基本概念展开。

一是企业惯例。纳尔逊和温特明确提出:"我们理论建议的核心:企业的行为可以由它们使用的惯例来解释。关于惯例的知识是理解行为的核心[1]。对于一切规则和可以预测的企业的行为方式,我们一般使用的名词是'惯例'。……这些惯例起着基因在生物演化理论中所起的作用。惯例是有机体的持久的特点,并决定它可能有的行为。"[2] 惯例作为组织的记忆、继承、目标和创新基础,是非最优化的。组织的能力主要包括实现和储存一套惯例的能力。纳尔逊和温特进一步指出,[3] "最重要的是要认识到,惯例化行为的灵活性范围是有限的",因此,凡是假定技术进步是内生的模型,在逻辑上应当承认,从其生产集合来看,各企业几乎肯定是不同的。此外,纳尔逊和温特还明确表示,"我们的理论毫无疑问是拉马克主义的;它既考虑到获得的特性的'继承',也考虑到在逆境刺激下变异的及时出现"。[4]

纳尔逊和温特还讨论了惯例和创新的关系。他们认为:"组织

① 纳尔逊、温特:《经济变迁的演化理论》,胡世凯译,商务印书馆1997年版。
② 纳尔逊、温特:《经济变迁的演化理论》,胡世凯译,商务印书馆1997年版。
③ 纳尔逊、温特:《经济变迁的演化理论》,胡世凯译,商务印书馆1997年版。
④ 纳尔逊、温特:《经济变迁的演化理论》,胡世凯译,商务印书馆1997年版。

慣例的创新有很大一部分相似地由现有慣例的新组合构成。一种创新可能只不过是确立现有次级慣例之间信息流动和物资流动的新方式。这种创新可能涉及由一种新的不同的次级慣例取代一种现有的次级慣例……创新慣例的某些部分可能依赖于最近发现的物理学原理,这些原理现在通过新类型的设备和新发展的技巧来实施。但围绕着这一新的核心,可能有许多层补充的活动,由已经流行了多年的同样慣例来支配。"他们还指出,当努力去把一种现有慣例结合为一个组合部分时,如果满足两个条件是有益的。一个条件是,该慣例是可靠的,即完全在控制中。另一个条件是,现有慣例的新应用要尽可能避免我们联系个人技巧讨论的范围的几种操作上的和语意上的模糊之处。范围明确的可靠慣例,为新组合提供了最好的组成部分。因此,纳尔逊和温特指出:"在这个意义上,创新战线上的成功可能取决于业已确立的慣例的'文明'区域的支持的质量。"最后,纳尔逊和温特认为:"怀特黑德或熊彼特都不会否认天才或运气的作用,或者认为创新能力的系统性差别并不存在。但他们的看法与这一命题是一致的:组织对于支持和指导它们创新的努力有很好界定的慣例。"[①]

二是搜寻。纳尔逊和温特"使用了'搜寻'一词来表示组织的所有那些活动,它们与评价现有的慣例有关,而且它们可能导致修改慣例,导致更急剧的变化,或者导致取代慣例。我们强调过,这些种类的活动本身是部分慣例化的和可预测的,但它们也有随机的性质。……慣例一般起着基因的作用,搜寻的慣例随机地产生变化"[②]。这表明,"虽然我们强调经济过程中某些连续因素的重要性,我们并不否认,变化有时是迅速的……发展把'盲目的'和'有意的'过程交织在一起的企业行为的模型,既不困难,也不是毫

① 纳尔逊、温特:《经济变迁的演化理论》,胡世凯译,商务印书馆1997年版。
② 纳尔逊、温特:《经济变迁的演化理论》,胡世凯译,商务印书馆1997年版。

无道理"①。纳尔逊和温特的搜寻原理是,当利润低于一定的标准,企业被假定搜寻更好的惯例,因此,搜寻是失败导向的。纳尔逊和温特(1973)明确表示,导致企业变化的搜寻机制,其一是研发、营运分析等,其二是模仿机制,两者都是由于业绩低于目标引起的。纳尔逊和温特还论述了启发式搜寻理论为创新提供了一个有益的框架。他们认为:"启发式方法是'任何一种有助于减少对解决办法的平均搜寻的原理或方法'(纽厄尔、肖和西蒙,1962年,第85页)。有些启发式方法可以应用于很大范围的问题——'从目标倒回来工作'——而另一些启发式仅与高度专门的问题有关。"他们同时指出:"将遵循启发式方法所产生的组织活动的一切形式,包括试图创新的某些方法的形成,都与我们的惯例概念一致起来。在这样的形式随时间而延续并对盈利可能性和增长具有意义的范围内,这是演化过程基本遗传机制的一部分。"②

三是选择。纳尔逊和温特认为:"一个组织的'选择环境'是影响它优裕情况从而影响它扩张或收缩程度的全部考虑。选择的环境部分地决定于所考虑的行业或部门里企业的外部情况——例如,产品需求和要素供给的情况——但也决定于该部门其他企业的特点和行为。"③

总之,作为新熊彼特学派的最重要代表,纳尔逊和温特的演化理论具有非常重要的理论贡献,但是,他们所谓的惯例是多样的,他们把惯例当做自动反应,完全没有认识到认知分析在演化经济学中的重要地位,以致温特(1987)得出的结论是:"在演化经济学的理论天地里,在如此的定义之下,战略分析没有用武之地,尽管实际上这里当然有足够的余地用于事后讨论哪些惯例可被证实是

① 纳尔逊、温特:《经济变迁的演化理论》,胡世凯译,商务印书馆,1997年版,第15页。
② 纳尔逊、温特:《经济变迁的演化理论》,胡世凯译,商务印书馆1997年版。
③ 纳尔逊、温特:《经济变迁的演化理论》,胡世凯译,商务印书馆1997年版。

成功的。"同时,他们的研究重点也并不是直接针对企业"同在正统理论中一样,在演化理论中,说明个别企业的特点,主要是走向分析行业或其他大规模经济组织单位的行为的第一步","特别是,群体或遗传类型(惯例)的命运,而不是个人(企业)的命运,是最终关注的焦点,记得这一点是重要的","我们对建立一种把行业行为与单个企业行为相对照的明确理论感兴趣,在这方面,我们与行为主义理论家分道扬镳。……我们对单个企业特点的说明,比行为主义理论家们使用的说明要简单得多和更定型化得多"[1]。这就注定了对惯例及其演化的认识不深刻,他们根本没有也不可能做出对企业发展的深入研究。

(三)格兰特企业知识观

在所有研究基于知识的企业理论的学者中,格兰特是将这一理论论述得最全面、最充分的一人。格兰特认为,大部分组织学习的研究(Levitt and March, 1988;Huber, 1991)和基于知识的企业观(Spender, 1989;Nonaka, 1991、1994)都将焦点集中于组织知识的获取和创造上。他的理论有两个假设前提与其他理论不同:首先,知识创造是个人活动;其次,企业的主要角色是将现存的知识用于生产商品和劳务。这将使组织知识这一概念强调个人在创造和储存知识中的作用,并且与西蒙的观察一致,认为所有学习都是发生于个人的头脑中,一个组织只能有两种方法进行学习:①向其员工学习;②吸收具有组织所不具备的知识的新员工。更重要的是要明白组织的过程就是企业获取和使用其员工知识的过程。存在于组织知识这一概念中的内在危险是,通过将组织视为创造、储存和配置知识的实体,掩盖了组织过程的这些活动是由许多个个体参与的这一事实。

---

① 纳尔逊、温特:《经济变迁的演化理论》,胡世凯译,商务印书馆1997年版。

— 174 —

格兰特指出，知识获取与储存的专业化能够盈利的假设以及生产需要大范围地投入各种专业知识的假设，明确或含蓄地重申了一个对所有企业理论都是根本性的前提。没有专业化带来的利润，企业就没有必要将许多的个人组织起来。如果专业化带来盈利，那么组织的根本任务就是协调许多专家的努力。格兰特认为，在企业内，传递知识不是整合知识的有效方法。如果与生产相关的大部分知识是隐性的，在组织成员之间的传递将会非常困难。效率的关键是通过组织成员间的交叉学习，使知识得到有效整合的同时知识的传递最小化。他形象地比喻道：如果格兰特和斯宾德想合作写一篇文章，最有效的方法不是让格兰特学会斯宾德所有的一切知识，而是建立一种相互作用的模式，从而最大限度地减少彼此传递知识所花费的时间。

格兰特将企业视为知识协调机构。他认为企业所扮演的主要角色是将存在于许多个体中的专业知识进行整合，然后将整合的知识转化成产品或劳务。管理的主要任务是建立知识整合所必需的协调机制。格兰特指出，知识整合是一项艰苦的工作，特别是涉及隐性知识时，情况更加复杂。因此，即使企业内部没有目标的冲突，协调也不是一个小问题。当不同类型知识的潜在传递性和整合性区别很大时，那么协调与组织结构和决策权配置的关联也会更紧密。基于知识理论提出的组织设计原则不同于其他组织模型的设计原则。基于知识的方法为理解最近许多的组织创新和组织发展提供了理论基础。

（四）斯宾德企业知识观

斯宾德对基于知识的企业理论的研究主要是从哲学认识论的角度来进行的。他指出，基于知识的企业理论确立了企业除管理层之外的员工的知识和学习的作用，并指出自上而下进行权利分配的企业中，组织学习不可能有效率，企业需要一种发散式的、非官僚的管理模式。

斯宾德认为人类通常有两种获得知识的方式：一种是基于经验，另一种是基于推理。事实上，人们常常同时使用这两种方式进行学习和研究，用第一种方式收集资料，用第二种方式进行逻辑分析，通过这两种方式的相互作用，将科学定义为产生新知识的过程。鉴于知识的类型很多而它们之间关系又不明确，斯宾德认为要使用多种类型的方法论作为基于知识的动态企业理论的基础。他指出，人们需要定义好所提出的知识类型之间的关系，只有这样才能在这种特殊的治理模式中重构企业，加强不同类型知识之间的相互作用，促进知识的增长；只有这样才能在不断变化的环境中巩固组织学习和竞争理论的基础。

斯宾德将企业视为一种动态的、演变的、半自治的知识生产和使用的系统，是一种基于知识的活动系统。他认为组织知识不能以实证方式定义为企业资产。他指出，知识是一种参与使知识显现意义的过程，甚至参与的只是对知识的陈述而不是知识本身，因为绩效，特别是在未预料到的不确定性和挑战面前，才是对知识的真正考验。对知识系统的处理，他提出了四种尝试性方法：解释柔性边界管理，制度影响的辨别，系统特征与成分特征的区分。

二、企业是一个认知系统

关于企业存在的原因和企业性质问题，不同学派有着不同的解释。新古典经济理论注重企业的生产性，把企业看做是一个投入产出的生产函数；现代企业契约理论看到了企业的交易性，认为企业是为了节约交易成本而替代市场的契约组织；企业能力理论则认为企业是知识与能力的集合体。这些学派基于自身假设对企业理论的基本问题给出了各自的理论解答，丰富了企业理论，但是也存在一定的片面性。近十年发展起来的企业认知论对企业的性质给出了不同的诠释，虽然这个理论还不是很成熟，存在许多需解决的问题,但却有很好的启示性。在这里本书提出两个假设。

(一) 第一个假设

第一个假设是,如同对所有其他社会体系的认识一样,企业是一个认知系统。它的职能寄寓于它的知识之中。对于知识,正如前章所述,本书采用的是一种社会建构主义相互作用的观点。这里的"知识"一词具有广泛的意义,表示所有的心理活动,包括感知发展起来的心理范畴(或框架,抑或心理模式)来感知、解释和评价这个世界。这使得知觉、解释和评价或多或少地具有路径依赖性和特异性。只要不同的人在不同的社会和物质环境中成长,并且彼此没有相互作用,他们对这个世界的观察就是不同的。因此,企业作为一个认知系统,它的知识体系并不是组成这个企业的个人的各种知识的总汇,而是某些更多的东西和某些完全不同的东西。企业的认知过程既不是个人知识的总汇,也不是一种个人认知过程的均衡。企业由许多"苦心经营的节点"所组成,这些节点转而又由许多个人、团体、部门、结构和程序所组成。然而,企业的知识并不是集合决策过程的结果,而是持续的相互作用、个体的交换、单个的苦心经营、个人的期望、共享的标准、程序和组织机制发挥作用的结果。企业组织的作用在于企业组织通过认知的分工降低市场参与者的思维成本(卿志琼,2006)。"组织在进行信息收集、决策以及实施等项工作时,采用标准的运营程序、经验法则等机械的程序(routine)。使用机械的程序,有可能产生出与经过充分分析处理问题时采用的最佳方法不同的决策,但是,节约了为决策而使用的稀缺而且昂贵的资源。"[1]努特布姆(Nooteboom, 1999)认为,不同人之间具有一个或多或少的"认知距离",这就产生了企业

---

[1] Milggrom and Roberts. *Economics, Organizations and Management*. Englewood Cliffs, New-Jerey, Prentice-Hall, 1992.

作为一个"聚焦装置"(focusing device)的概念，它是为了减少认知距离，即为了相互理解、利用互补能力并实现一个共同目标，而获得一种心理范畴的充分调整。组织发展出它们自己的专用符号体系：语言、标志、隐喻、神话、礼仪。这种思想与组织文献中另一种思想是密切相关，即企业的关键就在于充当一个"意义制造系统"(Weick, 1979、1995)，一个"意义共享系统"(Smircich, 1983)，或者"解释系统"(Choo, 1998)。本书认为，这就产生出一个比降低交易成本更为基本的企业存在理由，尽管交易成本也是企业存在的一个原因。在企业的认知系统里，企业家的中心任务是调整感知、理解和目标(Witt, 1998)。认知范畴的调整并不必然要求同一性。正如努特布姆(1999)所述，在认知的变异和新奇所需的认知距离与共同理解所需的认知亲和力(cognitive proximity)之间存在着一种权衡。实际上，一个企业中的不同人多多少少地会在他们外部的生活和经验中引入新奇的因素，这就是错误和创新的一个来源。

(二)第二个假设

第二个假设是，企业是一个特殊类型的认知系统，能够产生出它自身的功能。因此企业是一个自动生成的认知系统。关于自动生成的认知系统的观点，首先必须回答一个这样的问题：一个存在的组织应该拥有什么样的特性？智利的神经生物学家马图拉纳曾经提出过这样一个早期的迹象，他认识到有关这一问题的答案必须到自治的概念中去观察。一个存在的体系在某种意义上是"自治的体系"，也就是说，是一个自我指认的系统，这意味着它仅仅能够表现出它自身所具有参照关系的特色。所有其他系统都是通过外部环境的参照关系来表现出它的特征。不过，它是对认知过程的研究，就像能够提供最基本的下一个步骤的生物学过程一样。从提出感知对神经系统中的幻觉不能辨别的问题开始，我们认识到，神经系统的活动不受外部环境的决定，而受到大脑本身作用的决定。环境仅仅是一个引发活动开始的导火索,但是行动之所以会开始是由其内部过程所决定的。认知体系必须具有一个关闭和循环的组织。这种特征是所有已存在的组织和所有的认知体系所共有的典型。在麦图拉纳与另一位智利神经生物学家瓦拉里之间进行了大量的观点交流,瓦拉里对自动生成的概念做出了卓越的阐述。他认为,如果认知体系组织的特征是由自治和循环关闭所表现,这就意味着认知过程的动力可以归因于持续的自我创新,这种持续的自我创新就被称为是自动生成。

自动生成系统被组织起来以便使它们能够保持自己的一致性,持续地形成它们自己的组织关系(麦图拉纳和瓦拉里,1987)。因此,自动生成系统是循环的,也就是说,它们在一个自我生产和自我再生产的持续过程中产生出它们自己的组成部分。即便系统所处的环境出现混乱(麦图拉纳和瓦拉里,1987 年),它们也能持续地产生出它们自己的组织。在社会学家鲁曼的理论中(1984),他同样认为,认知体系是自动生成系统,社会体系同样由自动生成的过程赋予其特征。这些因素构成了它们自己的真实,让我们在观察过程中得以认识各种区别——诸如有效的和无效的、高效益的和低效益的、生产性的和非生产性的,等等——这些区别发生在体系自身的内部过程中。正因为如此,它们可以通过应用而做出的区别,构建它们自己的真实。

这种新的系统理论为社会体系和组织的研究提供了一个完整而又不同的方法。社会体系事实上不仅仅是一架信息处理器,而且也是一个鲜活存在的体系(维卡里,1991),它的发展和存在依赖知识的产生和利用(维卡利和特罗伊罗,2002)。

三、知识和企业创造力

在一个自动生成的认知体系中——这是一个以自我生产其自身的知识组成部分和它们相互关系的能力为基础而存在的系统

——通过创新力发挥基本的作用。事实上，在这样一个认知体系中，新知识仅仅能够通过现有的知识产生出来。例如，当一位教师开始授课时，两个学生根据他们自己的态度、智力和先前的知识，开始构建不同的新知识。对两位学生来说，教师传播的是同样的内容，但是在两个人身上所产生出来的知识却不尽相同，因此，知识是不能被传送的，而只能够被生产。事实上，由于人们童年的幼稚，人们最初构建的关于获取知识的观点完全被误导了。在学生的教科书上，人们习惯于看见一些这样的漫画，在这些漫画中，一个小学生坐在椅子上，他的头颅张开了一个大大的口，一位教师正通过一个漏斗向他倾倒大量的数字和字母。这一漫画表现出了一种最广泛的接受学习的观点。有的时候，在一些更古老的理论中，人们一方面承认默示的知识不能轻易地被接受，另一方面却坚信外显的知识能够被传播或输入。

根据自动生成理论，知识是不能被输入的，它只能够被生产。学习的唯一方法是通过利用现存的知识生产出新知识。教师、书籍、手册指南、同事、生意上的伙伴，等等，所有这些，都是能够传播信号或者能够创造出一个有助于系统用于生产出知识的条件，但是，它们不能提供知识。

人们相信，传统的知识传播观点在四种不同的概念中被普遍地混淆了，这四种概念是：信号、数据、信息、知识。这四个概念是截然不同的，它们不应被混淆。信号(源于拉丁文"signum"，通过书写工具生产的线路)通过某个人为传播所使用的信息而编成。数据不是事实，而是事实的代表形式，它通过某个人出于某种目的被采集。信息(源于拉丁文"informa"而形成)是指一个人形成真实的行动，具有信号和数据的意味。从相同的数据中人们可以产出不同的信息，因为在自然中不存在信息。信息是一个意识形成的过程，它需要并依赖观察者。知识是通过某个人为了某种目的而组织起来的信息：它不是仓库，而是仓库里面材料的组织。数据、信息和知识是个人为了表现事实而工作的结果，通过对这些事实产生出意识，并根据某种目的组织出含义。传播仅仅被认为与信号有关，信号既不是信息也不是知识。没有谁能够组织这个仓库，除了仓库管理员。如果知识不能输入或者获取，而只能够被生产，那么，又怎么可能创造新知识呢？又怎么能使学习成为可能呢？创新的可能性又在哪里？除非你接受某些不同的事物，否则你就不会得到任何可能的东西。对这些不同事物，人们称之为：创造力。这就是人们为什么相信在知识创新和创造力之间存在一个强有力的连接纽带的原因。

依据我们的观点，创造力不仅仅是把新的思想作为创新力争论中的特定"权威"。创造力是一个组织的自然趋向，这种自然趋向在变化的现实中表现出它的具体存在，是组织赖以运作的环境。这是已有观点中的另外一个观点。

至于个人的创造力的问题，当人们界定某个人的创造性时，人们期待他或她不仅仅拥有初始的想法，而且他还应该知道如何把这些初始的想法转化成行动，成为一种可以产生出新思想的行动。依据这一解释，人们把创造力定义为能够产生出创新行为的认知系统的一个变化。这样，创造力就要求具有一个如图4-1中所表现出来的那种类型的过程。不过，一个人的行为必然地要产生出影响，反过来，这些影响又在他或她的认知系统中产生出某些变化。据此，我们能描绘的创造力是一个如图4-2所表现出来的那样一种循环过程。个人的创造力不是简单意义上的字面理解。因为它与认知系统的修正变化有关——它必须转化为行动，因此，创造力的最终指向是行为的变化，而不是认知系统的变化。

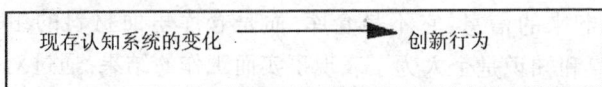

图 4-1 创造力的过程

资料来源:作者整理。

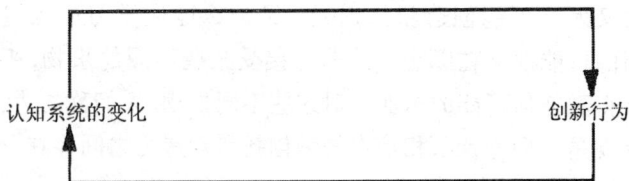

图 4-2 创造力的循环过程

资料来源:作者整理。

这种观察在社会体系的条件下是有效的。在那里,具有意义的是行为的修正和改变,而不是行为变化中观点的循环往复。认知系统中的惟一变化是一种非创造性的变化,它不会产生行为修正的结果。至少从经济学观点上来看,一个不能转变为有意义的行为变化的初始观点是没有任何价值的。基于这样的观点,有必要深究组织认知系统的修正和变化的问题。在发展过程中,企业必须拥有包括修正自己和自己行动的能力。这种能力又意味着它蕴含着另外一种能力:新背景、新环境和新情景的构建能力。任何创造性的体系都应该能够对现实进行修正和调整,对周围的环境留下它的影响,改变与背景的关系,以及改变其他相关的事物。一个能够接受新构架的企业,一个知道如何为新的市场做出努力的企业,才能生产出新的产品,改变自己的发展进程,在其底线以上与顾客、供应商和其他利益关系人达成新的一致意见。

具有创造力的企业,能够创造出自己运作其中的现实。创造性的企业不会被动地去适应环境,或者说不会被动地去顺从环境、市场、供应商、银行、政府和顾客。企业创造力的典型特征不是改变观点,也不是改变行为,而是在环境中形成改变的能力。传统教材,已经客观地对环境战略管理方面的某些理论特征进行了定义,比如顾客需求、竞争者的活动、利益关系人的期待等。在这种模式中的企业,如果碰巧成功了,就必须识别和确定环境特征,策划一系列有效的行动,并且恰到好处地实施自己的计划战略。创造性的企业不会被动地去适应自己运作其中的环境,而是会产生一些通过与其他企业进行比较的截然不同的因果关系——依据其认知系统——并创造出自己的环境。通过这样的行动,企业就能够产生出"新萌芽"的数据,并对这些数据进行分析监控和解释说明。所有的说明都由转换为信息的数据所组成。在这个基础上,企业构建了一个引导它进入新的、未来行动的映射[1]。这个映射,或者说认知系统,能够通过一个"因果关系顺序的网络"来表现,因而具有因果映射[2]的特征(weick, 1979),通过这种途径,企业是一个因果关系互为影响的序列,并在这个序列的基础上展开运作。

因此,企业创造的环境是企业有意义环境的一部分,企业处于这种环境中,并把这种环境确定为自己行动和需要的背景。环境对企业来说,不仅仅提供了"客观的"输入。通过创造一个环境和构建表现这个环境的一种认知映射,企业把自己准确地定位在这样的环境中。换句话说,企业通过把自己定位在与环境的关系中

---

[1] 认知映射是反映人们对现实看法的可视化方法(Eden et al., 1981)。"试图把认知映射与人们'弄清'并解释周围世界的方法联系。"(Eden, 1990)它们是个人知识的体现,是他或她个人的经历的体现(Weick and Bougon, 1986)。"构造映射的过程和映射的使用是为了促进客体对特定事物的相关信念以及价值系统的详细描述和发掘。"(Eden et al., 1981)

[2] 因果映射是一种"由节点和连接它们的矢量组成"(Laukannen, 1994)的图形化表示。节点是人们认为重要的事物,而矢量显示节点之间的关系。因果映射可以反映出对组织中所发生的事物的理解。使用这种分析方法的一个主要优点是映射"在彼此之间的联系中设置概念……它们在模糊情境中加入结构"。(Weick and Bougon 1996)因果映射因此成为排序和分析"模糊"事物的方法,它们在因素之间建立联系。

来创造一个环境。如果这种映射关系通过时间得到加强(通过持续地对发生在它本身的认知系统的正确功能进行确认),以及这些关系在企业内部得到分享,企业的知识就得以稳定地建立,如果关于现象发生的期待系统被确认,就会形成企业的稳定环境(维卡利和特罗伊罗,2002年)。

第二节 企业家创新的认知模式

由于企业家在创新中的作用至关重要,企业家这个主题成为不少学者研究的对象。在对企业家行为进行研究的探索中,有这样一个问题一直困扰着经济学家。这个问题是:为什么是企业家,而不是另外一些人,意识到并创造新的机会,并试图去将他们的想法和梦想转化为商业上的创新活动? 为什么一些企业家能够成功,一些却会失败? 这实际上涉及了企业家主体与非企业家主体的差异性。

一、企业家的认知模式

最初,经济学家们是从企业家的品质特征着手来解释两者差异的,如 Shaver 和 Scott(1991)等归纳了促使企业家创新的个性特征:企业家有承担风险的意愿、胜过他人的欲望,个人的乐观,对模糊事物的容忍和强烈的要改变自己命运的偏好(Bygrave, 1989; Hatten, 1997)。然而,没有更多和更清晰的证据说明,这两者之间存在明显的差异(Shaver and Scott, 1991)。正如 Hatten(1997)所说的那样:"30年来(对企业家品质特征)研究的结论显示,不存在能够用来预测、决定谁有可能成为一名成功企业家的品质特征……成功的小企业主和企业家来自任何形状、尺寸、肤色和各种背景。"

于是,人们又试图从认知过程方面来解释企业家和非企业家之间的差异。这方面的研究主要关注于企业家认知的两个方面：一是在认知方面，企业家主体与非企业家主体有什么差异？二是什么原因造成了企业家与非企业家主体在认知方面的差异？

关于这两个问题的回答，从现有的关于人类认知的研究成果中受益匪浅。尽管对人类认知的系统研究已经经历了近一个世纪，但迅速发展还是近20年的事情。伴随着计算机技术的应用和成熟，人们可以通过计算机仿真来进行模拟，从而得出许多关于认知的新的见解。关于企业家认知的方面，可以从心理学中借鉴的是：

（1）人们对新信息认知的过程是受到严格限制的，并且很容易达到饱和状态。举个例子，就像人们在听一个人的演讲，如果演讲者说得太快，人们很快就觉得对他演讲内容中的新观点不太容易接受了。

（2）作为人类的一种本性，人们往往追求使得认知努力最小化的目标，就如同人们追求体力上的努力最小化一样。人们常常在思考的时候利用多种"捷径"（short-cuts）和技巧来减少智力方面的努力。

（3）因为处理信息的能力受限制，人们倾向于使得智力方面的努力和其他因素最小化，在思考时常常不能做到完全理性化，因此，在认知的很多方面存在很大范围的偏离或误差。

由此可见，我们可以看到人们认知的过程中会受各种误差的影响，在以下情况下：①信息过载——个体在特定时间内面对比他能够处理的信息还要多的信息（Gilbert et al.，1992）；②新情况带来高度的不确定性——在这种情势下，他不能求助于已有的心智框架（Fiske and Taylor，1991）；③感情因素在决策中起着重要作用——感情和思考相互影响，强烈的感情在认知各方面会产生失真（Oaksford et al，1996）；④个体面对时间压力，处于非最优状态，时间压力迫使人们在思考的时候往往采用心智捷径(Wyer and Srull, 1994)。

这就暗示着企业家比其他人更时常遭受如此的情况,而且也许更强烈和频繁,因为如此的情境与企业家经验有关。就企业家活动的性质来看,企业家时常发现自己处在新的不可预知的复杂环境中,而且这种环境有可能产生不同形式的信息过载。同样地,他们的周工作长度也是很有名的。因此,当他们疲劳或处于高度紧张的时候,他们时常满足工作需要。最后,企业家对他们事业的承诺是强烈的,结果是由于这种强烈的感情而存在着许多机会,这种强烈的感情源于影响他们思维的上述承诺。

对企业家身分的描述为人们勾勒了这样一幅图画,这幅图画与这些提议是一致的。例如,熊彼特对企业家的界定,目的主要是突出其创新职能的特殊价值。他指出:"企业家的功能是:通过利用一种新发明,或者更一般地利用一种未经试验的技术可能性,来生产新商品或者用新方法生产老商品;通过开辟原料供应新来源或新产品的新销路,或通过改组工业结构等手段来改良或彻底改革生产模式。这个职能主要不在于发明某种东西或创造供企业利用的条件,而在于有办法促使人们去完成这些事情。"[①] 同样,在最近的对企业家的描述中,Holt(1992)提出:"企业家是那种拥有新观念的人,企业初创时都是以那些观念为基础…… 有增长的视野,能对结构的变化承诺,持续收集必需的资源和能源来完成不寻常的结果……"如此的描述暗示着,企业家而非其他人,经常地接触到测试他们认知能力极限的情境,因此,就增加他们对各种不同形式的偏见或误差的敏感性(图4-3)。

---

① [美]约瑟夫·熊彼特:《资本主义、社会主义与民主》,吴良键译,商务印书馆1999年版。

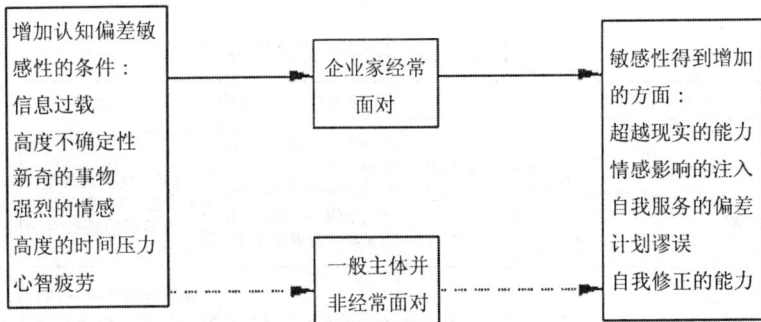

图 4-3　影响企业家和非企业家认知误差的因素

資料来源：Baron, Robert A. Cognitive mechanisms in entrepreneurship: Why and when entrepreneurs think differently than other people, *Journal of Business Venturing*, 1998, Volume: 13. Issue: 4 July, p. 28.

　　Baron(1998)归纳了企业家主体和非企业家主体在认知方面存在的差异：①非事实的思考方式(count factual thinking)，即想象在一定条件下，可能会发生什么情况，即便这样的情况未必会发生。②情感因素的灌输(affect infusion)，即情感的状态影响着主体的判断和决策。③归因模式(attributional styles)，即主体将结果归因为内部因素或者外部因素的一种倾向。④计划谬误(planning fallacy)，即人们倾向于低估完成多样性项目的时间要求；或者高估他们在给定时间内完成任务的能力。⑤自己觉得正当的倾向(escalation of commitment & self-justification)，指这样一种情况：企业家总是有认为自己的决定是正确的倾向；当计划的执行有问题时，企业家通常会为自己辩解并继续坚持当初的决定而继续投入资源、时间和精力。表 4-1 归纳了与企业家相关的潜在认知机制：

表 4-1　　　　　　　　与企业家相关的潜在认知机制概要

机制和过程	描　述	与企业家精神的相关性	论　断
非历史事实的思考（count factual thinking）	一种想象在给定情况中的什么可能发生的倾向	使得个体对现有生活绩效不满，错过机会可能导致强烈的后悔，并高估和放大了失去的潜在收益	企业家比一般主体更会对失去的潜在收益而后悔，这就是他们比其他人更多地去寻求、鉴别那些他们觉察到的机会并付诸行动
情感因素的灌输（affect infusion）	情感因素作为影响判断和决定的一种资源	情感因素注入导致判断和决定的严重错误	企业家在工作中体验到的感情比其他主体多。这两个因素导致企业家对情感因素更敏感
归因模式（attributional styles）	大多数主体倾向于将成功归因于内部因素，将失败归因于外部因素	将成功归于内因可能导致对个体能力的过度自信，将失败归于外因可能导致人际关系的摩擦	企业家比其他主体更倾向于具有高估自己的偏差，成功的企业家对自我服务的敏感性弱于不成功的企业家
计划谬误（planning fallacy）	多数人们倾向于低估完成多样性项目的时间要求，或者高估他们在给定时间内完成任务的能力	这些倾向导致对完成任务提出不切实际的时间表	企业家更容易具有计划能力，导致他对未来比较乐观
因为最初承诺而追加努力和自我努力（Escalation of commitment & self justification）	仅仅因为在此行动之初的承诺而倾向于继续将时间、努力或者金钱投资于失败的行动	这些倾向导致对珍贵资源的浪费	企业家往往更会因为最初的承诺而追加努力，并比其他主体更倾向于自我辩护

资料来源：Baron, Robert A. Cognitive mechanisms in entrepreneurship: Why and when entrepreneurs think differently than other people, *Journal of Business Venturing*, 1998, Volume: 13. Issue: 4 July, p. 289.

　　Baron 对企业家与非企业家主体在认知方面差异的归纳是比较符合客观现实的，然而他过分强调了这些差异对于企业家的负面影响。实际上，人们还是能够从企业家和非企业家主体在认知方面的差异看出企业家精神积极进取的方面的，尤其是这些差异促使企业家具有旺盛的创新欲望。比如，企业家所持有的错过机会可能导致强烈的后悔，并高估和放大了失去的潜在收益的想法，可能会使他抓住每一个可能获利的机会。又比如，企业家在工作中能体验到的更多情感经历也可能成为他全心投入创新的一个额外动机。

由上面的讨论人们可以得出结论，企业家主体和非企业家主体在认知方面是存在差异的。企业家主体认知方面的某些特殊性一方面使得企业家具有比一般人更强的创新欲望，但另一方面也可能造成企业家决策和行为方面的某些失误。企业家主体和非企业家主体之所以存在认知方面的差异，是因为两者所面临的环境特征不一样，环境特征的差异造成并强化了两者在认知方面的差异（章华，2002）。

二、企业家创新行为的生物学经验基础

虽然企业家主体和非企业家主体在认知方面存在差异，那么是不是企业家和非企业家在先天因素上就存在差异。本节通过现代生物学研究提供的经验证据阐述人的求新（或冒险）行为普遍存在的事实，从而揭示人的企业家式的创新行为在先天上是普遍存在的。

创新意义上的风险偏好，即寻求新奇刺激（novelty seeking）的特性与基因的关系，被行为遗传学、分子生物学等诸多领域的研究者关注，他们发现两者之间的确有联系，其成果在欧美也吸引了大众媒体的关注，如时代周刊（1996）称这一发现是"第一次将一种正常的人格特征与一个特定的基因确切地联系起来了"。Dean Hamer 和 Peter Copeland（1999）以及著名的科学专栏作家 Matt Ridley（1999）从较通俗的角度介绍了这些成果。寻求创新的风险偏好是指"寻求新奇感和体验并自愿去冒风险"[①]。Dean Hamer 和 Peter Copeland 将其具体分为四种类型：第一种类型是物理刺

---

① "seeking novel sensations and experiences and the willingness to take risks" 是 Martha Dietrich 对 Dean Hamer 和 Peter Copeland 的 Living With Our Genes 第一章 "Thrills" 的归纳表述。见杂志 *Biol* 296*H*, Fall 2000。

激(physical thrill)。它包括类似可能导致身体受伤的危险运动或者蹦极这样的项目。"高"偏好者趋于参加这一类运动,而"低"偏好者则趋于避开。第二种类型是智力刺激(mental thrill)是指向自己智力挑战的刺激。个体偏好的形状或色彩能够显示他寻求智力刺激的程度。喜好智力刺激的人乐于欣赏抽象作品,而厌恶智力刺激者则宁愿看标准的图形和传统的色彩搭配。第三种类型是社会交往刺激(social thrill)。如果寻求该刺激的偏好强,则乐于结交陌生人,否则只愿意和几个亲密朋友打交道,最严重的是逃避交往①。第四种类型是寻求任性的刺激(disinhibition and impulsiveness or decision – making)。有较高偏好者对事情的反应依赖本能,而较低偏好者要在决策前要先进行逻辑计划。本书认为,这一特征可以理解为经典"理性经济人"的权衡行为本身,对有些人就是一个"inhibition",例如个体面临两相权衡都难以割舍时,经典的经济学处理为无所谓的无差异状态,但对当事人却有可能是一种具有负效用的折磨,有的"impulsiveness"则是痛快的。所以可能存在"寻求任性的刺激"。

Dean Hamer 和 Peter Copeland(1999)对寻求刺激偏好的解释归于神经传递物质之一的多巴胺。多巴胺传递到相应的神经元接收部分——树突(dendrites)然后激发一系列化学反应及动作电位。多巴胺越多个体亢奋反应就越强烈。那么多巴胺的多寡由什么决定呢?答案是基因。寻求刺激是多组基因支配的,其中最主要的是位于第 11 号染色体上有一种叫 D4DR 的遗传基因。个体携带的 D4DR 有长短不同的两种(较长的由 7 个重复的 DNA 结构序列组成,较短则仅由 4 个重复的 DNA 结构序列组成)。个体携带的 D4DR 可能是较长的那种也可能是较短的那种。较长的D4DR 束缚多巴胺的程度低于较短 D4DR,较长多巴胺携带者的

---

① 有人已经发现第 7 号染色体与语言能力有关,进而与是否有自闭倾向相关(Ashley – Koch A,1999)。

寻求新奇刺激的偏好就会强一些。当然新奇刺激偏好并不是由 D4DR 唯一决定的。Benjamin 等人早在 1996 年指出(Benjamin et al, 1996),寻求创新(novelty seeking)只是部分而非完全由基因决定,D4DR 的多态性产生的基因行为效应也只是部分而非全部。Ebstein(Ebstein et al, 1997)认为 D4DR 受体的多态性对寻求创新特性变化的影响百分比并不大,这提示还有其他基因也对寻求新奇的行为有影响。

就不同地区民族的寻求新奇行为偏好与 D4DR 基因多态性的关联性,有人(Ono et al., 1997)进行了估计。日本的研究表明,它们一样存在这种关联,这种关联与民族差异无关。由此引出一个值得强调的推论是:"人性相同",遗传基因研究揭示的绝不是被误解的"社会达尔文主义",或者说种族差异决定论。恰恰相反的是,自然演化赋予我们的基因遗产频率分布是一样的。

遗传流行病学的研究从另一个方面提供了样本统计实例。寻求赌博刺激的偏好非常强烈时,医学上将其称为"病态"。美国退伍兵医疗中心的 Eisen 等人[1] (Eisen S. A. et al. 2001)的研究表明,具有成瘾行为倾向的人口比例在美国大约为 5%,随着在社会上参赌越来越便利,估计流行的趋势还会加大。嗜赌成瘾(Problem and Pathological Gambling, PG)的原因究竟如何解释呢? 以往的观点只是归于家庭环境或个体经历的其他社会环境的影响,通过从越南 Era 双胞胎登记中心获得的 3 359 对样本的研究,以此估计家庭环境和基因分别对寻求赌博刺激偏好的影响程度。结果显示:第一,遗传因素是主要原因之一;第二,导致嗜赌严重成瘾者存在可以单一对应的基因"缺陷";第三,同时出现嗜赌成瘾与其他精神症状——行为紊乱(conduct disorder)、反社会的人格紊乱(an-

---

[1] 位于蒙大纳州的圣路易斯医疗与研究分部(Medical and Research Services, St. Louis Department of Veterans Affairs Medical Center), St. Louis, MO 63106, USA. seisen@im. wustl. edu。

tisocial personality disorder)以及酒精滥用/依赖(alcohol abuse/dependence)——两类行为表现的部分解释原因,可归于同时对两类行为(both PG and these other psychiatric disorders)都有影响的基因。Eisen 等人的机理解释也是:嗜赌行为的神经生理机制与遗传的关系源于基因决定的神经递质(如多巴胺)。

实例表明,寻求刺激的倾向或者说"乐于享受不确定性"的风险偏好存在基因这一经验基础。赌徒或者容易嗜赌成瘾的人,第11号染色体的 D4DR 很可能就要长一些;同理,风险厌恶者的可能就要短一些。

从上述实例可得出如下结论:第一,对人类而言,其每一个个体的探索求新行为偏好是与生俱来的,这种先天的探索欲是由于基本生存压力造就并经自然选择而保留延续的。人类每一个个体都有着强烈的探索欲,只要机会和条件具备,其大胆探索、尝试行为会充分发挥和表现。第二,虽然个体之间存在的偏好差距许多都取决于遗传基因,但是偏好差距与基因的关系却独立于民族(地区)因素。或者说,从民族国家或地区的对比来看,被基因决定的"人性偏好"在各群体中的分布是一样的。第三,无论从生物机理还是动物行为特征看,"创新"行为对于人类而言并非稀缺。至于为什么原本不稀缺的"创新"行为总被人们认为非常稀有,只能从后天因素中查找原因,正如我们在前面所说的后天的环境①。

第三节 认知在企业技术创新中的角色:一个模型

在这一节里,本书把组织模型描述成一个解释系统,用以表明在一个产业里关键参与者的博弈方式。论证了参与者的解释系统

---

① 赵亮、朱宪臣:《企业家创新行为的经验研究》,南京理工大学应用经济研究所,http://web.cenet.org.cn/web/iaer/index.php3? file = detail.php3&nowdir = &id = 48088.

相互作用的形成方式以及技术演化被塑造的方式。

一、解释系统的组织

为了构建认知和技术演化模型,必须利用早期把认知与企业行为联系在一起的一些研究成果。这些模型(Daft and Weick, 1984;Foster and Kaplan, 2001;Huff and Barr, 2000;Kiesler and Sproull, 1982;Ocasio, 1997)都具有共同的特征:决策的制定者和他们的参考框架,决策的制定过程,包括扫描、注意、解释、决定、行动等形式;参与者所察觉的信息环境,其他相关因素如群体动力,一系列在环境或者参考框架下联系行动和改变结果的反馈回路。在某种程度上,图4-4勾勒的模型并没有与过去提出来的广义概念有本质的不同,过去的这些概念都是满足特定的需要而跟技术变化现象联系在一起。在这里,我们简要描述了模型的元素,讨论了运用关键参与者的方法,也讨论了每个参与者解释系统相互作用而塑造技术演化的方式。

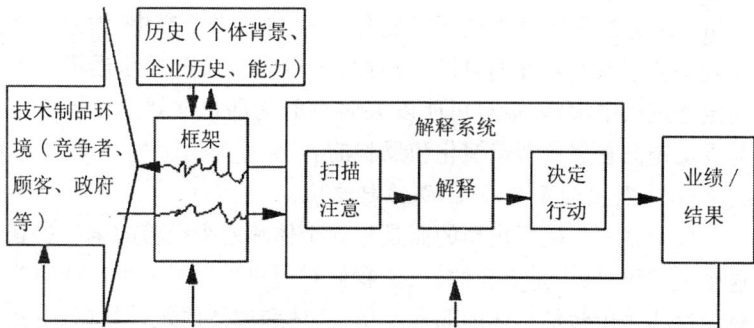

图4-4 参与者解释系统相互作用塑造技术演化的方式

资料来源:Sarah Kaplan and Mary Tripsas."Thinking about technology understanding the role of cognition and technical change ", working paper, http://web. mit. edu/ipc/publications/pdf/03 - 007. pdf, 2003.

（一）信息环境

信息环境包括所有共同的因素,如竞争者、供应商的活动、政府的政策和规制、宏观和人口统计的趋势、顾客需求、资源和能力(相对公司而言外部和内部的)等,但也必须强调一下,技术的人工制品本身既是一件真实的现存产品,也是一种技术能力或者决策启发式、一种专利或者一种能表征未来技术萌芽的科学出版物。最重要的是信息环境并不能清晰而容易地识别市场需求信号并传递给生产者,也不能把技术的本质信号传递给用户。实际上,正是这种不确定性才把认知框架引入技术的演化。

本体论的一些争议围绕框定①过程是否能提出客观的、事先给定的环境,是否现实是更多社会性的构建,但都认为认知框架能或多或少地解释信息,学者们可以确信的假设是映射过程歪曲了一些客观事实(Hambrick and Mason, 1984;Prahalad and Bettis, 1986;Sutcliffe, 1994)。另一方面,社会构建主义者用更多决定论的观点来看待这个问题,认为认知映射不能表征基本的现实而是构建它(Bougon, 1992;von Krogh and Roos, 1996)。我们相信采取折中的办法研究技术创新是最合适的,在这个研究中,大致的同意就是客观现实最好的判断。因此,不可能全面客观地运用到不确定性过程中解释,很有可能以某时点的局部化框架来分析信念与人工制品是怎样塑造演化和反映的。

（二）历史的重要性(框架的起源)

框架并不是随意出现的而是先前个体和组织经验的编码。在这个模型里,历史是重要的,虽然我们对历史采用了一个广泛的概念。这些历史包括个体的职业经历、个体和群体的统计数据、企业

---

① 指背景对似然估计的影响。一些决策可能受问题或者信息的措辞或者表达方式影响。大部分人都是框定依赖型,从而使他们的方法只限于某一个角度,只会选择一条快速明显的方式来定义他们自己提出的问题,从而限制了他们对问题提供的答案。Tversky指出,选择的可能性不是依赖于事件本身,而是对事件的描述,依赖于其描述的明确性。

的能力聚集。不同的个体、团队、企业或者产业都有不同的背景，而这些背景产生了知识的聚集，同时当这些因素被编码到参考框架中去时，这些个体也强化了对其他个体的影响。

在我们的分类中，统计数据既体现了历史，又显示了技术变化对企业的塑造。Tushman 和他的合作者（Tushman and Rosenkopf, 1996；Virany, Tushman and Romanelli, 1992）发现那些能成功管理主要技术创新的企业在团队权限和背景方面具有更大的易变性或者说在关键时刻能替代高级管理团队。Dougherty(1992)认为，不同部门的人员有不同的想法，从而导致在新产品开发项目上有不同解释的冲突。从这一系列研究中可以得到的启示是，这些新的团队具有不同的个体历史和集体历史甚至不同的参考框架。更深化一步的是，统计数据是认知框架的代理（Ancona and Nadler, 1989；Norburn and Birley, 1988；Virany and Tushman, 1986；Wiersema and Bantel, 1992）。这些研究论证了体现在统计数据中的个体和团队历史和参考框架是紧密相连的。

企业历史之间也有相似的联系，体现在企业已形成的能力和组织的集体框架中。企业的本质是过去经验的积聚（Dierickx and Cool, 1989），影响到对企业应该承担相关和可能事物的解释，而且技术管理的文献提出新进入者和任职者具有不同的能力（Chandler and Hikino, 1990；Freeman and Soete, 1997），这些能力影响到技术涌现领域内的表现，与认知框架的联系常常并不是很明确，虽然 Arrow(1974)做的案例表明已创建的企业会使用现存的信息处理能力而不是发展更有效的方式，因为在短期运行中成本太高。其中一个值得注意的特例是，吸收能力的概念（Cohen and Levinthal, 1990）被扩展到运用解释企业的绩效，而绩效是指在动荡环境中企业评价、解释、运用信息能力的好坏（Houghton, Stewart and Barr, 2000）。

类比可以减少决策的不确定性，在认知简化过程中，历史本身常常可以证明(Schwenk, 1984)。虽然在技术管理的文献中很少提起类比,但是在政治科学和认知心理学中有大量关于在高度不确定或者不稳定环境下类比的使用的文献。类比来源于个体和集体的历史,如最优项目、过去的关键事件、先前成功或者失败的模型。然而,在高度复杂的环境下,这些类比可能潜在过于简化,同时也具有表征的局限性(Kahneman, Slovic and Tversky, 1994;Schwenk, 1984)。

纳尔逊和温特强调了历史的重要性,认为经济组织建立了一种进化模型,描述了历史的积累变化过程(纳尔逊和温特,1982;温特,1990)。在纳尔逊和温特看来,大规模现代企业凭借生产竞争力以及知道该怎么做的能力,成为创新的重要驱动者。支持组织竞争力及其创新过程的是它的常规规程,它是一种遗传密码或组织记忆。在关于国家创新体系的实证研究中,纳尔逊(1993)认为,技术创新并非来自外部力量,而是植根于国家的历史遗产中。具体地说植根于科学研究机构和企业组织中。与汉南和弗里曼不同,他宣称:机构、组织和历史本身都有助于激发技术、市场和组织的创新,所以并不奇怪,温特对过去的成就和制度化常规使用了一个积极的比喻:"遗产",而不是"惯例"。

(三)组织作为解释系统

由于框架在组织的解释系统中起的作用一样,框架本身也有影响。利用 Daft 和 Weick(1984)的模型和随后的同类一些模型(Foster and Kaplan, 2001;Huff and Barr, 2000;Ocasio, 1997),人们认为组织解释过程既涉及个体也涉及集体对环境的扫描、注意、解释、决策、行动。

第一个阶段——扫描,即数据收集,是最基本的,它既与人们看到的事物有关,也与注意或者专注的事物有关。因为环境的输入是无限的,对收集什么样的数据的选择是关键的。相关的竞争集是什么? 应该注意哪种顾客? 应该使用哪种衡量标准作为基准业绩？应该收集哪种技术？这些决策对定义进入解释系统的信息是至关重要的。第二个阶段——解释，即解释这些数据的意义。在这个阶段，对相关数据的诊断和信息产生影响：新技术是威胁还是机会？是提高了竞争力还是破坏了竞争力？是突变还是渐进式变化？这些新的规则是有利还是有害？新进入者是否引起了新的实质性挑战？这些分析不但出现在个体水平上，而且还涉及为了某种解决方案即使不能达成完全一致意见也要达成集体意见的过程，这个过程将导致决策和行动的第三个阶段。部分的决策过程本身是选择集的定义：是否能够打破隔阂来追寻新的技术？是否能够靠大额定单来减少在重大项目的投资？在每个阶段，在生产者或者用户组织中的个体和集体的框架对有利条件和不利条件进行了定义。

管理团队被认为是分散信息的系统，这种系统有各种不同解释和决策，而不仅仅是个体认知属性所隐含的东西，这些都依靠在群体内决策的组合方式(Hutchins, 1995)。那些研究传统的组织理论专家认为知识不仅仅为个体水平拥有，而且体现在社会语境中(Kogut and Zander, 1992)。在这里，并不是使组织本身作为认知物来具体化，而是表明集体框架以及最终的集体决策特别是在不确定条件下是怎样通过个体的相互作用出现的(Spender, 1998；Weick and Roberts, 1993)。

我们也认为这个过程不仅是集体的而且体现在不能分离的语境中。解释过程不是线性、一次事件，而是循环和反复的。解释过程的结果影响环境和改变技术产品。然后这种新的环境通过改变产生新结果的框架来重新解释。这种来自社会语境中不可分离的认知概念对理解技术有很好的启示，因此不存在一种普遍的技术环境强加到管理决策的制定，也不存在独立于局部决策的技术需要。这些局部决策都打上了社会因素，如能力、历史(Porac, 1997)和实践(Carlile, 2002)的烙印。

二、关键因素和解释系统

对于某种技术,不同的社会群体的解释系统在长期中影响技术的演化(Bijker, 1987),而且有许多种相关的社会群体。在这里,考虑三类因素即生产者、用户、媒介对技术相互独立的影响。这一节,将考虑这些各种不同因素的解释性以及评论现有的实证,见图4-5。本书认为生产者、用户、媒介的解释系统和技术塑造了技术演化。

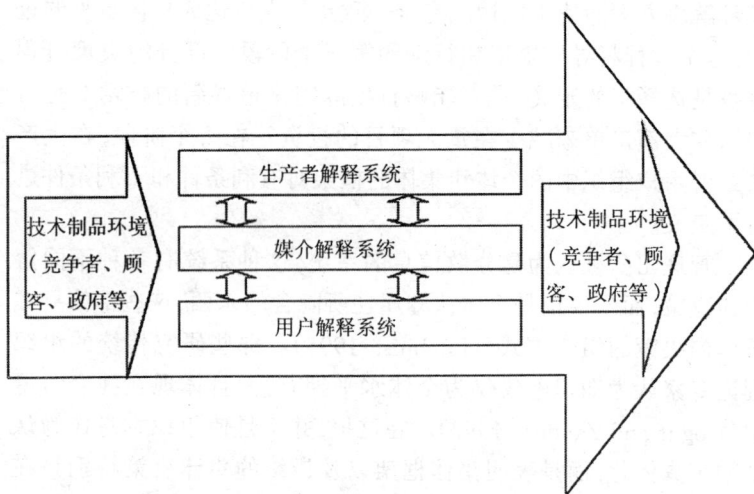

图4-5　技术的演化:生产者、用户以及媒介解释系统的相互作用

资料来源:Sarah Kaplan and Mary Tripsas. "Thinking about technology understanding the role of cognition and technical change", working paper, http://web.mit.edu/ipc/publications/pdf/03-007.pdf, 2003.

(一)生产者的解释系统

大量的文献证明当企业在适用新的根本技术变化时所面临的困难(Klepper, 1996; Tushman and Nadler, 1986)。在这些文献里,对于现存的企业和新进入的企业,多大程度上哪种企业将生存下来存在很大的争议。在一系列行业里,包括手表、磁盘驱动器、照相平版印刷术、计算器、半导体和机车,当新的技术进入市场时,新的进入者替代已有的生产者作为市场领导者,但是,另外一些研究工作表明已有的生产者能够生存下来而且更加繁荣(Christensen, Suarez and Utterback, 1998; Tripsas, 1997)。大部分研究资料对现存企业反应的解释是根源于企业行动的经济学和行为学。如果对现存的理论从认知的视角来理解,我们将更好地理解这些结论,对新技术的决策涉及很高的不确定性和模糊性。这种不确定性存在于技术的业绩路径、研发技术的成本、技术的最终用途、潜在市场的规模以及其他事件中。企业很难注意到一种新技术,即使注意到了,也很难了解它的重要性,或者说很难作出投资决策。这就意味着管理者的感觉很有可能影响到企业在面临技术变化时的活动,如认识过程、解释和价值的评估。

　　大量的实证研究表明企业认识过程影响到它对技术变化的反应。对企业失败的已有解释常常集中在抑制企业行为的惰性因素。更极端的是,那些具有高度惰性系统特征的企业更加无法适用技术变化(Hannan and Freeman, 1977)。另外一些学者认为企业能够适用,但是受到已有惯例的约束(Nelson and Winter, 1982),企业的能力是变化很小的,因为学习是基于局部的搜寻过程(Levinthal and March, 1993; Levitt and March, 1988、1996)。现有的信息处理常规和交流方式限制了企业的研究范围。当企业特别面对新的技术时候,企业很难偏离它熟悉的领域,把专利分类和引用作为已建立的局部企业的标准表明企业的认识更接近于它熟悉的技术领域(Podolny and Stuart, 1995)。

　　然而,这些基于经验的认识选择无不跟认知选择联系起来,每一种选择影响其他选择的演化(Gavetti and Levinthal, 2000)。因此,认知框架对生产者在新领域的认识方式有重要的影响。例如,工程师在研发新产品过程中,沿着已有的设计时,他们面临一系列选择(Clark, 1985)。在这个过程中,他们问问题的方式和问题空间的定义都是基于已有的方式,这些都被编码到企业的建筑学知识中,这些启发式是很难改变的(Henderson and Clark, 1990)。在执行新的照相平版印刷技术的时候,已建立的企业更有可能利用前一代的技术,而新的进入者利用新的技术,获得了更好的效果。同样,由于资源依赖原理,在磁盘驱动器行业的企业也没有投资到新的技术领域。Christensen 和 Bower(1996)解释了这种行为,认为当企业主要依靠产生当前利润的主要客户集的时候,这些客户就会对企业行为施加过度影响。如果新的技术对客户有价值,那么企业就大量投资在这种技术上,如果客户对新技术的评估没有价值,企业将忽略潜在的有吸引力的机会,就很少投资到这种技术上。虽然 Christensen 和 Bower 没有明确讨论认知,但是含有认知解释的成分。基于已有的框架,已有的企业更多注意现有的客户,没有意识到新出现的客户群体,新企业由于未受背景的阻碍,有着不同的框架,更多的注意力在新的客户上。

认知也通过企业已形成的局部专业化特征对搜寻过程产生重要影响。在对新的技术领域形成判断时,管理团队利用一系列企业信念:企业能力的信念和企业营利的方式。这些信念影响到策略行为。例如,宝丽来公司学习到了在数字成像新学科领域的知识,因为管理团队相信研发新的技术是企业最强的能力(Tripsas and Gavetti, 2000)。管理者在"局部"搜寻过程中有自己的框架,这个框架包括根本不同的技术。管理者把局部搜寻认为是企业内社会性的构建,而不是被技术特征所预先支配。企业的管理信念也影响对技术和环境的解释。例如,在新技术涌现时,那些把生物技术革命看得比制药公司的核心业务更重要的顶级管理团队更有可能做出重大的投资,这些形式包括专利和科学出版物(Kaplan, Murray and Henderson, 2003)。在另外一个案例中,当管理执行者感知到技术对公司的相对重要性时, 他们很有可能重视与潜在技术联盟相关机会的价值, 同时减少他们的风险(Tyler and Steensma, 1995)。企业对新技术的反应方式也决定了技术被认为是机遇还是威胁(Dutton and Jackson, 1987)。在报业面对网络的反应研究中, Gilbert(2002)发现, 如果企业把新的技术作为一种威胁, 企业更有可能投资它, 然而, 这种投资是"苛严的", 是基于现存的产业模式。结果, 报业失去了在网络上许多潜在的新收益, 相反, 还必须复制它们在在线环境中的商业模式。

同时, 企业在对新技术进行评估时也受到社会因素的影响。个体也许最初拥有自己的信念集和对新技术的评估惯例, 共同可接受的产业信念的物质化和评估惯例形成了新的个体现实(Graud and Rappa, 1994)。例如, 在照相影印行业, Henderson(1995)发现, 对技术极限的产业预测基于一套可分享的假设, 虽然这些假设错误的。对渐进性进步的积极探寻, 导致了具有物化性、默示性、想当然的关于构件性能的知识形成, 半导体企业需求的未预期变化打破了感知约束。Graud 提出, 为了将来创造新的机会, 企业家可以通过心智过程有意脱离已有的对技术轨道的理解, 也许这些行为在当前语境下不是最佳的。通过这种方式, 他们创造了新的现实, 在人们熟悉的 3M 公司的报事贴便条的案例, 他们认为这种创新不是机遇行为而是对发明者的部分内容进行细致的尝试来形成一种新的可能性。

影响企业在新一代技术成功的最后一个因素是企业是否具有发现创新价值的能力。企业是否能够使新技术商业化, 如抓住它的经济价值。现有的工作已经表明附属资产的重要性, 如商标、分配渠道、附属产品(Mitchell, 1991; Teece, 1986; Tripsas, 1997)。我们认为商业化的选择受到过去框架的约束。最好的管理团队将会形成企业营利方式的一系列分享的信念。在执行新的技术时, 管理者将把商业化成功的预期归功到这套共享的信念。即使这些信念与新的环境不匹配,管理者发现很难改变它。例如,在对两个铁路公司进行纵向比较时,Stimpert 和 Huff(1992)发现两个公司对新的环境都有所认知,能够把环境的变化与公司战略相结合的企业越能成功。同样,Trpsas 和 Gavetti(2000)发现宝丽来的上层管理团队在克服在关于数字影象技术商业化的特定商业模式的功效的信念中经历了不少困难。

(二) 用户解释系统

在理解技术推动和市场拉动对技术演化过程同等重要性过程中,20 世纪 70 年代末至 80 年代初关于技术推动和市场拉动相对重要性的争论已经解决(Mowery and Resenberg, 1982)。然而,从那以后,技术的传统管理更多关注生产者对技术演化的影响(Basalla, 1988;Dosi, 1982),很少强调需求方面。特别是把用户组织作为认知系统的研究还很少。然而,另外一些相关的研究惯例(技术的社会构建、创新的扩散、信息技术的采用)都归因于人们对用户对新技术采用的考虑,也暗示着认知起了很重要的作用。

因为新技术对用户本身来说是"可疑的"(Weick, 1990),用户很容易在使用中感知。Orlikowski 和 Gash(1994)认为:在技术的相互作用下,人们不得不理解它,同时也是制造感知的过程,他们会形成特殊的假设、预期和技术的知识,而这些反过来又会塑造技术本身。用户的感觉形成方式类同于企业的感知方式。用户组织也充当了注意、解释、行动的解释系统。在新颖而快速变化的产品目录里,人们常常并没有个人的体验来评估或理解产品的属性(von Hippel, 1986)。用户通过形成认知分类来理解新奇的产品,而这种认知分类是基于已察觉的相似性质来对新的产品分类。他们利用先前产品的经验来对这些产品进行评估(Das and Das, 2001)。当人们看到一种产品的熟悉用途时,很少有时间考虑产品的其他用途。

对用户和技术的研究一直陷入长期的争辩,这场争辩是围绕是采用决定论的观点还是自然发生的观点。在大量的文献里，用户的特征是消极的技术吸收者。特别是在分散模型中分析了新技术是怎样通过潜在的技术吸收群体来形成的，是技术采用者选择还是直接采用技术。在对已有的关于技术分散理论的 4 000 份研究论文中，Rogers(1995)认为创新分为 5 个阶段：知识、说服、决策、执行、证实。认知的重要性是在第二个说服阶段。在这个阶段中，创新的 5 个感知特征(相对优势、兼容性、复杂性、实验性、可观察性)影响到用户的决策。用户对创新的感知既受先前产品的驱动也受公共信息资源的驱动。Pinch 和 Bijker 对技术的社会构建系列研究也表明用户的解释深深地影响到技术演化的本身(Bijker, Hughes and Pinch, 1987)。例如，在穆格电子琴的发展过程中，顶级演奏艺术家如 Beatles、Emerson、Lake、Palmer 的看法促使了钢琴的格式键盘作为输出装置标准化，尽管穆格自己对最初的想法举棋不定(Pinch, 2001)。

另外，认知在执行阶段也起很大的作用，Rogers 把它叫做"再发明"，即在技术被采用的过程中，用户对创新的某种程度上的改变或修改(Rogers, 1995)。但是早期扩散理论的大量研究认为再发明不会出现，最近的研究开始以更加开放的视角来研究这种现象，Rogers 举了马被平原印地安人接受的例子。在马被引入以前，平原印地安人常常通过套上挽具的狗来运输货物。马是 16 世纪中叶由西班牙的探险者引入的，西班牙人主要是把马用来骑的，印地安人并没有复制这种行为；相反，他们察觉到马是狗的替代物，开始把挽具套到马上，而不是骑在马背上。实际上在许多印地安人的部落里，马在字面意义上仍然是指狗。在单车的早期发展例子中，妇女和老人对单车的使用练习与年轻人的方式和勇气这种观念相互作用塑造了我们今天的单车(Pinch and Bijker, 1987)。在用户创新的广泛文献中，von Hippel 也认为在广泛的语境下用户的创新作用(von Hippel, 1986；von Hippel, 2001)。虽然 von

Hippel 主要研究创新的经济因素,最近的研究也表明用户企业家在新技术的早期阶段的创新作用,在这个阶段里,用户的感知特别重要,用户需求的表达是很模糊的和困难的(Tripsas, 2001)。

在信息技术的吸收研究中,许多学者认为用户对新技术的理解方式和技术影响结构的方式以及企业的惯例依次塑造了技术本身(Griffith, 1999;Orlilowski and Gash, 1994;Zuboff, 1988)。这些新技术的执行被认为是回归的过程,在这个过程中,用户通过自己的经验对新的技术赋予新的意义,也导致了部分大写用户组织的社会重构(Barley, 1986)。在对美国 Lotus 公司技术采用的文献研究中 Orlilowski and Gash(1994)发现,在技术吸收组织中,不同的群体拥有不同的技术框架,因而对新技术的理解方式也不同,从而反过来改变技术本身,也导致跟最初的执行计划相背离。

(三)媒介解释系统

上面着重分析了技术演化时生产者和用户的互动。显然,很多其他因素也在技术的演化起着关键的作用,如互补的生产商、商业协会、规制者和金融制度,这些制度和生产者、用户、技术协同演化(Geels, 2002;Rao and Singh, 2001)。现在更多学者考虑到不同媒介的作用,但很少从认知这个角度考虑。

在耳蜗的移植(Murray and Kaplan, 2001)、生物技术(Murray and Kaplan, 2001)、风力涡轮机(Garud and Karnoe, 2003)的案例研究中,制度常常是社会机制的源泉,它塑造了技术的不连续性。政府的决策决定了它的独占性,金融市场在产品物质化以前已对新的技术进行了融资,大学已对它的可行性进行了技术论证,测试中心创建的性能尺度或者规制者创建的设计规制,这些都会形成许多社会证据的形式来表明它的合法性,也解决了博弈者之间的不确定性。

在一些案例中,面对技术变化时,对企业的制度动因策略反应解释,暗示管理者的认知起了关键的作用。美国国内税收部门引入个人收入税收返回的电子档案系统案例中,企业对它的紧急性、易理解性、管理性的解释影响了技术的投资(Ginsberg and Venkatraman, 1995)。麻醉品管理者对批准的新药标准感知的变化不仅决定了什么样的麻醉品进入市场,而且决定了制药公司研究目标领域(Bodewitz, Buurma, and De Vries, 1987)。在促使解除航空管制的各种环境因素中,制度上的变化驱使航空公司变化,这个过程是通过认知不协调造成的紧张解决机制实现的(Bacharach, Bamberger and Sonnenstuhl, 1996)。

媒介中的互补物在技术的演化中也起着关键的作用。许多产品或者技术必须和互补技术联合才能运行,如计算机、软件和微型处理器的复杂系统,照相机和胶卷,手机和无线基础设施。学者们指出,技术演变的方向能最终被补充者的行动所塑造。举例来说,在 VCR 的例子里,由于产品技术和市场的复杂性,市场偏好会较慢的显现。而 VHS 和 BETA 版本的竞争最终将通过 VHS 生产商的补充性的产品联合战略产生流行效应最终压倒 VHS 形式的市场而取胜(Cusumano, Mylonadis, and Rosenbloom, 1992)。但是,关于补充方式怎样影响生产者、消费者和技术革新本身,论及的很少。从认知的视角来看,补充方式起初被视为工业结构的一部分,它影响着感知的自由度和技术革新的潜在路径。但是,补充框架似乎会对技术变革产生影响。从技术发挥作用的功用来看,人们的认知框架会产生如上述情形与生产者和消费者的模式(或两者的混合)相似的影响。

三、解释系统的相互作用

假定厂商、用户和中间商作为不同的解释系统相互作用,由于各个参与者(个人或组织)的历史背景各异,认知框架也有显著不同。这里本书进一步指出,对技术变革确切的理解需要研究解释系统的相互作用。认为技术演变一直在不断被解释框架的综合作用所塑造。同时,技术产品以及其相关的知识和惯例以协同演化的形式塑造了解释框架。虽然管理学者已经提出了技术演化的协同模型(Garud and Rappa, 1994; Tushman and Rosenkopf, 1992)，但是本书认为应该更加注重认知的作用。

在技术管理领域，多数人都认可认知和社会力量在技术演变过程中的作用。我们知道，当一确定的产品(如一主导的设计)问世，技术也会被流传和理解。但是，不确定性和解释的灵活性将贯穿始终。厂商、用户和媒介会一直努力解释技术的含义并基于这些解释采取行动。例如，在发现对技术局限的理解错误后，照相平版印刷(法)定位器的设计者又会重新评估技术的潜力(Henderson, 1995)。同样，甚至在最初综合时期之后，Lotus Notes 的采用者仍在不断地反复理解它的功用和意义(Orlikowski, 2000)。

在我们的模型中，技术产品表征了厂商、用户和媒介三方围绕技术所进行的编码。厂商不断地观察环境，环境包括技术、用户和媒介。他们通过自己特定的认知框架或信念来理解环境，然后制造技术产品。同样，潜在的用户观察产品和整个环境，并利用他们的认知框架来筛选现有信息。他们解释这个产品是什么，它是做什么用的，它应怎样使用，它会带来什么样的价值。然后用户做选择是否接受或使用这项技术。媒介也常是依据自己对技术的理解考虑怎样行动，以及规范和发展互补产品作出选择。

虽然参与者间的相互作用肯定能影响各自的信念，但参与者总是被动的，他们收集数据，解释信息，并未试图修正其他组织的理解或行为。传统的市场调研办法(Urban and Hauser, 1993)是这种被动作用的一个例子，它只是为了确定消费者的偏好，而非创造或塑造偏好。在管理学的认知文献中，相互作用总是被动的，而参与者成为自己认知框架的牺牲品。我们认为，此类互动应更加具有自觉性和策略性。用更有目的性的行动来影响其他参与者的感知和行为，通过这种方式，能为企业创造比较优势(Rindova and Fombrun, 1999)。

在与用户沟通使其理解新技术的过程中,厂商的作用尤其重要。在这变革的时代,厂商能影响消费者对产品的价值判断(Das and Das, 2001;Tushman and Rosenkopf, 1992)。第一个进入市场的厂商可能利用先行者优势,引导消费者的偏好,制定产品的标准,使其获利(Carpenter and Nakamoto, 1990)。厂商也能影响产品分类来利于其发展。在对小货车的种类演变的研究中,罗莎(Rosa, Porac, Spanjol and Saxon, 1999)等人表明,当商标确定,即一旦在厂商、用户和媒介达成共识,即使产品本身没什么实质的变化,有商标的小型货车常受到更多的市场认可。朱可麦(1999)也指出商标的重要性,那些未被华尔街的研究分析家清晰界定的企业,由于价值创造的"非法性",股票价格都大打折扣。

我们认为,这些有目的性的互动呈现多样化的形式。最强烈的相互作用体现于厂商和用户(有时和媒介)间创造性活动的深入融合。在这个例子中,当厂商和用户在共同解决问题和试验时,他们的学习过程也联系起来了。当参与者间紧密作用时,他们的认知系统的各个方面就相互影响。当扫描、注意、解释和行动都成为衔接活动时,那么就会发现,关于新技术的信念和相关惯例会更加连贯一致。厂商也因此能对用户的感知产生很大影响。

至于相互作用的例子,如快速的样品化以及由厂商赞助的用户创新,可以通过对样品进行试用来测试产品,尽管这是一种常见的获得产品反馈信息的方式,但是,这种快速的类典型化却涉及一系列不同层次的约定和相互作用(von Hippel, 1986)。在快速的类典型化过程中,产品的设计方案在厂商和用户间快速地连续来回交换修改,同时也包括中间用户的反馈意见。这种反复的产品设计方法越来越多地应用于软件环境中,降低了设计的修改成本。技术的进步比如软件建模的使用催生了另一种集中相互作用:通过向用户提供一些开发工具,厂商可以激励用户去创新(von Hippel and Katz, 2002)。例如,在某些特定型号的半导体芯片开发过程中,用户可以利用厂商提供的工具定制自己的芯片(Thomke,1998)。尽管认知方式并不是这些研究的焦点,但是通过以上的例子已经可以看出这种双重处理问题的方法,导致厂商和用户对于技术有着共同的创造感。对于这种相互作用的有效性,尽管研究资料很有限,但在 Garud 和 Karnoe(2003)对于美国和丹麦的风扇的革新的研究中,他们发现,丹麦公司运用一些已有的技术进行有用户参与的试验,这使得他们比美国公司做得更加成功,因为美国公司往往忽略了与用户之间的相互作用而把所用精力集中在寻找一些革命性的技术。

跟这种强化的相互作用相比,厂商—用户间其他的互动形式就没有那么直接了,它们往往只包括人与人的私下交流。媒体在很大的程度上影响着用户对新技术和产品类型的理解。由于新技术存在于高度不确定性的环境中,媒体宣传可以让用户了解这些技术,知道怎样去归类新技术,怎样去使用这些新技术以及这些新技术将给他们带来哪些有特色的价值。在创新扩散的最初两个阶段(知识获取和说服)中,不确定性是很高的,媒体在吸引潜在用户和说服的过程发挥很大的作用(Rogers, 1995)。为了影响不同用户对于新技术的感知,企业也加入了这些技术的"舞台剧"中(Lampel, 2001)。这些剧目经常以产品发布会或者产品展示会的形式出现,例如爱迪生当初发布他的照明系统或者 Steven Job 推介他的 NEXT 电脑。这些媒体有助于人们形成对于这些新技术的重要性的信念。因此,媒体不止是信息的重要传播者,更是一个用户对技术信念的强有力的塑造者。

生产者同样会通过与互补厂商的相互作用来影响用户的信念。在这场以规模效益为特征的技术竞争中,用户对未来技术的预期对哪种技术将得到市场的青睐起着至关重要的作用(Authur,1988)。如果用户认为这种特殊的技术将最终成为主流,那么他们会对它产生更高的评价。比如,那些租用不同格式的磁带的互补厂商就在 BETE 与 VHS 的竞争结果中起到很大的作用(Cusumano, Mylonadis and Rosenbloom, 1992)。

另外,通过与公共参与者的相互作用,厂商可以影响他人对技术的信念。那些公共参与者对于技术和市场的发展起到非常重要的影响。Rosenkopf 和 Tushman(1998)的研究显示,那些技术共同体(如标准体)对于飞行模拟技术的发展十分重要性。公共认证机构也要规范新技术、产品市场、各种技术市场上的厂商参与者。我们在制度的观念上进一步讨论认为制度影响认知。当厂商和用户基于信息环境下注意、解释和行动的解释过程中时,他们主要依靠各种各样的制度作为信号。以上这些经常在不断完善的循环之中运行,该循环处于微观层次的个人认知与宏观层次的共享认知下制度化过程中,就好像在蜂窝服务提供商与设备厂商衔接的案例,他们是通过技术委员会的管理者作为知识交流的中介来衔接的,因而改善了他们能成为联盟机会的能力(Rosenkopf, Metiu and George, 2001)。

最后,通过协助建立一个有关竞争模式的共同观念,厂商们可以影响竞争者的感知,甚至间接影响用户的感知。在协商建立新的竞争环境的过程中,厂商们把其认知领域的其他成员的活动或者其他策略群体的行为因素放入自己的决策策略加以考虑(Porac, Thomas, Wilson, Paton and Kanfer, 1995)。他们经常模仿这些厂商的行为(Bogner and Thomas, 1993)或者利用竞争行为来显示自己的重要性,这为认知领域的改变扫清了障碍(Greve, 1998; Greve and Taylor, 2000)。然而,环境改变的同时,厂商的竞争观念却变得很慢。以金融中介服务为例,即使解除行业管制已经使产业发生转变,管理者常使用的是那些反映老产业边界的过时的认知映射。不幸的是,对于这些管理者们,新的技术往往使产业边界转移而形成不同的集合,这些集合包括竞争者和相关其他参与者(Reger and Palmer, 1996)。可是,基于一系列的不断的相互作用,在同一企业里的管理者可能会建立新的集体感,来判断哪些参与者对他们来说是重要的以及哪些企业已经成为他们产业的一部分或者是决策群体的成员(Lant and Baum, 1995; Peteraf and Shanley,1993)。通过影响这个过程,生产者对产业的演化有很大的影响。

第四节 PDA 案例研究

个人数字化助理(PDA)这个案例①能阐述在技术演化的过程中,不同认知解释系统相互作用的动态过程。PDA 经历三个重要的发展阶段,从开始出现到主导设计,再到向相关设计集成的趋势(如手机)。在这期间,生产商、用户和中间商间相互作用,形成了技术的演化。

一、PDA 的三个发展阶段

(一) PDA 的出现

John Sculiey,苹果公司的前总裁,1992 年第一个使用"个人数字化助理"或 PDA 这个概念,IDC(互联网数据中心)的工业分析家在 1996 年仅把 PDA 产品认定为一产品种类。PDA 的先驱可以追溯到 20 多年前,1976 年投放市场的书本电脑,1982 年的 Hewlett Packard75,还有一系列小型笔记本或可携带式膝上电脑:1982 年的 GRID 指针 1100, 1983 年的 NEC PC - 8000。到 20 世纪 80 年代末,Jeff Hawkins, Palm 公司和后来的 Handspring 公司的创始人,发布了笔写式的 GRidPad;Atari 公司生产了 Portfolio。虽然这些产品相对来说都不太成功,不久被市场淘汰,但是它们包含了笔写式的界面、接触和日历功能,后来又重新出现在早期的

---

① Sarah Kaplan and Mary Tripsas. "Thinking about technology understanding the role of cognition and technical change", working paper, http://web.mit. edu/ipc/publications/pdf/03 - 007. pdf, 2003.

PDA中,例如,1993年苹果公司发布的不成功的Newton产品和Palm Pilot产品。这种Pilot产品是第一类成功的PDA产品,它包含了代替日历和记事本的基本功能,并使用了高级的Graffiti手写识别软件。PDA产品的成功是源于技术的改善(如Graffiti和掌上操作系统),从Hawkin在GRiD的早期经验中的关键洞察:Palm Pilot产品将是用户个人电脑的补充而非替代,Pilot产品最终取得了成功。这种Pilot产品又赢得了《新闻周刊》的"年度高科技小发明"和《信息周刊》的"97最重要产品"称号,并投入产业化。Jeff Hawkins反思这些成功时说道:"那时,几乎每次尝试制造手携式的产品都失败了,我们的希望仅仅是在市场立足。"

(二)PDA向主导设计发展

Palm公司于1997年才开始得到操作系统(os)的许可证,然后,市场竞争也就迅速展开,愈发激烈。之后一系列主要基于扩大内存、提高屏幕质量,改进兼容性和设计的新产品相继问世。试图为掌上电脑操作系统建立起关键技术标准,从而可以提高它的售价和许可证收入。掌上电脑积极地发展了它的开发商联盟。从1998年的近3 600名开发商,到2003年1月份,这个数目超过了260 000名。这些开发商生产了众多应用程序,供用户根据自己的需要来定制产品。包括加入了游戏、电子图书、费用账目记录、医疗病护记录、酒藏目录、给医生诊疗的医学参考、纽约的地铁地图、卡路里计算器、旅馆费用计算器、卡车队追踪记录等功能。掌上电脑通过掌握应用程序的发展状况,来了解用户对PDA的最终需求。

此外,Palm公司还迅速改善掌上电脑现有的各种性能,包括扩大日历和邮件的功用性以及电子图书的容量等。激烈的竞争开始出现,其中包括Handspring公司,它是掌上电脑公司的初创人(Hawkins and Dubinsky)在Palm公司被3COM公司并购后离开Palm公司重新成立的新公司。有趣的是,当Palm扩展它的功能以赢得竞争之时,一些分析家却批评公司,说其试图涉猎所有产品,而不专注于设备市场。在早期的竞争,其他的竞争对手纷纷注册 Palm OS,在 20 世纪 90 年代后期,使用 Microsoft Windows (CE)操作系统占据市场。CE 早期的版本,如 1993 年 Compaq Concerto 公司投放市场的产品,或是 1996 年 Askey Piccolo 公司投放市场的产品都普遍很臃肿。但到了 1998 年,Compaq、Hewlett Packard、LG 电子、Philips、Sharp 和众多小制造商都发布了 Windows CE 设备。虽然它们中很多只是小型笔记本,还不算 PDA,但越来越多合格的 PDA 出现。到 2001 年,甚至 Palm 的首席执行官 Michael Mace 解散 CE、OS 是因为"它并不像过去那样受人排斥"。

人们可以看到,袖珍个人电脑设备正以 3 倍级数的速度增长(到 2001 年 3 月,Compaq 的设备增加了 426%,HP 的设备增加了 195%,Palm 的设备下降了 2.5%),而且占据了超过 10% 的 PDA 产品市场。基本来说,这些设备运行功能和 Palm 产品相似(提供所有相同的核心软件)。差异开始消逝:CE 设备中的电池起初效能不佳,Palm 产品原来不能处理微软办公文件,随后,CE 设备改善了电池性能,Palm 产品也运用了数据 VIZ 技术,使办公软件的处理得以实现。到 2001 年末,CE 窗口界面的创新速度比 Palm 运行平台的创新速率更加快。由于 Palm 产品相对缺乏创新,所以用户更加愿意去尝试使用袖珍个人电脑。

在 2001 年里,PDA 市场在内存、屏幕品质、重量大小、性价比等各方面都稳步改进。在 Palm 类型上也开始形成了一些共同特征:笔式输入;3~4 英寸长屏幕;底部的 4 个按钮操作常用程序和个人电脑的某些连接形式。一小部分带有键盘的平壳外形仍存在,但不断减少。伴随着对产品特性的探求,竞争无时无刻不在进行着,企业通过推动不同的使用界限,来确定最终用户使用 PDA 的偏好。比如说,索尼投入市场一款 Palm OS – BASED CLIé,它也可以用来遥控电视机 VCR、音响甚至于屋里的照明系统。在这个意义上，主要的竞争领域就不只在 OS，这些功能也成了 Palm OS 和 Windows CE 的主要区别。

（三）PDA 集成的新时期

到 2001 年，加拿大公司出品了"黑莓"设备，它除了具有 Palm 的功能外，还附加用拇指操控键盘来发送邮件的能力。产品的销量在 2001 年增长了 59％，而同期，Palm 产品下降了 2.5％。在某种意义上，这个事件标志着功能集成化和构成因素分散化这一时期的开始。事实上，手机生产商们早已慢慢地进军 PDA 领域。1997 年，Nokia 研制了通信设备 9000，但很快失败了，原因在于其巨大的体积以及更为昂贵的价格 1 000 美元。1999 年，Nokia 批准 Palm OS 平台，同年，Qualcomm 研制了基于 Palm OS 技术的 pdQ 电话(仍然价格昂贵、体型笨重)。但是到了 2001 年，关于价格和尺寸的许多问题至少已经得到部分解决。Kyocera Wireless 公司和三星公司都研制了同样是基于 Palm OS 技术的现在被称为智能电话的第二代版本。这些设备以及接下来几年研制的设备都有一个"clam shell"构成因素，但都强调声音第一，而不是界面中的数据。

到了 2003 年，一些人猜想传统的 PDA 厂商将会被微软排挤到一边，而另一些人则认为传统的 PDA 产业会被手机制造业(拥有一个稳固的分配设施及规模优势，其年销售量超过 4.1 亿台，而 PDA 市场的年销售量仅为 1 000 万台)排挤掉。Handspring 公司被 2001 年的技术衰退唤醒，虽然在组织内部有很多激烈的争议，还是决定完全退出这个行业，转而关注集成化的设备。从以消费者零售为基础的电子设备转向手机类型的设备生产，这就要求需要一个基础设施，还要求供应商有着完全不同的思想和方法，此次转型的反对者认为这样做无利可图。此次争议的一方希望转向生产联合设备，并通过分析击败他们的反对者，该分析表明这种生产设备能够赚取可观的边际利润。主要工业分析会所之一——IDC 指出，Handspring 公司为了一个小得多的市场的极少的份额已经放弃了在巨大市场中位居第 2 的位置。Handspring 公司在联合设备生产排名中位居区区第 5, 只享有世界范围市场份额的 4.1%, 落后于享有 57% 份额的诺基亚、享有 11% 份额的索尼爱立信, 稍低于三星集团和摩托罗拉公司的市场份额。

因此, 三个主要的构成因素正在争夺空间: 传统 Palm 或 CE 设备类型、带有小键盘的黑莓类型、强调电话的使用和接听优于其他特征的手机类型。注意到这场构成因素之战已经在公司之间以及公司内部展开, Palm 公司于 2003 年研制了黑莓类型界面的高级 Tungsten, 同时研制了使用 Palm 式界面的较便宜的 Zire。其他公司也在进行着研发。2003 年, Sharp 公司研制出最新的 Zaurus 设备, 这种设备使用的是基于 Linux 的操作系统, 而不是基于 PDA 和手机之间的模糊界限, 这一转变使得 PDA 向个人电脑的功能发展。同样的, 微软的台式 PC 机正朝着 PDA 的尺寸发展。集成化正沿着几条不同的轨道发展: 不仅仅沿着 PDA 与移动电话相结合的方向发展, 也向后发展, 使 PDA 由补充物变为 PC 机的替代物。2003 年, 分析家们, 诸如在 IDC 的 Kevin Burden 认为: "这是一个多设备世界。由于很多人都选择两种设备, 因此总有空间容纳它们。别以为有一种设备能完全取代另一种设备。"他暗示, 消费者仍然会选择声音功能和数据功能分开的两套设备, 因为人们不愿意为了一套组合设备的简易而舍弃单个设备的卓越功效, 但是他的观点是以有必要在顶尖功能和联合设备之间做出取舍这样一种假设为先决条件。由于在此时, 我们仍处于集成化的初级阶段, 因此答案仍不清楚。

二、解释系统的相互作用

PDA 在这三个时期的演化表明了生产商、用户和媒介是怎样相互作用使得技术沿着不同的方向发展。

（一）生产商

在 Palm Pilot 产品作为第一个真正成功的 PDA 发布出来的许多年前, 不同的生产商曾试图创造类似的产品。这种设备不一定要替代个人电脑的所有相关功能,而可以成为其补充物,这种补充物初步替代诸如日历、地址簿之类的基本功能,这一理念就是由Palm引导的突破。这一领悟在一开始并没有显露出来,因为许多想生产这一设备的公司都是计算机制造商。其历史和能力为以计算机技术和经济模型为主导的潜在技术构建了框架。一旦Palm出现,多数生产商便与技术构成因素和功能的解释系统保持一致。在早期,这种共享的解释系统有助于建立金融市场和消费者市场产品的合法性。但是,在某些方面,共享解释系统却引起了萧条,生产商们便开始在已构建的框架内寻找附加功能。

黑莓的引进动摇了共享解释系统,预示着集成化新时代的到来,以及临时建立的主流设计的瓦解。黑莓代表了PDA应该会怎样的新的解释系统。根据RIM(黑莓的制造者)的助理CEO Mike Lazaridis所说,Palm是一种"旧方法"(关注组织者的作用,以及与OS为中心的方法的灵活性)而非新方法(关注电子邮件与更为广阔的常有功能相联系的信息)。此外,声音传达又为此增添了一丝混乱。Jeff Hawkins(关于Handspring在这一方面)强调了集中化趋势之争:

"人们想拥有一个单一的设备来接受声音和数据通信吗?答案是完全肯定的。人们宁愿要一个单一的设备,也不愿忍受对这种集中设备做出大的妥协。因此,问题是真实的,我们能够设计出一种集中化的设备吗?我们能够设计出一种产品既是好的声音和数据设备又是好的浏览器吗?比较乐观地认为我们可以做到。电子邮件不是至关重要的应用,而是一个重要的应用,但是对于移动电话而言,最重要的应用是声音。"①

很显然,由于集中化在市场上的运用,有着不同历史的不同种

① Pui－Wing Tam. What's Ahead for……Mobile Computing: The creator of the Palm Pilot talks about the future of handheldcomputers. *Wall Street Journal*, June 25, 2001.

类的公司对用户需求有不同的理解:刚刚上市的手机公司倾向于认为声音是首要功能,而拥有 PDA 发展史的公司更倾向于突出数据。对 2003 年的早期集中化产品(Kyocera 7135)的回顾强调了市场和用户需求对组织者和电话谁是主要者的分歧:

"7135 看起来像是一个特大型的手机,有着黑灰、银色外壳。里面的上半部分是一个非常漂亮的彩屏。彩屏下面是一个传统的袖珍电话键盘,键盘顶端有一个区域,用来输入 Palm 的手写认知系统的文本。在 7135 身上,Kyocera 保持了他们的理念,与其他许多竞争对手相比较,他们认为,合成产品首先应该是电话。如果你不在乎电子邮件,7135 就是电话和掌上 PDA 的完美结合。但是用户要是不介意它的重量、厚度和有限的电池寿命,才会购买。"①

三星通信公司美国分公司的高级副总裁 Peter Skarzynski 对事情有不同的看法。他宣称他们的最新设备—SPH‒i500(甚至配置了照相功能)正受到关注:"人们正在关注这一产品并问自己——我为什么需要一个旧式的手提设备?"②

(二)用户

当 PDA 第一次出现时,早期的 Palm 之前的版本无法成功的吸引用户,因为用户认为没有必要放弃使用旧式日历和地址簿。直到 Palm Pilot 和它所拥有的能够和个人电脑同时工作的功能出现之后,消费者才认可 PDA 是一种替代地址簿和通信的工具。因此,丢失了 PDA 不会带来像丢失手抄本那样大的损失。PDA 不再仅仅是手抄本的替代品,用户认为它是一个备份机械装置或一种保险单。对技术解释的这一变化使得 PDA 的使用量迅速增加,而且,主流设计的出现在用户眼中形成了合法性,用户不再担心这种技术只是一种短暂的时尚。然而,一旦最初的主流设计的地位

---

① Walter Mossberg. Kyocera 7135 Packs In Features‒and the Bulk. *Wall Street Journal*, April 17, 2003.
② Piu‒Wing Tam. All in One. *Wall Street Journal*, May 19, 2003.

巩固以后,生产者制造的过多的附加装置,使用户很难理解:除了标准日历和地址簿以外,还有哪些用途? 他们想制造一台 PDA。当 Palm 距离产品装船还有两个月,并制造了客户需要的存货和老产品存货时,Palm 宣布了在研制 Palm M500 和 M500 时管理的失误。这引起了批评家们的批评。他们说:"Palm 有太多产品导致客户对自己的需要感到困惑。"①

当集成设备开始上市后,仅仅能够吸引早期的接纳者,正如《华尔街日报》的一则故事所说:"Sean Mill 急于拥有最新的配件,决定花 500 美元重金买下一台集成电话和一台手提电脑。他喜欢它的多种功能,但是很快对其不满……"②

用户的理解在智能电话技术的演化中起着关键作用。因为用户对集成 PDA 和电话的需求很难预测。制造商们正在生产不同的合成硬件和合成效用,以期进入市场,他们抱着在某一方面或另一方面能够对用户的解释系统产生影响的希望,并希望形成一种新的主流设计趋势。Analog 设备的 Doung Grant——智能电话的 DSP(数据信息处理)芯片生产商认为:"现在的问题是客户需要哪些或想要哪些功能,除了打电话以外客户还打算用这些设备干什么。答案目前尚不清楚。"③

(三) 媒介

在 PDA 的发展过程中,几种不同的媒介起到了关键作用。早期,IDC 和其他工业分析家认为,PDA 是一种实际的产品类别,这种对 PDA 的最终认知创造了 PDA 市场的合法性,这意味着创始人较容易得到基金和主导计算机,而且消费者电子公司可以将

① Steve Koenig, analyst at NPD Intellect, quoted in "The Pressure's on Palm, John Frederick Moore," *Business* 2.0, June 6, 2001

② Pui－Wing Tam. More Gadgets Hit Shelves, But Many Are Half－Baked. *Wall Street Journal*, April 9, 2003

③ Bruce Gain. Smart Phone Designs Hang Up Industry － Handheld communications and computing platforms are converging, but what they'll look like is still anyone's guess. EBN, June 9, 2003.

PDA市场打造出一个合法的购买市场。功能开发者在设备出现时期作出了贡献,他们将设备变得容易使用并提供更多功能来吸引顾客,创造了设备需求。他们开发出的功能建立在他们自己认为一台PDA应该做什么的理解上。事实上,这些开发者也经常是这一技术的使用者,并根据自己的需求来建立功能。开发者们制造的典型产品(诸如照相机、MP3播放器之类的用品和硬件附加设备)成了制造商的一种市场调研方式,使他们了解什么是PDA以及它的用途。

当最初的主流款式出现后,制造商将这些特征整合在一起,使之成为标准产品,但是,最初的洞察力通常出自用户或开发者对PDA技术理解的创新。这些开发者中的许多人选择对Palm保持忠诚度,他们觉得Palm正处于与微软操作系统的竞争之中,因而,他们拒绝为其他平台开发运用产品,从而使Palm至少在市场中暂时保持优势。在集中化的最近时间里,已经出现了第三套媒介——无线服务商。最初,设备制造商(PDA或移动电话)促使产品功能集成,但是供应商对新技术的解释以及所提供的潜在特征影响到设备的发展方向,因为一些供应商的推动设备主要是提供音响,另外一些主要提供数据,但是很难在短时间内分出结果,这些设备制造商通过与这些媒介紧密联系来理解这些解释,然后将这些观点整合到新设备的设计中。

三、结论和分析

在上面,我们探讨了认知和技术演化的关系,通过构建一个模型,论证了生产者、用户和媒介的解释系统在新技术演化过程中相互作用的方式。管理认知的领域最近才引起人们的注意,认知视角在技术管理领域赢得了足够的重视。新技术在面临高度不确定的环境下,认知框架在决定技术和与之相联系的市场开拓方式起着重要的作用。在新技术的语境下,生产者和用户以及媒介都必须了解这个混乱和复杂的信息市场。基于这种不同的框架,他们对以下问题会做出判断:技术的运行方式,在多种路径中应该选择哪条合适,技术的使用方式,用户对它的价值评估,通过分析 PDA 的演化来论证这个模型的作用。

在这个模型中,参与者的历史背景因人而异,从而导致了不同的框架,因而对新技术有不同的诠释。在 PDA 案例中可以清楚地看出它们的差异。例如,这个行业的最初进入者来自计算机产业,他们的背景导致他们把 PDA 解释为计算机的替代品,相比较而言,没有任何历史背景的 Palm 公司就把 PDA 解释为计算机的补充物,而非替代品,从而使产品赢得更广泛的认同。因此,在技术管理领域的文献在发展新技术时主要强调能力的重要性。本书的模型主要强调框架是同等重要的。我们应该不但考虑新技术是否需要基本的新能力,而且还要考虑新技术是否需要一个新的框架。

在研究 PDA 的演化过程中,解释系统之间的相互作用的重要性已经显而易见。在尝试第三方开发者在这个特殊的 PDA 平台上工作时,把 PDA 作为有效产品种类的共享信念是必要的。当产品种类建立后,用户的偏好通过第三方的结果来间接跟生产者联系。用户、生产者和媒介被紧密地交织在一起,在技术竞争中,鼓励互补生产商的重要性开始得到认知,本书的模型强调了信念系统的重要性,另外给具有经济激励的开发者提供了技术平台的支持,生产者应该注意开发者关于技术使用方式的信念。

该模型对用户创新进行了新的解释,用户创新的经济激励原理已经很成熟,这里仅仅是补充一个视角。在创新中,他们都有强烈的经济动机,当用户对新技术的视角跟生产者由于框架的不同而存在很大差异的时候,用户也许会创新。在这些情境中,用户处于研发产品的最优条件,这个产品与用户认为技术应该发展的方式会保持一致。例如,在 PDA 的演化中,许多互补运用开发者也是用户。另外有经济动机促使他们创新。我们认为这些用户不同的框架促使他们以不同于生产者的方式来创新。

许多研究已经表明与管理认知相关的研究议题越来越广泛，但当我们在理解技术变化的动态过程时，这些议题还处于揭示中。模型的发展和 PDA 演化的实证案例暗示了研究的方向，这些议题将进一步研究我们构造的模型中的生产者和用户的解释系统相互作用关系，扩大我们对认知本身性质的理解，同时也更加紧密地把研究方法跟问题的性质联系起来。

如果仅局限于几个案例，实证表明在模型里只考虑了每个系统的独立效用，很少考虑厂商和用户解释系统的相互联系。如果我们了解技术变革如何参与技术产品和厂商—用户认知体系的相互作用，我们会产生一系列新的研究问题：在任意一时间点，什么因素决定哪个框架作用显著？具体的相互作用机制是怎样的？这些相互作用的要素是怎样紧密联系的（还是间接）？厂商或用户如何从一种观念转变为另一种呢？厂商、用户或其他机构多大程度影响或塑造他人的认知呢？还有，在这些策略性过程中的制约因素有哪些？

本书也认为，体系相互作用的理念会促使我们扩展认知的理解。在这套相互联系作用的解释系统中，认知不仅视为"框架"，它更是一个情境中的框架构建过程。认知构建在社会和物质环境中，它是人们交往联系产品的集中表现。这个观点和纯粹认知主义者是截然不同的。纯粹认知主义者认为认识是无背景的事实构建，有限理性只是由于大脑的技术限制（西蒙，1947）。在技术新兴的背景下，在变革期，考察改进和使用模型的建构过程和框架本身的内容和结构是有联系的。我们可以像 Swider（2001）谈到文化时所认为的那样，把认知看做是活跃于背景和交互作用的一系列观点看法吗？我们能更有效地研究"在自然界的认知"来了解认知在实践中的形成吗？

这个模型也表明，这个领域的研究人员可能要反复思考方法论。其实从其他学科可以借鉴很多方法，难题是如何找到最有效的方法(Meindl, Stubbart and Porac, 1994)。具体来讲,纵向和横截面的方法最可能解释在激变时期的认知。因为激变时期是一个持续发展"事件",对某一时刻快速地扫描不能有效地理解认知在最后的结果中起到的作用。而纵向和横截面的方法表明高层管理团队映射的变化方式在激变时期是非常重要的。这类分析旨在认识框架如何构建,以及随时间如何变化发展。而影响变化的因素包括:对新信息的理解,对新信息的情感反应或是组织内的团队动力。

在研究认知映射时,最为棘手的方面是事前构建的风险。变革期的不确定性和不连贯的本质只在事后才清楚,这意味着先前的效率解释都是不恰当的。这个问题有两层方法逻辑上的含义:首先不管是否成功,均需要把不同路径考虑进去,其次,使用临时性的数据资源是很重要的。这些要求和跟踪方法的采用对研究成员提出了严格的要求。要能回答因认知和技术变化引起的各类问题,可能也在于对细微过程的了解把握,包括实时做的决策、日复一日的观察和影响结果的事件。正是从这些细微过程才能观察到行业背景和技术变革本质的构建过程是如何影响选择的。

了解认知和技术变化需要把微观组织过程和宏观组织过程变化结合起来(Bareley and kunda, 2001)。在传统方式中,企业对技术变革的反应,比如倾向于认为企业是一个宏观的整体,但它又不是一个组织而是一个对环境变化反应的群体,而且这些企业的个人或者说个人团体,可能会发生冲突,冲突必须在技术设计选择前以某种方式得以解决(Dougherty, 1992),所以,要了解选择,研究人员需要观察微观层面个体和团体的工作实践,因为是由他们理解、反应和影响宏观的环境变化(Vanghan, 1999)。这就是由这无数的相互作用可能性组合产生了组织变化和不同的结果(Thomas, 1994)。这表明研究方案要包括在策略性下的特定行动的认知、设计、预测、相互调整和关联行动等一系列流程。

总之,管理认知领域的重要性使我们有机会对技术变革研究的许多重要问题重新思考。它首先也最为强调需要考虑现象的内在联系的特质,这也表明许多情况是具有风险性的。比如,尽管我们考察制造厂商对技术变革的反应方式,但我们并不知道他们的反应本身也影响了变革或是用户对技术的理解可能把技术变革推向厂商完全没有预计的方向,所以,当回顾并倾听关于需求拉动或是技术推动理论的相对价值的激烈辩论(Mowery and Rosenberg,1982)时,我们发现信息环境没有能清晰传递信号,无论是把市场需求传递给厂商,还是把技术的特定本质传递给用户方面,所以在技术变革的概念化体系中,市场拉动或是技术推动的单方面作用或者独立作用的概念已经越来越没有意义。

　　这些解释可能会增加复杂性。本书是在 Daft 和 Weick 的研究基础上构建这个模型的。Daft 和 Weick(1984)也注意到解释系统非常的复杂,而且精确性和准确性可能导致对现象的忽视。为了弄清认知在技术变革中的作用,把层次引入这个模型,层次能使研究的理论和方法逻辑问题变得更为复杂而不是简单。因为在理解这些问题的早期阶段,复杂既必要,也更具吸引力。

　　这个模型可能也对标准化产生影响。同时,存在如下思考:如果了解解释系统在技术变革中如何作用,是否有可能有效利用用户的认知来提高适用性? 企业能否积极调整其方式,让顾客能弄清新技术,以便达到最优化? 同样,企业能否更有效地管理控制认知变化呢? 它能积极地像对待实际能力的变化一样去应对认知的变化吗? 雇用不同认知力的人是否对推动创新有用? 这对团队人口统计有什么含义? 在厂商、用户和媒介对技术的思考进一步实证研究后,能带来更丰富的理论视角。

第五章 技术创新与创新型企业组织的认知构建

在经济全球化、竞争技术化和需求个性化的今天,企业组织结构作为影响技术创新的重要因素应随着市场环境和技术环境的变化而不断调整。由于企业是一种组织,企业内的各种经济活动,包括技术创新活动,都是通过组织的不同单元来实现的。企业组织的不同设计决定了企业内不同部门的联系方式,自然也会影响企业技术创新活动的成功和绩效,因此,寻求一种最佳的组织设计,以有效推动企业的技术创新是一个非常重要的课题。

第一节 创新型企业组织的知识基础论

一、知识与组织结构

(一)组织结构的概念

对组织结构的理解经历了一个从静态到动态过程、从框架图到组织内在机制、组织能力的过程。静态组织结构认为组织结构是"根据不同的标准将人们分配到影响不同社会角色之间关系的社会岗位上"(Blau, 1970)。渥尔伯德(1998)认为组织结构是组织内各要素的一种组合形式,它由组织内的技术、文化、结构、管理方式等组成。不同的组合构成不同的组织结构形式,而组织结构是由一系列要素以及要素间的相互关系构成,并且这些关系整体构成了一个单元(Checkland, 1999),即组织结构不仅由个体、群体、团队和部门等硬性部分构成,也由组织要素间的相互关系等一些软性部分构成(Bunge, 1985),这些元素之间的关系捕获了组织活动的本质。动态组织结构观念认为,组织结构是以为组织内在关于职务及权力关系的一套形式化系统,它阐明了各项工作如何分配、信息如何流动、谁向谁负责的内部协调机制(Johns, 1997)。洛斯(1970)认为组织结构存在着"基本结构"和"运行机制",仅考虑基本结构是远远不够的,必须通过运行机制来强化基本结构,来保证基本结构意图的实现。因此,组织结构应该是包含更加广泛的内涵,包括激励机制、规则程序在内的一系列领域。

就组织结构的作用而言,组织结构通过资源、权威和信息的分配,正式连接关系以及用于工作的技术来影响组织成员的行为(Galbraith, 1993),并有目的地支持组织的战略和能力。组织结构"建构"了发生在其内部的相互作用,虽然组织结构并不能产生整体一致性,但它有利于防止行为的随意性。具体而言:第一,组织结构有利于产生组织输出并达到组织目标;第二,组织结构有利于使个人差异对组织的影响最小化,至少能规制个人差异对组织的影响;第三,组织结构是运用权力的场所(结构首先决定或规定哪些职位具有权力),是做出决策的场所(结构在很大程度上决定了信息流是否能用于决策),同时也是进行组织活动的场所(结构是组织活动的竞技场)。

在对组织结构的理解中必须强调在结构形成过程中人类相互作用的重要性,即结构影响人的实践,但是也正是人的实践构成了结构并进行结构的再生产。因此,组织结构并不是永远固定不变的,结构塑造了组织中的行为和活动,组织行为和活动反过来又对结构进行重塑造。组织结构本质上是保守性的(也即结构惰性或结构黏性),虽然结构不会保证所有人行动的一致,但也阻止了个体自由的行为。

需要指出的是,组织和组织结构概念是不一样的,尽管组织结构反映了组织中的正式的活动关系、权利关系及信息流通关系,但它没有也不可能代表整个组织,如组织中的非正式关系就难以在结构中体现出来。

（二）组织结构特性及其分类

对组织结构的研究首先是从组织结构的特性入手进行的。组织结构的特性也就是构成组织结构的维度，不同的研究者从各自的角度出发对此进行了不同的分类。罗伯特·A.P.（1996）和大卫·雷（1995）认为组织结构最基本的要素是：专业化、标准化、集权度；达夫特（1995）认为组织结构的变量有八个：(1)形式化；(2)专门化；(3)标准化；(4)权力层级；(5)复杂性；(6)集权程度；(7)专业化；(8)人事比率。其中认为以复杂性、形式化及集权程度三者最为普遍，并常被学者用以分析不同企业在组织结构上的差异。

考弗特奥斯（1998）认为，组织设计的结构性维度主要从集权化程度、规范性程度、复杂性程度、横向差异和纵向差异五个方面加以描述，各个方面概念的内涵见表 5-1。其中，横向差异和纵向差异又可以看成是复杂性程度的两个维度，即横向复杂性和纵向复杂性。

表 5-1　　　　　　组织设计的结构性维度及其定义

结构性维度	定　　义
集权化程度	组织中权力和决策的集中程度
规范化程度	用来描述组织行为的规则和程序的利用程度
复杂性程度	组织活动或子系统的数量
横向差异	任务被组织和分配到组织各子系统中的方式
纵向差异	组织中层级的数量

资料来源：Koufteros XA, Vonderembse Ma. The impaction of organizational structure on the level of JIT attainment: towards the theory development. Int. J. Prod. Res, 1998(10):pp.2863-2878.

基于上述理解，我们认为组织结构虽然是个复杂系统，但也是具有两个关键的特性变量,即组织集权化和组织规范化,组织集权化和组织规范化被认为是影响结构要素的潜在关键要素(Menon A. and Varadarajan R., 1992)。它们对组织中技术知识创新与管理的影响效果是被广泛认可的(Heeseok Lee and Byounggu Choi, 2003)。这两个特性变量可以用来描述组织结构特性,而且文献一般认为,组织集权化程度越高(或低)、组织规范化程度就越高(或低),组织机械化程度也就越高(或有机化程度就越高)(Burn and Stalker, 1961;Duncan R., 1973)。

(三) 组织结构特性的构成

1. 组织集权化

组织集权化有着不同的定义,主要的差别在于对权力分布的理解上。Hage 认为组织集权化指的是"相对于整个组织的团体数目而言,参与制定战略决策的团体的所处的层次和多样性程度"(Hall, 1991)。组织中参与决策团体的层次和数量越多,集权性就越低。Hage 强调的是在组织中权力得以运用的方式和位置的多样性。Van de Ven 和 Ferry 认为组织集权化是指"组织中决策权的位置,当多数决策是层级次序制定时,这个组织则是集权的;一个分权的单元意味着大多数的决策权被直线管理者授权给下属员工"(Hall, 1991)。Van de Ven 和 Ferry 强调的是决策的实体,例如在高度专业化的组织,关于专家能力方面的决策权都下放给专业人士,专家范围之外的领域则可能是集权的。

在这里,我们将集权化描述为谨慎决策的正式权力集中在个体、单元或层次的程度。集权化仅与组织中的正式组织结构相关,适用于正式职位性权威。集权化指的是最后的决策权,大量限制下属决策的政策实质上提高了集权的程度;集权可以指一个个人、单元或层次,但一般指集中在组织的最高管理层次。按照一般分析,分权的原因在于决策者个人的有限认知和信息负荷量的限制,也就是说当收集信息和处理信息的负荷量超出了管理者的认知能力极限时,才会分权(Robbins, 1988)。另外,其他学者认为分权可以带来以下好处:提高反应速度,为决策者提供更详细而准确的信息输入,通过允许职工参与决策达到激励员工的效果,使高层管理者摆脱繁杂的日常事务性工作,把精力集中在战略问题上以及为低层的管理者提供良好的培训机会等。

2. 组织的规范化

组织结构中的规范化是指组织中各种工作的标准化程度。具体而言,就是有关指导和限制组织成员行为和活动的方针政策、规章制度、工作程序、工作过程等的标准化程度。在一个高度规范化的组织中,方针政策非常具体,规章制度严密,对每一个工作程序都有严格而详细的说明。这些都明确地规定了每个人应该做什么、何时做和如何做。而在规范化程度较低的组织中,组织成员在工作中有较大的自由度,他们的行为也不那么规范化和程序化。因此,组织成员在工作中自由发挥的程度与其行为的规范化成反比。

在文献中关于规范性有两种含义:一是 Hage 和 Aiken 的观点,他们认为组织的规范性应包括文字的或非文字记录的规章制度、工作程序和行为准则等。显然,他们不仅包括了文字记载的东西,还包括隐含的人们的看法和价值观方面的内容。毫无疑问,组织的规范化应该包括显性的和隐性的规范化。如不同国家文化实际上是一种内在的规范,跨国公司在不同国家的子公司尽管在外在的书面的规范化程度相同,但事实上,整体的规范化程度是不一样的。二是 Pugh 等的观点,组织规范是"写成文字的规章制度、工作程序、指令和沟通方式的程度"。根据这个定义,对组织规范性的衡量标准在于组织"是否具有关于方针政策、程序等的手册来具体说明其规章制度、详尽的工作说明书及其他有关的正式的文件"(Robbins, 1988)。

组织规范化的本质涉及在多大程度上员工在既定的规则和程

序范围内能够进行创新性和自主性的工作和学习(Blau, 1970; Dewar and Werbel, 1979; Miner, 1982),它通常包含工作书面化和对规章的遵守两个方面。组织的相关文献把组织规范化分为高程度的组织规范化和低程度的组织规范化。高程度的组织规范化与机械式的组织结构密切相关,低程度的组织规范化则与有机组织结构密切相关(Burns and Stalker, 1961)。而且组织创新文献通常假定高程度的组织规范化对组织知识创新会产生消极影响(Damanpour, 1991),它暗示着员工不能在组织决策中自行判断,更不能在面临机遇的同时忽视规则,即组织规范化可能具有压制性,因为人们被强迫服从组织的规定(Alder and Borys, 1996)。但达曼伯尔(1991)通过对组织创新文献的分析,认为组织规范化对组织知识创新的启动和后续的实施没有显著的消极影响。他进一步解释,一些学者已经开始强调需要建立一个严格的、目标清晰的、可规范的工作规则去保证组织知识创新的成功引入(Evan and Black, 1967; Ettliet, 1984)。

（四）知识特性和组织结构特性

1. 知识特性与组织集权化

哈耶克在《知识在社会中的运用》论文中明确提出决策权必须与知识分布相匹配。哈耶克区分了科学知识和"特定时间和地点的环境下的知识"。科学知识具有通用的性质,后一类知识经常是专用的,两类知识的分布对决策权的安排产生重大影响。Meckling 和 Jensen 则更为清晰地提出专门知识和通用知识的不同以及它们与组织结构的关系(Meckling and Jensen, 1998)。专门知识和通用知识的区分是根据可转移性来衡量的。所谓专门知识是指在委托代理人之间进行转移要付出高昂代价的知识,而通用知识是指无需高昂代价即可传播的知识,但是需要考虑对于特定时空环境变化的快速适应问题。即使某些知识转移成本不大,但等决策传达到现场人员时,知识已不再有价值,那么现场知识也是专用性的,因而需要保留决策有现场人员(man at the spot)做出。

Birkinshaw、Nobel 和 Ridderstrale 通过对瑞典 15 个跨国公司的 110 个研发单位的调查发现,知识的可观察性和系统嵌入性对这些研发单位的自主性和单位之间的整合有显著的影响。这 15 个跨国公司在世界各地都有研发机构,它们如何进行配置和协调问题是很重要的。有些公司如 Ericsson,各个研发中心之间具有高度的相互依赖性,因此有一个紧密整合设计中心网络。其它公司如 Alfa Laval 和 ABB,则赋予这些研发机构更多的自主权。Birkinshaw、Nobel 和 Riddershrale 研究得出,知识的特性对这种安排影响很大。具体而言,研发单位的知识的可观察性越高,各单位之间的整合程度越低,各单位的自主性越高;研发单位的知识的系统嵌入性越高,各单位之间的整合程度越低,各单位的自主性越高。究其原因在于,当可观察性较高或系统嵌入程度较低时,知识转移的成本较低,研发单位的自主性就较低,它们之间的整合程度较高;而可观察性较低或系统嵌入性较高时,知识转移的成本较高,相应的研发单位自主性就较高,各单位之间的整合程度较低(Birkinshaw, Nobel and Ridderstrale,2002)。

2. 知识特性与组织规范化

结构的规范性体现在两个方面:组织行为的规范性和组织活动的规范性。根据其是否有文字记录可以分为文字表述出来的规范(或称为明示的规范)和没有明文规定的内在的规范(或称为默示的规范)。组织行为的规范性通过组织要素中的社会结构体现出来,组织活动的规范性则体现在组织的技术方面。社会结构包括规范结构和行为结构两部分,组织中的技术则分为工具技术和知识技术两类。如表 5-2 所示:

表 5 - 2　　　　　　　　　按照组织要素对结构规范性进行分解

	社会结构要素	组织技术要素
明示的规范	明示的社会结构规范 （规范结构）	明示的技术规范 （工具技术规范）
默示的规范	默示的社会结构规范 （行为结构）	默示的技术规范 （知识技术规范）

　　资料来源：方统法：《组织设计的知识基础论》，复旦大学出版社 2004 年版，第 158 页（经作者整理）。

　　组织结构的规范性与组织知识的默示性密切相关。在以明示性知识形式存在的组织中，不管是关于组织行为规范的知识，还是组织从事活动的知识，都已经进行了编码，如行为规范都有明确而详细的规章制度、员工守则和道德标准，组织成员的工作职能和权限及其承担的责任都已进行较为清晰的界定，员工的工作程序和工作方法按照既定的方针政策和规则执行，可见组织的行为和工作是较为标准化的，组织结构的规范化程度就较高。反之，如果主要以默示性知识形式存在的组织中，对于组织成员的外在的明文规定较少，员工的工作技术主要是靠自己的技能和经验，这种知识难以编码化和进行转移，需要给组织成员以更大的自由发挥空间，因此工作程序和方式难以实施标准化，此时组织结构的规范性就较低。

　　除了知识的默示性程度影响组织结构的规范性外，知识的分散性和复杂性也会产生影响。当组织中知识的文化差异性很高时，不同文化背景的员工如果用标准化的行为规则进行管理，必然会引起矛盾和冲突，这就要求减少组织行为指导的规范性。如果组织中知识的技术差异很大，特别是在不同层次的知识技术中，更不能以标准化的工作流程和方法予以统一规范，因为越是专业化的知识越需要较大的自由度，而对专家成员行为和工作活动的限制，会降低知识的运用效率，阻碍知识的交流和创新。同样，对于知识更新速度很快的岗位、活动和人员,通常也要求较低的规范和标准与之相配合。

由于组织中存在不同类型的知识,组织结构的规范性必须根据不同类型知识的特性来确定,因此,组织结构的规范性不仅是一个整体意义上的程度问题,而且与知识在不同领域和范围内的分布密切相关。比如,对于常规性的活动和岗位,运用的知识通常是常规则的和一般性的,结构的规范化程度就较高,而对于非常规性和变化速度快的工作,难以通过一般的逻辑分析和经验惯例完成,活动者需要较大的空间和自由才能进行知识运用和创新,规范性相对就较低(方统法,2004)。

二、企业组织结构演化

企业组织结构的形式是伴随着企业的产生而存在的,并经历了一个漫长的演进过程,大致可分为三个阶段,即集权式组织结构、分权式组织结构和扁平网络型组织结构。面向知识创新组织结构形式则是对上述组织结构的综合运用,主要包括 N 型组织、超文本组织与循环结构组织。

(一)集权式组织结构

企业组织结构的形成是随着古典企业组织的产生而形成的,在最初的家庭手工业中,脑力劳动机能同体力劳动机能融为一体,个体劳动者个人的意志直接支配自己的行为,即单个劳动者自己管理自己。随着协作的出现,管理监督问题随之出现,第一次分工形成管理者(脑力劳动者)和生产者(体力劳动者)的分工。随着手工工场的出现和生产规模的不断扩大,企业内部分工逐渐发展起来,于是产生了脑力劳动与体力劳动的分离。管理者从劳动中完全分离出来,成为老板,专门从事监督、管理工作。机器大工业的发展引起"科学管理"革命后,企业管理组织发生了第二次分工,即从横向上进行专业分工,如从生产部门划分出其他部门,同时进行了工作职能分工,即将工作者的操作过程程序化、规范化,加以监督与管理。这样,企业管理组织就逐步地从直线型转变为职能型(包括直线参谋制、直线职能制或职能制),组织的控制和协调手段也相应地从以直接监督为主转变为直接监督与工作程序标准化相结合,组织结构体现为一种集权式组织结构。

集权式组织结构是一种纵向管理、逐级负责、集中控制的机械模式,它在稳定的环境中易于发挥高效率(Burnes, 2000),即它适合于比较平稳的环境、低素质的员工以及生产过程稳定的情况,但其管理层次往往多达十几层,具有极强的刚性,领导和员工之间的知识、信息交流不畅,通常造成上层领导与下层员工的严重脱节,不能调动员工的积极性和创造性,从而难以实现知识、信息的传递与共享。

(二) 分权式组织结构

组织权变理论认为不存在通用的最优的组织结构,各种内外因素,如环境的变动性、竞争状况以及组织的战略、技术、人员、产品特征等都将对组织结构的适用性产生重大影响。因此,企业必须根据自身实际情况选择适合自身的组织结构模式。为了克服集权式组织结构的缺点,企业组织结构演变为分权式组织结构。

20世纪20年代初美国企业界两位高级管理人员杜邦和斯隆在对公司组织进行改组时不约而同地提出分权式组织结构,它包括事业部、超事业部、矩阵等形式。这一时期的最大特点是:所有者与经营者的分离。这就导致了现代企业的出现。随着工业化进程的加快,企业组织规模的扩大,从产品的单一性到多样性:市场从某一地区向各个地区甚至国外扩张,使组织面临日益复杂、多样的经营环境,所有者越来越感到经营能力的缺乏,引进职业经营者,即实现所有者与经营者的分离,导致现代组织结构的重大变革。为了面对复杂、多样的经营环境,分权成为必然趋势,这样就导致了分权式层级制度的出现。在此之后,西方企业对各分部间协作关系与作用有了进一步的认识,开始在原分部型组织(简称

M 形组织,亦称事业部制或联邦分权制)或职能型组织(简称 U 形组织)中设置各种横向联系手段(如临时性任务小组、永久性项目小组等),矩阵组织和多维组织诞生,组织结构向灵活性方向发展。

在动态竞争的条件下,组织权力向组织下层移动的趋势十分明显,即权力从高层转移到基层员工。组织权力分配方式主要表现为两种形式:一是分权,即让"现场人员"拥有一定的决策权;二是组织中各职能部门的重新整合,减少不必要的职能部门和层级,从而减少组织中不必要的知识专门化。尽管分权式组织结构仍然保持权力等级制度,但它强调适应环境,具有结构简单、反馈迅速等特点;而且各组织单元具有职能性和自治性,彼此之间处于完全平等的合作关系,没有明显主从约束。因此,这种分权式组织结构有利于组织间信息和知识的传递,并且对市场变化具有快速反应能力。

(三)网络式组织结构

随着生产力的发展和社会分工的日益细化,沟通和协作对于企业成功所起的作用日益显著。在知识经济时代背景下,传统的企业与企业间组织模式已经不能适用知识经济时代的要求。20 世纪 90 年代,一个重要的趋势是:一些公司决定只限于从事自身擅长的活动,而将剩余部分交由外部专业机构或专家来处理,这种做法称为"资源外取"(out - sourcing)。简单地说,资源外取就是"将组织运作所需的部分(非关键职能)以合约方式交由外部资源供应商负责"。这些网络化组织(network organization),有时也称为集成式公司,特别是在一些快速发展的行业,如服装业或电子行业,比较兴盛。但即使在诸如钢铁、化工这类行业中,一些公司也在向这种类型的结构转变。

正如我们所知,组织集权结构用之于知识工作者身上,组织效率非但难以提高,相反会因组织结构与知识员工不断增强的自我意识的相互矛盾而有所下降,尤其是知识工作者本身掌握的知识使他们在具体的情况下会比他们的上级决策者更能做出准确决策,上级的指挥只会阻碍他们工作的进展。因此,组织结构转变的发展趋势演变成集权式组织结构让位于更为扁平化和灵活的结构以及分权式结构向扁平网络型结构的转变,即以信息为基础,由知识型专业人才组成的"网络式组织"开始出现,这一转变目前还在进行中,目标是使组织适用知识经济和信息时代的要求,获得足够的灵活性和知识创新能力。

随着组织知识创新作用的不断增强,智力资本和核心能力在形成、保持和增强企业竞争优势方面的作用日益突出。企业必须对自己的组织结构进行相应的调整和创新,以增强企业的学习能力,促进组织资本的积累和核心能力的提高。企业必须进行进一步的分权,以充分发挥全体职员的积极性和创造性,推动创新工作的有效进行;同时,信息技术的发展降低了通过市场配置资源的交易费用,也为信息在企业内部的准确传递和充分交流创造了条件,这就为企业组织结构的扁平和网络发展创造了条件。从"集权组织结构转向分权组织结构"以及进一步"从分权组织结构转向扁平网络化结构"等组织模式变迁趋势就是进一步引入分权机制的结果。不过,虽然信息网络技术的进步为组织模式扁平创造了技术可行性条件,但要真正实现有效率的分权,尚需组织制度上的改进与创新。

(四)面向知识创新的组织

组织设计的信息加工理论热衷于将组织结构视为改善信息加工能力的基本方法(Hedlund, 1994),而在知识资源成为组织核心资源的情况下,产生了一些新的组织结构以克服组织层级、集权结构和正式规则等对知识型员工创造性的不利影响,而且这种组织结构有利于组织知识创新,主要有 N 形组织(Hedlund, 1994)、超文本组织(Nonaka and Takeuchi, 1995)和循环结构组织(Romme, 1996)。

1. N形组织

赫德伦德(Hedlund)于1994年提出了N形组织的概念。他认为,N形组织要比传统的M形组织更加高级,能更好地适用新出现的知识型组织设计的要求,并可从"……经济学、组织理论和战略管理学之间的灰色区域"(Gunnar Hedlund, 1994)中吸取综合性的智慧。Hedulnd(1994)提出的N形组织,与M形结构有着显著的不同,其特征如表5-3所示。

表5-3　　　　　　　　　　N形组织和M形组织的基本特征

	N形	M形
与技术的关系	结合	分割
人的相互依赖	给定人群,采取暂时性结合方式	采取永久性结构,但变动人群
关键组织层次	中层	高层
沟通网络	水平	垂直
高层管理的角色	催化剂,设计师,保护者	监督者,分配者
竞争范围	集中、深度经济可结合的部分	多样化,规模经济和范围经济,准独立的部分
基本组织形式	平级	层级

资料来源:Hedlund Gunnar. A Model of Knowledge Management and the N-Form Corporation. *Strategy Management Journal*. 1994(15): 73-90.

2. 超文本组织

Nonaka(1994)提出了超文本组织结构,其中夏普公司是这一结构的代表。所谓超文本结构是指一种具有多重联接方式的分层结构,它提供同时进入多个层次或界面的入口。夏普公司的案例研究表明,企业需要不同层次的组织结构来管理工作小组、管理人员和上下级关系。超文本结构由三个相互关联的工作层次或工作性质组成,其中包括业务系统、项目团队和知识基础。中间的一层是业务系统层，一般的例行工作都在那里进行。而大多数项目小组从事的知识创造活动，如新产品开发，都在团队层进行。最后，从上述两层工作活动中所产生的组织知识将在知识基础层里被重新分类和正本化（recontextualized），并在此融入到公司的愿景、组织文化和技术中去。

从一定意义上说，超文本结构是科层制和项目团队制（即为了一个临时任务或项目组建起来的工作团队）这两种组织结构的综合，并为组织的知识创造提供较为理想的结构基础。从知识创造的中心要求出发，这种组织结构为进行知识创造的组织提供了一种在周期性的过程中反复获取、创造、利用和积累新知识的战略能力。

超文本结构的独特性在于，三个完全不同的界面同时存在于一个组织中。知识可以储存于业务系统正本中，项目团队是另一个正本，它使组织成员可以用完全不同的眼光来观察传统的组织正本，知识基础是知识储存的第三个正本，在这里另外两个正本产生的知识得到储存和重新正本化。超级文本结构的关键特征是其成员转换正本的能力，他们可以在三个层次间移动以适应组织内外环境的变化，组织知识创造的过程，实际上就是知识在三个界面之间自由穿行的动态循环。超文本结构凭借对科层制和项目团队制的动态综合，获得了这两种结构的不同优点：科层制通过内部化和联合有效地实施、利用和积累新知识；项目团队制是通过社会化和外部化创造新知识的必不可少的手段。Nonaka认为，超文本结构有机结合了科层制的效率和稳定性与项目团队制的有效性和动态性，由于知识基础界面的存在，使得在业务系统和项目团队界面中创造的知识能在这个"结算所"（clearing house）中进行清算和交换。

综上所述，Nonaka的超文本结构实际上是一个知识创造、知识储存和知识应用三个阶段进行分解和组合的组织形式。知识创造是由项目团队来完成,然后通过知识基础层面进行分类、编码、转化、联系和组合,最后由业务系统层进行知识应用。尽管 Nonaka 认为业务系统中也存在知识的创造,但是它的知识创造是指知识的内部化和联合,这实际上是知识应用的过程。本书认为,知识的创造和应用是一个共栖和共生的过程,个体在任何实践活动中,都在进行知识应用的同时进行新知识的获取和创造,因此,在业务系统界面上同样有知识创造的外部化和社会化过程。在 Nonaka 对夏普公司的研究中,组织知识创造主要是指产品的研发,相对而言是一个较窄的知识创新概念,而在真正的知识创造型公司,每一个个体、部门和团队都是知识创造、知识应用和知识储存的主体。

在后来的研究中,Nonaka 进一步认识到知识创造存在于组织中的每一个层次和个体中,从而提出了知识创造的场所——"Ba"的概念。理解知识创造场所的关键概念是"相互作用",也就是知识的创造是通过人与人或人与环境的相互作用而产生的。知识创造是一个动态的过程,知识创造场所构成一个共享的环境,它给处于其中的个体设置了条件,因为它限制了人们看待世界的方式,同时也给人们提供了一个更高的视点。Nonaka 从两个方面来确定知识创造的场所:相互作用的类型,即相互作用是发生在个体之间还是集体之间;相互作用运用的媒介类型,即是物理的方式还是面对面的交流或是虚拟的方式。Nonaka 和 Konno 提出了四种不同的知识创造的场所,即创始型、对话型、系统型、练习型场所。每个知识创造的场所都为不同类型的知识创造过程提供了相应的环境。创始型的场所是个体之间面对面的相互交流,在该场所中,组织中个体之间共享意见、感觉、经验和认知等隐性知识,适用于知识的社会化;对话型的场所是组织集体之间的面对面的相互交流,适用于知识的外部化;系统型的场所是组织集体之间的虚拟交流,适用于现有组织明示知识的汇总联合;练习型场所是组织个体之间的虚拟交流,主要适用于组织知识的内部化。正如 Nonaka

(2002)所言:"知识是一种动态的人类活动过程,它使个人信仰变成现实真理。而组织则是知识动态创造的场所。"

3. 循环结构组织

循环组织结构的出现是为了弥补团队和层级结构各自的缺陷,因为它能够很容易地在团队和层级结构之间转化(Romme,1996)。罗蒙(1996)讨论了项目团队和层级组织两种形式之间的选择。依据信息的类型,即它是否已得到证实的或是新的,组织可以设计为层级结构或团队结构。当信息具有高度可预期性或已被证实,层级结构是适用的。①因为层级结构适宜简单的任务和专业分工,而缺乏组织随时间变化而调整其行为的能力(Levinthal and March,1993)。而团队结构由于其强大的信息生产和加工能力而能够较好地处理和产生新信息(Romme,1996)。企业成员一致制定决策,组织成为一个个循环之间的复杂联结,是循环组织的本质特征。员工可以在团队会议中自由说出自己的观点,以达成一致,每个员工至少属于一个循环或一个功能业务单位,而且每个功能业务单位都具有某些特定的待完成的目标,如降低成本或改善工作过程。从总体上讲,组织是一个循环的层级,每个循环由它的监督或代表人联结到更高的循环(林山,2005)。

综上所述,我们可以认为,组织结构从集权式/分权式/网络式/知识创新型的演进的趋势本质上是由于组织为了适应知识总量、知识结构和知识特性的变化的结果和反映,特别是知识总量的几何速度增长、知识专业化程度不断加深、知识分散性增加、知识耐久性下降和知识更新速度加快等,导致知识的复杂性和动态性有了显著的增加,从而要求组织具有更高的灵活性和适应性,即有的组织设计理论反映了环境和知识的变化,从某种程度上可以看做是这一实践演进过程的反思、归纳和总结。

---

① Romme. G., A note on the hierarchy - team deabate, *Strategy management Journal*. 1996(17), pp. 411 - 417.

三、技术创新的认知模式对创新型组织的要求

正如我们在前文提出的观点:在企业技术创新的认知模型中,生产者、用户、媒介的解释系统相互作用塑造了技术的变化,由于生产者、用户、媒介的不同历史背景形成不同的认知框架,从而形成了他们对技术的不同解释系统,因而推动了技术的演化。在这里,为了阐述技术创新的认知模式对创新组织的要求,我们必须回到企业的认知理论。

正如努特鲍姆(1992)所述,企业为了实现一个共同目标,参与者的思想范畴必须在某种程度上进行调整。不同人之间具有一个或多或少的"认知距离"。这就产生了企业作为一个"聚焦装置"(focusing device)的概念,它是为了减少认知距离①,即为相互理解、利用互补能力并实现一个共同目标,而获得一种心理范畴的充分调整。组织发展出它们自己的专业符号体系:语言、标志、隐喻、神话、礼仪。在这里,就产生出一个比降低交易成本更为基本的企业存在理由,尽管交易成本也是企业存在的原因之一。企业家精神至关重要,关于企业家精神的另一种认知解释是,企业家的中心任务就是调整感知、理解和目标。认知范畴的调整并不必然要求同一性。正如努特鲍姆(1999)所述,在认知的变异和新奇所需的认知距离与共同理解所需的认知亲和力(cognitive proximity)之间存在着一种权衡。实际上,一个企业中的不同人多多少少地会在他们外部的生活和经验中引入新奇的因素,这就是错误和创新的一个来源。另一种意义是,由于需要获得一个焦点,所以存在一种短视的风险:察觉不到企业的相关风险和机会。为了弥补这一点,人和企业都需要互补的外部智力来源,以利用"认知范围的外部经

---

① 认知距离:在这里把搜寻和学习过程描述成缩短"认知距离"即缩短生产者与用户之间的认知距离,能够提高用户对生产者能力和自身需求的认识,增强生产者对用户需求的认识,还能改进用户和生产者间的交易效率。在这里也包括生产者与媒介之间的认知距离、媒介与用户之间的距离等。

济"(Nooteboom, 1992)。这就再次产生了新奇所需要的认知距离和利用互补性所需要的认知亲和力之间的权衡。这一观点与创新体系文献中的主流观点一致,即创新主要源于企业之间的相互作用(Lundvall, 1985、1988、1993)。

在已有的研究中,已经区分了第一阶和第二阶学习(first - and second - order learning)或者单循环学习与双循环学习。前者是学习把已有的事情做得更好,后者是学习新事情。另外,与此相关的还有马奇(March, 1991)和霍兰德(Holland, 1975)对"利用"(exploitation)与"探索"(exploration)的区分。为了短期内生存,在当前的选择环境中,企业需要有效地利用它们的已有资源(或能力);为了长期生存,企业需要发展出新能力,用以预测或创造将来的选择环境。"利用"和"探索"的结合是企业管理中的主要挑战,但这种结合是一个充满矛盾的工作。在某种程度上,由于"利用"要依靠产品、市场、技术和所涉及的知识类型,所以,"利用"就需要有不变的标准及密切的协调,而"探索"则要求一种松散的结构关系和条件。探索必须要有发现,在奈特(Knight, 1921)看来,发现要受根本的不确定性支配。也就是说,它超越了风险,而风险则与一种已知的和封闭的可能性选择有关,可以赋予这些选择一个概率分布。从选项集中进行选择是开放的,通常选项是在行动后被发现或被创造出来的,而不是先于行动。选项通常是发现更深一层选项的选项。这就要求有一种"溯因(推理)"(abduction)的逻辑或启发式方法(heuristic)(Peirce, 1957; Holland, 1989),即我们如何探索未知的选项,我们如何得出具有一定可行性机会的新假设,在所有我们能够想到的新奇方法中,我们应该尝试哪一种方法,我们如何找出其他仍然未知的选项是什么。

在企业里,沿着技术创新的启发式原理,探索和利用就可以变得和谐,可以在保持利用的同时进行探索。但是,如果利用需要一种一体化的组织结构,探索需要一种非一体化的组织结构,而组织又需要把利用和探索结合在一起,那么组织要如何进行建构呢?

通常,新的小企业的成长路径与部分发现循环是相一致的。在有关企业成长的文献中、在创新中证明了其价值后,创新企业就必须对其责任进行授权,使组织系统化和正规化,这就产生了所共知的障碍。正如威特(Witt, 1998)所言:它将必须从"认知领导"向"治理"转变(然后再返回)。与威特的观点相反,认知领导并不总是会比治理产生更好的绩效。它在与推广阶段相联系的系统化、合理化和规模增长中,表现更差。企业的接管、联盟、抽资脱离和分裂有助于克服这种发现过程各阶段间的过渡问题。沃伯达(Volberda, 1998)找到了几种可以解决利用与探索之间矛盾的方法。一种方法是在位置上的分离:组织的一部分参与利用,而另一部分则参与创新。分离包括水平分离和垂直分离。在水平分离中,一个部门(一般是研发部门)更适宜与营销部门合作,从事探索工作,另一个部门(一般是生产部门)从事利用工作。当然,这里的问题是如何对这两个部分的交界处加以处理。营销部门的长期困扰是,生产部门"不愿意"或"没能力"生产出市场机会所要求的东西;同样,生产部门的长期困扰是,营销人员过于庞杂,以至于不能评价切实可行的技术和有效的成本是什么。垂直分离可以通过两种方式进行。管理层为企业中的探索留有空间,容许与市场、技术来源、劳动力和投入打交道的人员利用他们遇到的机会,管理层也努力维持足够的协调,以防止重复浪费和不配套。另一种方式是,管理层把握住方向和内容的选择权,而在执行其计划过程中协调全体职员。

很多学者对这个主题进行了研究。青木昌彦(Aoki, 1986)认为,他在水平和垂直的"信息结构"之间作了一个区分。在垂直结构中,管理层协调着各车间,但没有足够的能力监督市场和技术方面的突发事件。在水平结构中,生产决策是在半自主的车间之间进行协调,车间可以更好地当场对突发事件做出反应。青木昌彦认为,前者是典型的美国企业(A形企业),后者一般是日本企业(J形企业)。在A形企业中,有着清晰的工作规范和标准操作程序。问题的解决是移交给监管者、维修人员和工程师。在J形企业中,职责没有被详细地专门指定,工人轮换工作,这样他们就会熟悉大范围生产活动,以此作为水平协调的基础。分权也会跨越企业的边界,进入到供应商那里,他们被赋予了更多的创造空间。这种安排的缺点是,尽管存在职务轮换,但有效协调所需的认知力可能非常有限。他们可能拥有分歧性的战略定位,这些定位与企业关注的核心能力或活动不一致①。

分离也可以发生在不同的组织间,那么我们可以称之为战略的专门化。一个企业集中于有效利用或有效探索的一个特定的阶段,并与其他提供互补阶段的企业相连结。企业持续地变动它的活动组合,随着这些活动进入和离开它所专注的阶段,把它们分阶段引入和结束。显著的一个例子是产业区。一些企业专注于研发或其他形式对新组合的试验;一些企业专门进行巩固和生产;而另一些企业则专门进行大范围和远距离的营销、分销及出口;还有一些企业集中于逐步的改进和差异化。我们可以认为,这种组织仅仅是随着需求的出现而临时形成的。

另外一种分离是时间上的分离:利用发生在一个时间,而探索则发生在另外一个时间。这就产生了"振荡"模式,在松散且开放与紧密且同质之间往复运动,同而复始。这几乎难以做到。组织变动需要重构组织脚本,涉及在任务之间重新分配人员,重新建立任务、目标、动机、观点和共同意义。在产业区中,它涉及企业的进入和退出,以及新网络关系的建立。这些发展往往需要经历相当长的时间,尤其是当它们需要改变组织文化的"深层结构"的时候,

---

① 约翰·福斯特、梅特卡夫:《演化经济学前沿:竞争、自组织与创新政策》,贾根良等译,高等教育出版社2005年版。

例如感知、解释和评价的基本范畴。重新建立生产、供应和分销的体系也要花相当长的时间。逐渐地，惰性问题就留在了组织文化和分销体系中，而不是生产技术中。不仅如此，当不同产品或技术处于不同发展阶段时，你如何处理这一切呢？Nonaka 和 Takeuchi(1995)提出了一种超文本组织，类似于计算机的视窗处理。这就像一种灵活的矩阵组织形式：职能交叉和部门交叉的团体是按照眼前可利用的机会专门组建的，就象计算机的开放视窗。一个企业对于利用或者探索可能有一个基本的结构定位，对其他任务则建立临时工作队伍[①]。

第二节　创新型组织的创新能力构成

一、创新型组织的创新能力构成要素之一——吸收能力

（一）吸收能力理论

解释组织是否具有吸收新知识的能力，以及这些能力是如何形成的，学者 Cohen 和 Levinthal(1990)所提出的吸收能力理论是最重要的理论。该理论主要在分析组织吸收能力的强弱会如何影响组织与学习的效果，组织的吸收能力是如何形成的，以及会受到哪些因素的影响。对创新过程来说，不论何种组织层次上的创新，外部知识源都是非常关键的因素之一，评价和利用外部知识的能力很大程度上取决于先前的相关知识。这些相关的知识不但包括基本技能，甚至是通用的语言，而且包括大多数特定领域的科学或技术发展。因此，先前相关知识使企业有能力认识到新信息的价值，并将其吸收、应用到商业目的中去。这些能力共同组成了一个企业的吸收能力。

企业组织对新知识的吸收能力（absorptive capability），是指在

---

① 约翰·福斯特、梅特卡夫：《演化经济学前沿：竞争、自组织与创新政策》，贾根良等译，高等教育出版社 2005 年版。

某段时间内,组织对于引进这个新知识的吸收,并能利用新知识的深度与速度。例如,企业管理专业的毕业生,在学习吸收一种新的营销战略会比中文系毕业生学得更快、更深入,也可较快地运用起来,这表示前者的吸收能力比后者好。这种情况对于组织而言也是,如同样引进一种知识管理的新技术,有些组织知识管理的知识基础稳固,可以快速地学习、消化、整合并融入原有的知识管理结构,快速地形成一个更新、更好的知识管理结构。反之,有些组织则需要花费很多的时间和资源来学习,成本高、速度慢、效果不好,其中最主要的因素就在于知识的吸收能力。

(二)吸收能力理论的个人认知观点

在介绍组织吸收能力之前,Cohen 和 Levinthal(1990)以个人认知结构来解释个人吸收能力的利用与形成,如图 5-1 所示。

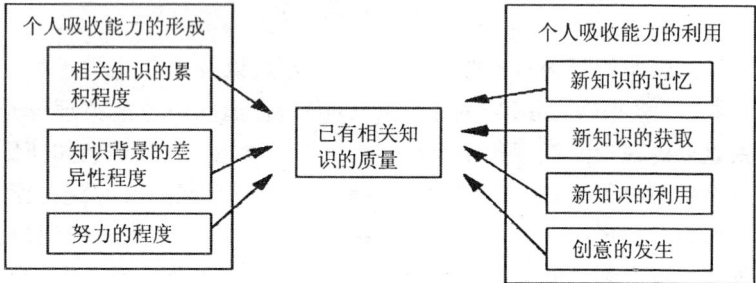

图 5-1 个人知识结构下的吸收能力理论

资料来源:Cohen, W. and Levinthal, D. Absorptive Capacity:A new Perspective on Learning and Innovation. Administrative Science Quarterly(35:1),1990, p.1135.

影响个人吸收能力利用的主要因素:

1. 新知识的记忆与获取

个人本身具备的相关知识越多,就越容易记忆和存取。根据认知结构和心理学的研究,人类获取或吸收新知识主要是通过对于新知识的存储和对新知识的连接形成记忆与学习。在人类脑内存在着数以兆计的脑神经元,其内存储着各种对象(object)、类型(pattern)和观念(concept),而这些脑神经元通过彼此连接的神经,利用电波的传递产生意义。人类对某种知识累积越多,当引进一个相关的新观念后,由于可以马上和许多脑神经元内已存的观念进行多重、紧密地连接,因此可以像蜘蛛网般地被紧紧缠住。这样将方便人类易于从许多不同的网络获取知识,以便能牢牢记住,不容易遗忘,即回想能力。由于与许多已经存在的观念连接,人类也通过这种多元、多角度意义连接,便能更清楚深入地了解及获取新知识的意义。如果已存的知识种类越广、越多、差异性越大,则所了解的角度也就越广泛而且深入。

2.新知识的利用

个人本身具备的相关知识越多,就越容易利用新的知识。人类对于新知识的利用绝不只是停留在使用新知识这个单独的对象或概念而已,必定先存在着一个与其连接的相关背景结构才会知道如何利用这个新概念,例如,一个人如果只具有技术上如何撰写计算机程序的算法思考,却不了解整体管理信息系统的规划、分析、设计的原理,以及信息系统应如何支持企业的营销、生产、会计等功能,那么当其面临开发一家企业的管理信息系统时,将由于其所具备相关背景知识的基础相当薄弱而无法充分利用他的程序逻辑能力,最后不是用错了地方,就是无法充分地发挥。

3.创意的产生

个人本身具备的相关知识越多,拥有创新的能力就越佳。创新或创意的产生有相当大的比例是因为人类能从已存的对象或概念中,以突破性和新颖性引导一些新奇的连接。例如,把互联网、学习理论、知识管理理论、群体软件和多媒体教学平台等各种知识与技术整合成一个在线学习(E - learning)的创新技术,且在创意的理论中强调领域内知识的重要。

由上述分析可知,影响个人吸收能力的主要包括以下因素:①相关知识的累积程度。当个人相关领域的知识累积越多时,吸收能力就越强。例如一个负责知识管理的资深教授对于一篇新的知识管理研究文章,在记忆、吸收、获取、利用和创新的深度与速度上都远比一个正在研习此课程的学生要好。②知识背景的差异性程度。个人或群体间的知识差异性很大,那么经过多角度、不同的价值观和不同的逻辑将新知识做各种的连接和诠释。不仅有利于知识能更客观、深入地了解,还可以通过各种不同的连接方式产生创意。例如,要规划一个企业的战略,需要各种专家,从营销、生产、信息、人力资源和战略等各种角度共同共享,才可能形成一个有效的规划知识。③努力的程度。努力的程度是指人类要通过努力学习或练习才能深入地吸收新知识。例如,数学与程序设计的学习就需要不断地演练与实际操作,而像武术、运动、外科手术等技能的知识也是如此,即熟能生巧,而"巧"即表示能更有效、更细腻且巧妙地利用所吸收到的知识。

(三)组织知识的吸收能力

1. 组织知识的吸收能力类似于个人吸收能力,但仍有特殊的组织因素存在

(1)知识的累积性。组织内具有的相关知识基础越多,越容易加速组织吸收、利用与创造新知识。

(2)知识的重叠性。组织要吸收新知识,前提是在新旧知识和成员彼此之间有某些重叠相通的基础背景知识,包括特殊领域内的基础知识、专用术语和相关的背景常识等。

(3)知识的定义性,是指组织应该具备完善的知识地图,以便了解在组织内外存有哪些有价值的专家或知识。拥有哪些互补性和差异性的知识和专家,才能快速地的找到可以合作的项目或团队。

(4)知识的差异性。团队成员彼此的知识背景越不同,越有

可能深入了解不同层面的新知识并产生创意。

2. 组织的吸收能力对组织的经营具有重要性，如图 5－2 所示。

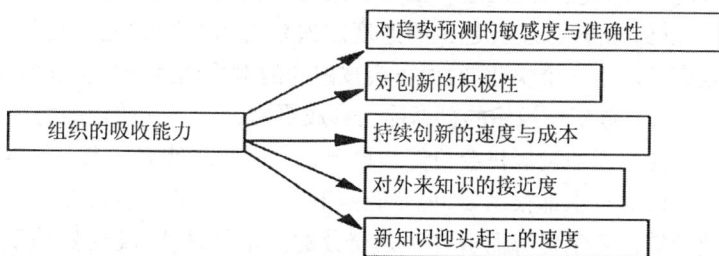

图 5－2　组织吸收能力对组织绩效的影响

资料来源：林东清：《知识管理理论与务实》，电子工业出版社 2005 年版。

这些重要性体现在以下几方面：

（1）对趋势预测的敏感度与准确性。当组织的相关性知识累积得越多时，将可以更深入、广泛地了解新技术本质的能力，以更准确地评估与判断此项新生技术的价值，同时也可以提高对外部环境涌现的新机会的敏感度，并容易注意到更大的典范转移和及早把握新的商机。

（2）对创新的积极性。March 和 Simon(1958)认为影响组织创新量大的因素是组织本身有无旺盛的积极性。Cohen 和 Levinthal(1990)则认为影响积极性的背后因素，是其认知的吸收能力。有的组织采取主动积极的创新战略，有的则采取被动的反应式的创新战略，而其背后其实是因为越有能力的人会越有信心，越能积极地执行这种行为。

（3）持续创新的速度与成本。根据学习曲线的理论，组织如果有类似经验越多，就越可以比对手以更快的速度提出更多的新奇产品，它所需要的成本还较低。

(4) 对外来知识的接受度。组织之所以有过于重视原创性发明的想法,一方面由于本身自尊心使然;另一方面则考虑到本身的吸收能力不足,以至于无法吸收这种知识,或耗费的成本太高,吸收的速度太慢已远远赶不上对手,所以会产生抗拒心态。

(5) 新知识迎头赶上的速度。如果组织的吸收能力较强,则较容易成为一个快速者,而不会被占先的对手远远地抛弃在后面。

二、创新型组织的创新能力构成要素之二 —— 转化能力

企业新的发展机会可能来自于企业内部或外部技术。尽管这两方面的技术都很重要,但是企业利用外部技术的能力对保持企业持续的竞争优势而言并不是充分的。也就是说,仅仅依赖于吸收能力是不够的。这是因为外部技术也可以被其他企业所理解。相比较而言,内部技术并不是可以广泛地被其他企业所理解,因而构成了企业持续竞争优势的基础。3M 公司就是一个典型的例证。该公司依靠其自身技术(传统的业务),如粘贴、涂层、研磨等技术而获得的收益要比依靠附加的业务(即以所获得的外部技术为基础的业务,如成像、测试设备等)的收益高出 50%。

帕维特(Pavitt)的研究也证明了与外部技术相比,内部技术也是非常重要的。在英国 1945～1979 年间的 3 013 项重大创新中,几乎 59% 的创新都是基于来自创新企业内部的知识。在某些产业中,如染料、铝业、机动车以及纺织业中,内部技术创新几乎占总创新数量 70%。因此,内部技术对企业的活动来说是至关重要的。创造新的技术机会要承担相当大的风险,因为只有少数获得成功。由于缺乏市场或互补技术,大多数都失败了。因而新创造的技术机会所产生的技术知识就不可避免地要失去。与此相对照,尽管新技术知识不会马上就被使用,一些成功的企业将会有选择地保留新技术知识,因为这些企业拥有保留这些知识所需的组织资源,如科宁公司花费了大量的资金在激光技术和特种玻璃及汽车防风玻璃的研发方面,但是没有一个项目立即产生效益。许

多年以后,激光研究项目产生了光纤,而防风玻璃技术产生了供平板显示用的玻璃。

因此,存储知识以供后来之用能够有助于增强企业的优势,这一点还没有引起企业重视。企业对技术知识存量的利用,要求企业跨越时间进行技术知识转移。这种跨越时间转移技术的能力被称为"转化能力"(transformative capacity)。这一概念是作为对科恩和莱文斯的"吸收能力"(absorptive capacity)概念的补充而提出的。吸收能力是认识和利用来自企业外部的技术机会的能力①。相对而言,转化能力是基于企业内所产生的技术机会来一体化企业内处于不同时点上的技术知识的能力。当涉及具有路径依赖性质的累积知识时,要维持企业的竞争优势,仅仅依靠吸收能力是不够的②。有时,单依靠吸收能力将会导致企业竞争优势的丧失,这在 IBM 公司里已得到验证。在过去的几十年里,IBM 公司在个人电脑方面吸收了外部技术而没有利用自己所创造的技术,由于竞争对手也吸收了同样的技术,IBM 公司丧失了其竞争优势。近来 IBM 公司试图对公司进行重组,但是并不成功。相比较而言,转化能力在构建和维持企业的竞争优势方面的力量在 Honda 公司得以显示。该公司特别强调产品利所使用的工艺技术的组织内的开发,这些技术已帮助该公司构建了良好的竞争优势。

由于技术是知识的一种形式,所以技术变革可以通过考察技术的研发得以理解。技术的研发是通过概念和方法的连续累积而进行的。以前的概念与方法影响了未来问题的选择,因此知识研发的过程具有路径依赖的性质。知识开发的累积过程可用"知识

---

① 相比较而言,吸收能力可理解为知识跨越空间的转移,即通过学习从企业外部转移企业内部,而转化能力所讨论的知识跨越时间的转移问题。

② 吸收能力可能是与技术开发的初期阶段更相关些,在这一阶段一些概念还需要转化成特定的技术和产品,这是因为一旦技术变得具有企业特定性时,它就难以被其他企业吸收,即使企业拥有吸收能力。与此相关,转化能力与技术开发的所有阶段都是相关的。

向量"(knowledge vector)这一概念来描述。在不同的知识向量不断累积的开发过程中，当知识向量相交的时候就产生了新的知识。知识向量的交叉是指某时点上曾经不相关领域的知识汇聚在一起而使知识进行累积性的一体化，因此，不仅有知识向量内的知识累积，而且还有不同知识向量之间的一体化，从而产生新的知识。录像机产品的开发生动形象地描述了这一过程。在长达80年的录像机产品的缓慢演化过程中，来源于许多看似不相关领域的知识向量汇聚在一起，开发出了几种中间产品。这些不相关的领域包括电磁、记录材料、电子以及调频技术等。尽管在开始的时候没有预想到特定的目标，但是这些知识向量中的一部分被发现是非常有用的。正如该发明的时间记录资料所显示的，这些知识向量在不同的时点上以不向的速度进行开发，最终通过旧的和新的知识的一体化而形成录像机技术和产品。

这一描述同罗森伯格(Rosenberg, 1982)的观察，即知识向量以不同的速度开发是一致的。一些向量的开发滞后于其他向量，从而成为知识开发中"瓶颈"。研究者们就把注意力投向于这些向量，而这些"瓶颈"向量的开发又会依次产生其他一些"瓶颈"。从这个意义上讲。知识开发是一个在不同时点上知识向量之间领先和滞后的过程。结果那些领先的知识向量必须保存下来，并在后来能够复活以便同其他向量知识进行一体化，因此知识开发的时滞要求保存以前的知识。知识和市场开发中的时滞产生了知识在时间上转移的需要。知识转移受以下几个知识维度的影响：

第一个维度是知识的默示性程度，即知识是明晰的还是默示的。默示的知识不能得到完全的描述，而明晰的知识是可以清晰表述的。第二个维度是知识的复杂程度，即知识是简单的还是复杂的。用很少的信息就可以描述简单的知识，而描述复杂的知识则需要大量的信息。第三个维度是知识的系统程度，即知识是独立的还是置于一个大的知识系统之中的。系统化的知识可以用其他知识向量关系的角度来加以描述,而独立知识仅通过自身就得以描述。温特将对知识进行定位的维度作为连续的量来处理,当每一个维度变得显著时,知识转移的难度就会加大。处于连续的维度变量中不同位置的知识,会影响到描述这种知识所需的信息的量和性质。因此,它也就影响到知识在时间上转移的相对难易程度。知识的复杂程度越大,就越需要更多的信息来进行知识的转移;知识的默示程度越大,就越需要更丰富的手段来进行知识的转移,而且系统化的知识还需要转移一些相关的知识向量[①]。

三、创新型组织的创新能力构成要素之三——学习能力

(一) 学习能力的定义与构成

组织学习能力是组织在整合个人学习能力基础上形成的学习能力,表现为组织作为学习主体获取、传播、共享、转化知识的能力[②]。

组织学习能力的构成要素:①个人学习能力。组织学习能力是组织在整合个人学习能力基础上形成的学习能力,个人学习能力是组织学习能力的最基本、最具能动性的要素,组织成员的学习能力决定着组织在所有四种知识转化过程中的效果与效率。②知识传播能力。这一能力是组织在其部门与成员中间传播知识的能力,传播能力决定了组织及其成员在需要知识、信息时是否拥有获得知识、信息的途径,以及传播知识的效率,进而影响着知识的融合、外化和内化过程。③合作学习能力。这一能力是组织成员互教互学、群化隐性知识、融合显性知识的能力。只有通过合作学习,组织成员才有可能学习和共享隐性知识,因此合作学习能力对知识的群化起着决定作用,它对于知识的外化、融合和内化也具有重要作用。通过合作学习,组织成员可以提高学习速度与质量,在学习过程中提高学习能力,形成良好的工作伙伴关系。

① 余光胜:《企业发展的知识分析》,上海财经大学出版社 2000 年版。
② 牛继舜:《论组织学习能力的构成要素》,《现代管理科学》2005 年第 8 期。

（二）学习能力构成要素分析

1. 个人学习能力

在学习化社会,学习能力是个人生存与发展的基础;在知识经济时代,个人学习能力是组织学习能力得以存在和提升的前提条件。

根据教育学理论,个人学习能力构成要素包括记忆能力、思维能力、观察能力和想象能力。记忆能力强的人对学过的知识经久不忘,他们虽然在学习上所用时间相对较少,但学习效率高、效果好,可以做到事半功倍;而记忆能力弱的人则需要增加学习时间才能收到学习效果。思维能力强的人善于思考,善于发现问题、提出问题,能做出假设,并努力去解决问题,实践假设,他们对问题的判断迅速、准确,当情况发生变化、解决问题遇到障碍时,能及时、灵活地改变方向。而思维能力弱的人,常常表现得呆板、固执,不能根据具体情况而改变自己的方法,难以独立解决问题。思维能力特别是创造性思维能力,是学习能力的核心。观察是对某种事物有目的、有计划的知觉。观察能力强的人,能够迅速抓住观察对象的特征和本质,获得第一手有价值的资料,为认识客观事物发展变化的规律性提供科学依据。想象同其他心理过程联系密切,记忆中伴随着想象,抽象思维也要借助于想象,发明创造与想象更是息息相关,想象是一种特殊形式的思维,本质上就是形象思维。

除上述基本能力外,在学习化社会中,个人学习能力构成要素中还应该包括自学能力和信息能力。自学能力使人能够终身不断地学习;信息能力使人能够在信息激增的情况下快速、准确地查找、获取学习所需的资料。自学能力是一种更高层次的综合学习能力,它一般包括良好的自我意识和自我评价能力、对自己认识过程本身的认识能力以及对学习方法和学习策略的调节能力等。信息能力是人们获取信息、加工处理信息、吸收并利用信息资源的能力,它包括信息获取能力、信息整理能力和信息利用能力。由于信息技术和手段掌握的程度,影响着人们的信息意识、信息交流能力,影响着人们学习知识的效率与效果,因此信息能力影响着人们对于社会活动和社会经济的参与性和成功率。

2. 知识传播能力

传播是知识的输出过程,是组织学习能力的重要构成因素。经济合作与发展组织在《以知识为基础的经济》报告中高度评价了传播的作用:"除了对知识的投资之外,通过正式或非正式网络的知识传播也形成了经济运行的基础要素。"

传播的作用在于使个人知识成为组织成员共有的知识。对于组织来说,知识是无形的,知识不会因使用的人多而使每个人分到的知识越少或者产生任何的损耗,相反,知识产生作用的范围越大,其价值就越显著。知识的流动依赖于组织的传播能力,传播能力决定着组织对于知识的使用范围,决定着组织成员共享、转移知识的速度与效率,进而决定着组织学习知识的效率与能力。

传播是学习、共享知识的基础,在组织内部传播知识可以降低创造性学习的成本,减少了"从头开始"进行研究开发所需的费用。而通过学习所吸收、积累的知识,若不能得到有效地扩散、激活和使用,就成为组织的沉没资本。学者研究发现,很多企业重视实验、革新,开拓的市场,制造新的产品,调整组织结构,由此生产出了新的知识,但是这并不说明其学习能力强,因为它们只是生产知识,而未推广知识。除非组织及其成员能够跨越各种边界共享知识,否则新知识就不会对组织学习能力产生贡献。他们通过对若干大公司的实地研究发现,在组织学习能力高的公司中,其 CEO 都有意识地、积极地促进跨越组织边界的学习。因此,组织学习成果必须跨越若干边界进行传播、共享,才有利于将个人学习能力整合为组织学习能力。在出现创造性学习时,组织不仅要扶持创新,而且要帮助创新者在组织内传播其学习成果。

传播能力主要取决于组织所建立的传播网络和传播渠道。传播网络包括有形的计算机网络、组织结构和无形的人际关系网络，传播网络为信息、知识流动提供了正式和非正式的渠道，是个人学习和组织学习之间的桥梁，是传播能力的保障。

3．合作学习能力

合作学习(cooperative learning)是以小组为主体进行的一种学习活动，是一种伙伴之间的合作互助活动，其目的是提高全体成员的学习能力与学习效果。

合作学习的理论基础之一是集体动力理论。该理论认为具有不同的智力水平、知识结构、思维方式、认知风格的成员可以互补，在合作性的交往团体中，成员可以相互启发、相互补充，实现思维、智慧上的碰撞，从而产生新的思想。从集体动力的角度看，合作学习理论的核心就是：当所有的人聚在一起为了一个共同目标工作时，依靠的是相互团结的力量。相互依赖为个人提供了动力，使他们互勉，愿意做促使团体成功的事；互助，力求团体成功；互爱，因为人人都喜欢别人帮助自己达到目的，而合作最能增加组员之间的接触。

合作学习对于隐性知识的学习、共享具有极为重要的意义。合作学习能力决定着组织将知识群化的能力。合作学习也是知识融合、外化与内化的重要手段。在合作学习过程中，组织成员能够更好地体会、认识、描述自己头脑中难以表述的隐性知识，实现知识的外化；相应于其他成员来说，学习伙伴隐性知识的外化，又为其学习他人隐性知识提供了机会与条件，有助于其知识的内化。组织通过这种隐性知识的输入与输出，实现知识的群化。合作学习对知识群化的另一种形式的贡献是，组织成员在互教互学、共享知识的过程，提高对于思维不一致性的敏感性，并从中发现挖掘隐性知识的机会，从而促进知识的群化，使组织整体思维变得愈来愈默契①。

合作学习对于创造性学习也具有重要意义。知识只能在知识生产者之间,通过社会性的协作过程中的沟通交流和运作,通过分享彼此的知识和相互构筑思想才能产生,合作学习能力使在创造性学习过程中和对解决方案的联合探索中所释放出的创造力跨越部门边界向整个组织扩散,从而将个人与团队的学习能力转化组织的学习能力。

第三节　基于技术创新的企业组织构建

技术创新要通过一定的组织模式来实现。企业是由一系列职能部门构成的经济组织,组织结构必然影响企业技术创新的成败与效率。一方面是因为企业采取不同的组织结构,必然以不同的组织方式左右企业所实施的创新活动;另一方面是因为技术创新涉及企业多个部门或单位,不同的创新活动要求采取不同的组织结构。因此,如何进行企业组织整合,是企业创新中必须解决好的问题之一。

一般而言,企业要实施有效的创新,企业组织结构必须具有下述功能:一是组织的制度性安排要能有效地激励员工的创造性与积极性,二是组织中各单元要能有效地传递信息,三是组织结构要有利于有效地协调各个职能部门的创新活动,四是组织整体要对市场有效的响应速度。

一、技术创新对组织的要求

（一）技术创新与组织结构

Woodward 是最早将技术作为组织结构的一个决定因素的研究者,他按照企业组织对投入转化为产品的"工艺技术连续性"程

---

① 朱继舜:《论组织学习能力的构成要素》,《现代管理科学》2005 年第 8 期。

度对组织技术进行分类,揭示了组织设计中的差异性。从单一/小批量生产(unit/srnall batch production)到大批量/大规模生产(large batch/mass production)再到连续流程生产(continuous process production),不同子单位之间的相互依赖性逐渐增加,资本投资增加,从而需要更加稳定的生产流程。生产技术越复杂,组织结构的管理层级增加,管理人员和生产工人比例也增加,也就是纵向差异化程度增加。采用大批量/大规模生产技术的企业与另外两种技术类型相比需要更宽的管理幅度,更加规范的规则和程序,以及更加依赖于书面的沟通。Woodward 认为这三种类型企业都有其相关的特定组织结构形式,成功的企业是那些能根据技术的要求而采取合适的结构安排的企业。在每一类别中,能够最接近该类结构因素的企业是最有效能的。他发现,制造业企业的组织并不存在一种最好的方式。单件生产企业和连续生产企业,采用有机式结构最有效;而大规模生产企业若与机械式结构相匹配,则是最有效的。

　　Woodward 的技术分类法的一个主要缺陷是,它仅局限于制造企业的组织结构。Perrow(1967)将技术看成所有组织成员所从事的行动,他认为技术是"一个人作用于某物,以使该物发生转化的行为,无论该人是否依靠工具、机械设备或其他方面的力量"(Robbins,1988),也就是以知识为基础的技术(knowledge - based technology or knowledge technology)。他根据工作的可变性(task variability,指一个人在运用知识技能的变化情况)和问题的可分析性(problem analyzability,指在工作中碰到的问题以及处理的难易程度),将技术分为四种:工艺型、常规型、工程型和非常规型技术。Perrow 关于知识技术与组织结构之间关系的论述得到了广泛的认同,许多研究都支持其观点:组织内的技术越常规化,其规范化程度和集权程度就越高,而非常规化技术则相反。Perrow 明确指出,组织结构要适应技术特性需考虑以下因素:从事某项工作的人对自己的工作的自由决定程度,工作小组对自己目标及基本战略进行控制的权力大小,各个部门的相对依赖性程度,组织各部门在反馈和计划等协调方式中参与的程度。他认为,组织的协调和控制方法应该根据组织内的技术类型而定,如常规型技术采用计划和严格的规则的形式,工程型技术采用报告和会议制度形式,工艺型技术采用培训和会议方式,非常规型技术则采用小组间联络与小组会议形式。Thompson 也发展了一种综合性的方法,他按照组织内各部门技术间的相互联系方式将技术分为三种:长序式(long - linked)技术、中介式(mediating)技术和密集式(intensive)技术。更重要的是,他根据任务之间的相互依赖程度将其分为目标互倚性(pooled interdependence)、接序互倚性(sequential interdependence)和交互互倚性(reciprocal interdependence)。在此基础上,Thompson 提出了任务互倚性、技术类型和组织结构的对应关系(Robbins, 1988),如表 5 - 4 所示。

表 5 - 4   **常规和非常规技术的分类**

任务互倚性	技术类型	结构复杂性	结构规范性
接序互倚性	长序式技术	低	高
目标互倚性	中介式技术	中	中
交互互倚性	密集式技术	高	低

资料来源:作者整理。

在后来的研究中, Van de Ven、Delbecq 和 Koenig(1976)发展了 Perrow 和 Thompson 的概念并进行实证分析发现,在组织单元内任务的相互依赖性类型不同,有效的协调方式也不相同。Cronin 将技术分为常规型(routine)技术和非常规型(nonroutine)技术,在此基础上, Robbins (1988) 对 Woodward、Perrow 和 Thompson 的研究进行了总结。如表 5 - 5 所示。

表 5－5 常规型技术和非常规型技术的分类

研究者	技 术	
	常规型技术	非常规型技术
Woodward	大规模生产、连续流程	单一/小批量
Perrow	常规型、工程型	工艺型、非常规型
Thompson	长序式、中介式	密集式

资料来源:作者整理。

Damanpour(1991)检索了 1960 年到 1988 年的《社会学摘要》、《心理研究摘要》和《经济研究摘要》和 Rogers 等(1917)的创新扩散研究参考文献目录以及 Glazer 等(1980)的新产品和创新研究的文献参考目录后,从中选取了相关的数据。以这些数据为基础,Damanpour 系统地分析了组织构成因素与创新之间的关系(见表 5－6)。

表 5－6 组织构成因素和创新之间的关系

独立变量	关系	对关系的解释
分工	正	大量不同专家的存在能够形成广泛的知识基础(Kimbely, et al, 1981),促进创意交流(Aiken, et al, 1971)
职能化	正	不同单位专家的联合能够促进各单位技术和管理的变化并对变化进行详尽阐述(Baldidge, et al, 1975)
专业化	正	增加跨专业活动、自信、超越现状(Piece, et al, 1977)
正规化	负	柔性化能够促进创新(Aiken, et al, 1971)低正规化能够促进开放、新创意和行为的产生(Piece, et al, 1977)
集权化	负	集权会限制创新,分权、雇员参与能够提高雇员的认识能力和对工作的承诺(Thompson, 1965)
经理对变化的态度	正	经济支持变化的态度能够导致促进创新的工作氛围,并能够协调解决创新应用推广的矛盾
经理任期	正	经理任期期限越长越具有完成任务、解决政治冲突取得预期成果的能力(Kimberly, et al, 1981)
技术知识源	正	技术知识基础越大新的技术创意越易被理解,创意开发与应用的流程越易形成

独立变量	关系	对关系的解释
管理强度	正	经理越来越益于创新的产生,因为创新的成功引入需要经理的指导支持协调(Damanpour, 1987)
资源的丰度	正	丰裕的资源益于预先购买创新、吸收失败教训、承担创新成本、开发新的创意(Rosner, 1968)
外部沟通	正	环境收缩、跨企业专家合作益于信息交流、创意的产生(Miller, et al, 1982)
内部沟通	正	益于创意在组织内的传播,并促进创意数量和种类的增加,从而便于创意沟通(Aiken, et al, 1971),同时能够营造便于创意被接受的氛围
垂直层级	负	层级制增加了沟通的渠道和环节,却限制了创意在层级之间的流动

资料来源:F. Damanpour. Organizational innovation:A meta - analysis of Effects of Determinants and Moderators. *Academy of Management Journal*, 1991, 34(3), pp.555 - 590.

(二) 技术创新与组织模式选择的基本问题

企业选择创新组织模式,应着重考虑以下几个方面:

1. 正式组织与非正式组织

创新活动可以由正式的创新组织完成,也可以由非正式的创新组织完成。创新组织的正式或非正式是指创新组织受企业内部的制度及各种行为关系准则制约的程度,并没有一个严格的界限,受企业内部的制度及各种行为关系准则制约的程度越小,非正式程度就越高,反之非正式程度就越低。创新组织的非正式程度可以从组织的专业化程度、规范化程度、标准化程度、集中化程度和层次化程度五方面加以描述。专业化、规范化、标准化、集中化、层次化程度越低,创新组织的非正式程度就越高。

技术创新是企业有组织的活动,采用正式化程度较高的组织形式,有助于企业把握创新的方向,使创新活动与企业的总体战略目标保持一致,创新活动所需的资源投入比较有保证。技术创新同时又是创造性的经济活动。因此,企业所设计的创新组织结构既要激发创新人员的主动性与创造性,又要使其服从创新活动的总体要求。研究表明,非正式程度较高的创新组织在激发创新人员的主动性与创造性方面有明显的优越性。

2. 集权与分权

创新过程的集权是指在创新过程中把较多的决策权集中到项目高层主管人员手中;分权是指把决策权更多地下放给创新项目的基层工作人员,只保留对少数重要问题的决策权。创新过程中集权的主要优点是:保证创新活动的总体协调和统一,使创新活动始终朝着总体目标而不是阶段目标推进;能够有效地避免创新各阶段工作之间的重复,提高创新效率;此外可保持对创新费用和风险的直接控制,避免产生重大失误和资源浪费。创新过程中分权的主要优点是:能充分发挥创新人员的主动性和创造性,有利于针对市场变化迅速做出反应,同时有助于创新人员之间的相互学习和交流。在创新过程中,集权和分权应有机地结合起来,才能使创新组织既保持统一性又具有灵活性。影响创新过程集权和分权选择的主要因素有:技术变化的程度、创新面临的市场环境、创新人员的素质、创新项目的规模等各方面。企业需要根据特定创新活动的具体特点,考虑企业组织的特点,考虑创新人员的综合素质,将集权与分权有机的结合起来,这样才能使创新组织既有高度的统一性,又有高度的灵活性。

3. 专门组织与非专门组织

在实施一项技术创新任务时,企业在组织形式上有两种选择:一是不设立专门的创新组织机构,创新过程各个阶段的工作由不同的职能部门分别完成,研究与开发部门负责基础研究和应用研究,然后把研究成果向制造部门转移,最后由营销部门完成销售;二是设立专门的创新组织机构,由专门机构完成创新全过程各个阶段的工作。这两种组织形式各有优势,职能部门分工优点往往是专门创新组织机构的弱点,反之亦然。企业在创新活动中需要根据实际情况权衡利弊,做出最有效的组织结构选择(程源等,2005)。

（三）技术创新特征对分工的要求

技术创新过程是以人为中心的创造性的商业活动，以技术为基础的重大创新具有很大的不确定性，这要求创新过程中各类人员能适用技术创新的要求。本节将根据某些关键要素在创新过程中的职能作用，来研究技术创新组织的新方法。这些角色在创新小组中的地位通常是非正式的，但他们具有关键性的作用，是形成高效创新组织的关键，许多创新都与关键人物有关。因此，企业有必要对担当这些关键角色的人和组织的特征有所了解，担当这些角色的人，称为关键人物①。

在企业技术创新过程中，有五个角色十分关键，许多技术创新之所以失败就是因为缺少这五个角色中的一个或几个。这五个角色分别是：

1．构思产生者，分析或综合关于市场、技术、生产方法或政府管制的信息，为开发新产品（或服务）、新的技术方法或程序以及改进现有产品和工艺，解决挑战性技术难题等产生构思。分析或综合的方式，可以是隐含的也可以是公开的，提供的信息可以是正式的也可以是非正式的。作为产生构思的角色，还可从其他渠道搜集创新构思。

2．企业家或倡导者，确认、提出、推动或表明一个新的产品构思、技术构思与方法或项目管理的评价程序。

3．项目领导者，计划与协调在将创新构思转化为现实技术创新的过程中所涉及的多种活动和人员行动。

4．"技术桥梁人物"（守门人），搜集关于内、外部环境重大变化的信息并将其传递给最可能或最有兴趣使用的相关人员。信息守门人可以集中精力于市场、制造和技术领域的发展或进步。

5．指导者，指导或培养关键人物中缺少经验的人员，幕后支

---

① 陈伟：《创新管理》，科学出版社 1996 年版，第 91～98 页。

持、保护、倡导技术创新,以及有时提供计划外的"非法"经费。

最后,所有技术创新组织中都存在着另一个角色——技术难题解决者。他实际上不是一个"创新性"的角色,但技术创新也离不开他,因为要使技术创新努力推向前进,必须解决大量"常规性的"技术难题。虽然技术难题的解决对技术人员的专业修养和能力有较高要求,但从技术难题的特征上看,对于一个受过适当训练的人来说,它不过是常规性问题。创新组织的大多数人员只做非常少的关键角色工作,那些关键角色的重要执行者们也把相当多的时间花在了解决常规性技术问题的活动之中。

技术创新的各个阶段对这五个角色的要求不同,并且不同的技术创新项目在各个阶段所要求的角色组合也不同。要使技术创新有效地通过各个阶段,所有五个角色必须由一个或多个人来实现。在角色分配中,需要强调以下几点:一是为了保证项目的成功,某些关键角色常常要求技术创新小组内部的多个人担当;二是提倡一个人担当多个关键角色;三是技术创新成员所担当的角色必须随着其在组织内的经历变化而周期性地调整。

每个关键角色的重要性随着项目的发展会有所变化。最初,产生技术创新构思是至关重要的。接着,将构思和概念发展成可靠的行动时,企业家技能和义务必不可少。一旦项目立项,要指导其发展,必须有好的项目领导者。自然,对关键角色的需要不会突然地出现或消失;相反,这些需要会逐渐地变大或减少。每个角色都只在技术创新过程某个点上比较重要,而在其他各点的重要性就小些。因此,倘若正需要某个关键人物的时刻他没有出现,对项目组织来说是一个严重的缺陷,不管这一角色在其他时候表现如何。由此可见,对某个关键任务所能担当的关键角色安排不当,会导致个人的挫折和项目小组的低效率。

表 5-7　　　　　　技术创新过程的关键角色及人物特征

关键角色	个人特征	主要活动
构思提出者	是某一两个领域的专家，善于概念化，擅长抽象思维，喜爱做技术创新工作，通常是单独贡献者，常愿意独自工作	产生新颖构思并测试其可行性，促进难题解决，以新的或不同的方法做事，寻求对现实的突破
具有企业家精神的人或倡导者	对应有工作有强烈的意向，具有广泛的特长，对开发基础知识不感兴趣，精力充沛和果断，愿意在第一线	向组织内其他人员宣传新构思，促使他们接受，取得资源，积极倡导新"事业"，并敢于承担风险
项目领导者	关注各种决策、信息和技术难题，对他人需要比较敏感，能动员、组织人力去完成某事业，知识面广（如营销、财务）	为小组提供领导职能、计划和组织项目，保证达到行政管理的要求，在小组成员间提供必要的协作，维持项目有效地向前推进，使项目目标与组织要求保持一致
守门人	具有高水平的技术能力和专长，平易近人，善于用面对面接触的方式帮助他人工作	通过杂志、会议、同事关系等途径对组织外的相关开发保持联系，将信息传递给他人，使信息便于传播，降低信息传递成本，担当组织内的信息源，进行小组人员间的非正式协调
指导者	具有开发技术创新构思方面的经历，善于听取别人意见，乐于帮助人，没有偏见，是一个了解组织内情的高级人员	帮助发展、发挥他人的才干，提供鼓励、指导，并且担当项目领导者和其他人的知心人，接近组织的权力层，使项目小组不受不必要的干扰，帮助项目小组从其他部门得到所需要的东西，为项目小组提供合法性和工作目标

资料来源：陈伟：《创新管理》，科学出版社 1996 年版，第 95 页。

二、基本的组织结构对企业技术创新的影响

企业技术创新最终要通过一定的组织模式来实现，创新的组织模式影响着创新的效率与成败。一方面，企业的不同组织结构必然以不同的方式影响技术创新的各个权变因素；另一方面，技术的发明和创新需要对工作的重新设计和组织的重新构建。

（一）直线职能式组织结构对企业技术创新的影响

直线职能式结构又称职能式结构，是工业化时期产生的典型组织结构类型（见图 5-3），当前仍是国内外各类企业组织中常用的一种形式，这类形式广泛存在于一些中小企业，主要从事成熟技术的局部、渐进改进，产品的构思、设计、制造、市场试验等基本上在产品开发部门进行，其他职能部门在企业的领导和协调下配合创新。实践证明，这是中小企业从事成熟技术的后续改进、开发来

提高组织效率的一种比较有效的方法。

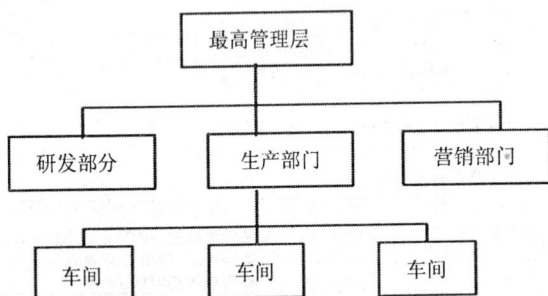

图5-3　直线职能组织结构

资料来源：任浩，《现代企业组织设计》，清华大学出版社2005年版（经作者整理）。

　　大规模的经济性表现为在一定时期内产品的单位成本随总产量的增加而降低，因此，以获得规模经济为目标的大批量制造技术对企业的要求便是提高生产总量、降低生产成本。它要求与之相适应的组织结构必须是机械式的，这样才能满足它对生产计划严格周密、执行准确到位的要求。直线职能式组织结构是以工作为原则而形成的组织结构，在授权方面属于高度集权型，即高层负责计划、任务、战略、决策和管理，而基层没有自主权，只是忠实地执行上级的命令，这种组织结构能够有效地管理大量投资、劳动分工和资本主义大规模机械化生产，是符合大批量制造技术需求的组织结构。

　　由于直线职能式组织结构是以工作为原则而形成的组织结构，各部门按其所负责的职能进行设置，因此该组织结构对企业技术创新较为有利的一面：(1)增加了各部门的专业化和标准化程度，有利于各部门经验的积累，有利于小规模工艺创新的发生。(2)研发部门独立于生产、销售等部门之外，有利于对研发部门的统一管理,提高研发部门的工作效率,从而利于技术开发等创新经验的积累,能促进创新成果在企业内的长期应用。与此同时,直线职能式组织结构对企业技术创新存在着较为不利的一面:①各部门重视纵向联系而不注重横向联系,这使得与创新有关的信息在不同部门之间流动过于困难。②各部门专业化、标准化程度高,企业生产和销售过程的刚性太强,柔性不足,因此不利于新产品的投入生产和销售,这使得创新成果的运用具有时滞性。③部门间专业化程度的提高使得企业对外的开放性程度降低,不利于其他企业创新成果在本企业内的扩散。

(二) 事业部式组织结构对企业技术创新的影响

随着企业规模的扩大,生产逐渐多样化,以往的直线职能式组织结构由于各部门横向协调性差使得组织内部交易费用大幅上升,抵消了其因专业化而带来的收益。实行多样化必将导致更加深远的彻底的管理结构的改革,于是,与多样化制造技术相适应的事业部式组织结构便应运而生(见图5-4)。

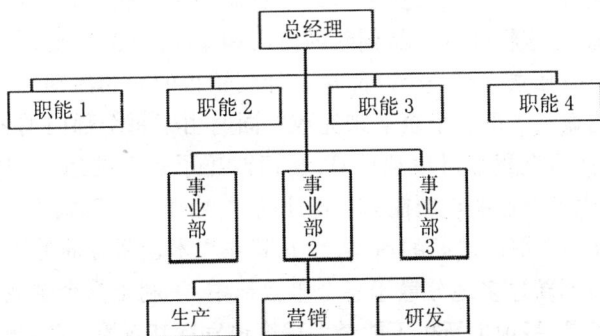

图5-4 事业部组织结构

资料来源:任浩,《现代企业组织设计》,清华大学出版社2005年版(经作者整理)。

事业部式结构又称产品部式结构战略经营单位,企业可以针对单个产品、服务、工程或项目、地理分布和利润中心来组建事业部,如图5-4所示,这是由产品、经营种类来组织的事业部。事业部式结构实行决策分权,日常经营决策权在各事业部,避免了职能式结构把决策压向高层的问题。同时,分权的结构鼓励灵活性的变革与创新。事业部式结构在实现跨部门协调方面效果极佳,当环境不确定、技术不稳定或不成熟,需要部门相互配合,且目标是外部有效性和适应性时,适合采用事业部式结构。事业部式常与多元化经营,跨国经营与较大规模相联系,国外许多大企业,如通用电器、三菱集团、时代华纳公司等和国内多数上市公司都采用事业部式结构。

由于事业部式组织结构是以对象为原则建立起来的组织结构,其中每一个事业部针对一个产品或项目,因此它在进行产品创新、开拓新市场时优势为:(1)企业可以随时根据创新的进展组织新产品的生产和销售,这大大加强了企业对外部环境创新刺激的反应能力。(2)每个事业部内的信息流动要比整个企业内的信息流动畅通,这将减少产品创新的时滞和成本。(3)事业部规模小,每个部门独立完成一个产品从设计到销售的一切活动,其组织效率将明显高于由一个企业来完成。同时由于每个部门的创新、管理、生产的报酬都可单独核算,从而改善了创新的组织和激励方式,增强了企业的创新能力。与此同时,由于事业部式组织结构必须协调各个部门之间的活动,因此其在技术创新方面的弊端表现在:(1)创新过多地分散于各个事业部中,不利于整个企业创新经验的积累,每项创新也不能最大程度地发挥其效用。(2)事业部之间信息流和物流不通畅,有可能会出现重复创新,造成资源的浪费,在一定程度上会影响整个企业的创新活动及扩散。

(三) 矩阵式组织结构对企业技术创新的影响

在市场相对稳定、品种变化较慢的情况下,事业部式组织结构可以广泛用于产品种类较多的大型企业。但在品种变化较快、技术发展很快的情况下,市场要求产品不断出新,企业要求转换生产成本低廉,柔性制造技术便应运而生。柔性制造技术就是多品种小批量的生产技术,该技术能以较低的转换成本迅速在各品种型号之间转产,以满足不断变化的市场需求,它要求组织具有很强的横向沟通能力,矩阵式组织结构可以较好地完成这一任务。

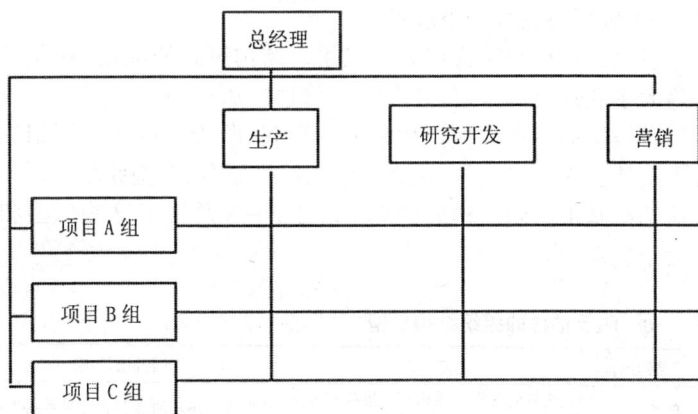

图 5-5 矩阵式组织结构

资料来源:鲁若愚、银路:《企业技术管理》,高等教育出版社 2006 年版,第 316 页(经作者整理)。

矩阵式组织结构由纵横两套管理系统组成,一套是纵向的职能领导系统,另一套是为完成某一任务组成的横向项目系统。因此,矩阵式组织结构既可以根据某一产品设计、生产、销售的需要设置项目小组来对该产品对象进行统一管理,又可以对各项职能进行分类管理,具有较大的灵活性和机动性。它对企业技术创新具有以下优势:①通过组成项目小组而达到事业部的效果,不仅能使一个项目小组内的信息流和物流更加畅通,而且能使企业能够有效协调各个职能部门的工作,及时发现与解决问题。②这种组织结构能够充分利用已有的创新,有利于创新经验累积度的提高,使创新发挥其最大效用,从而提高企业的创新能力。但矩阵式组织结构也存在着以下弊端:①多头领导,权责不明。由于项目经理与职能部门经理谁也不能对项目任务拥有完全权限,因而容易导致出现问题时谁也不负责的现象。②层次复杂,联系太多。只要企业规模稍有扩大,对企业经营者的要求将大大提高,一旦管理不善,组织效率将会大大下降①。

以上三种组织结构作为传统组织结构模式的典范,在现实中为绝大多数企业所采用,并在企业管理的历史中几乎成了企业设计组织结构的标准模板。加拿大的亨利·明茨伯格在组织结构做了大量的工作,提出了一系列的组织结构原型,这些原型可以作为企业选择基本组织结构时的模板。表5-8总结了这些原型和它们对于创新的影响。

表5-8　明茨伯格的组织结构原型

组织结构原型	主要特点	对创新的影响
简单结构	中央集权的有机式结构——集权式控制,但能对环境变化做出快速反应,往往是由一个人直接控制的小型组织,由具有决策能力的设计、控制,优势是反应速度快、责任明晰,劣势是容易产生由个人错误或偏见而产生的决策损失,另外会成为组织成长的限制因素	小型的刚起步的高科技企业——"车库公司"经常是简单结构,优势是充满活力、热情和战略眼光,具有很强的创造力,劣势是从组织长期稳定增长的角度过于依赖关键人物,而关键人物不总是能找到正确的经营方向
机械官僚型	中央集权的机械式结构,控制权集中在系统,像一部设计复杂的机器,组织成员就像机器上的齿轮,强调整体功能和部门专业化,可以方便迅速地互换,通过使工作任务简单化和例行公事化来提高整个系统的效率,优势是善于处理像汽车装配一样复杂的、整体性的业务,劣势是容易造成组织成员疏离,组织系统僵硬	创新活动依赖于专业人员和组织全面的创新系统,这个方面的例子包括快餐业(麦当劳)、大批量生产的行业(福特)和大型零售业,在这个组织里,创新活动相当可观,但主要集中在专业人员范围内,这一结构的优势是具有稳定性和致力于使系统适于完成复杂的任务,劣势是死板僵硬、不能快速应对环境变化、非专业化人员的创新活动受到限制

---

① 於芳、韩永进:《企业技术创新中的组织结构模式研究》,《科学管理研究》2006年第2期。

组织结构原型	主要特点	对创新的影响
事业部型	松散的有机式结构,目的为了各个事业部更好地适用不同的具体情况。一般为大型组织所采用,依据所承担战略任务或所经营业务将组织划分为一个个半独立化单元,优势是易于适用各个具体不同的小环境,劣势是各事业部与组织总部之间容易产生摩擦	创新属于符合"核心—外围"模式,创新研发主要集中进行,而创新结果的运用则在各个事业部内进行,这种结构的优势是能够集中力量专门领域的创新,组织内部各个事业部之间的知识能够分享,劣势是各事业部与中心研发机构之间存在"离心力",阻碍创新成果的应用,另外,还会有事业部之间的摩擦和竞争阻碍知识的分享
专业官僚型	松散的机械式结构,个人手中掌握权力,通过标准互相协调,这类组织的特点是具有相对较高的专业技能,典型代表是咨询公司、医院和律师事务所,个人享有高度的自治权,优势是具备高水平的专业化技能和团队合作能力	正规的研发小组、IT小组、工程小组是典型的代表,高度重视技术水平和专业能力,优势在于技术能力和专业水平,劣势是对拥有高级知识水平和高度自由的个人难以管理
特殊任务小组	这种类型的结构目的是处理复杂的和情况多变的任务,特殊任务小组不会长期存在,就有很大的弹性,小组以团队为基础,成员具有高水平的技能和团队协作能力,内部规则和结构框架可能减少到最小,一切以完成任务为目标,优势是善于处理高度不确定性的工作,富有创造力,劣势是成员间暗藏的矛盾影响工作效率,缺乏正式的制度标准,难于管理	这种结构多为创新项目的团队所采用,例如,新产品开发或主要流程变革,美国国家航空和宇宙航行局便是人类登月计划项目的工作最有效的特殊任务小组,值得一提的是,为了应对这个项目的变化和不确定性,项目进行的十年当中,每一年小组的结构都会发生变化,优势是具有高度的创造性和灵活性,如文献中常常提到的"鼠蚰工房"模式,劣势包括缺乏控制、项目成功往往以剥夺更大范围组织的利益为代价
道义导向型	由共同的价值取向而自发形成,组织成员出于共同的利他的目的而聚集在一起,例如志愿服务机构和慈善组织,优势是组织成员高度投入,同时由于整体目标的一致性,可以自主采取积极主动的行动,劣势是缺乏控制	道义驱动的创新会非常的成功,但需要投入精力并清晰阐述目标的意义,全面质量管理等其他利益驱动型组织的原则也正在被道义驱动型组织采用,目的是寻求持续性的创新动力,而不仅仅限于由外部刺激所引发的创新,优势在于清晰的共同目标下,成员具有高度的积极性,劣势在于过分依赖理想作为动力,缺乏法人概念的引入

资料来源:[英]笛德等:《创新管理:技术变革、市场变革和组织变革的整合》,金马工作室译,清华大学出版社2004年版。

三、创新型组织的新形式

前文介绍的企业创新组织的基本形式,本质上都是等级制组织形式,而等级制组织往往并不是创新活动的最佳组织形式。一般而言,企业要成功地实现创新活动,企业组织结构必须具有以下功能:企业组织结构中各单元能有效地进行信息传递,组织结构能协调各个职能部门的创新活动,组织结构必须能有效地激发员工的创新积极性。大量实践证明,非等级制的组织形式如矩阵制组织结构是比较有效的适合创新活动的组织模式。适用于创新活动的矩阵制组织多种多样,如新产品开发委员会、项目小组、任务小组、工作组及风险群体等。图 5 - 6 给出了一套矩阵制组织模式。图中上方的个别人物是指创新活动最终负责的人,他肩负的责任可以是左边的简单协调,也可以是右边的决策。个别人物是相对委员会而言的,个别人物表明组织的集权度高,而委员会的分权化程度高一些。上部的"许多/全部"是指企业创新的总体管理组织,它有两种选择,即集权化的个人和分权化的委员会。下部的"一个"是指一个开发项目的组织组织形式,它有若干种选择,从产品管理小组到风险群体。这就是说,企业创新事业的组织管理最好由委员会负责,委员会是一种分权的组织模式,它可以提供协调和作出决策。而具体的开发负责,就由委员会领导的各种小组负责。

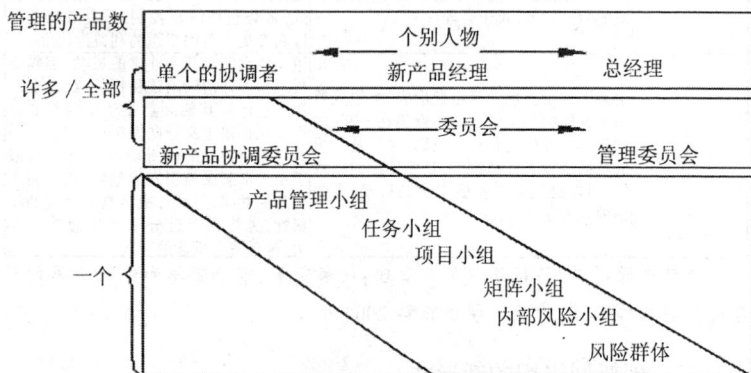

图 5 - 6 界面管理组织模式的选择

资料来源:盛亚,《企业创新管理》,浙江大学出版社 2005 年版,第 130 页。

1．任务小组模式

任务小组是指为完成某个项目或系列工作,抽调双方企业有关人员组成的临时性小组。这个小组具有较完整而独立的功能,可以独立完成一项任务,或者协调各职能部门完成任务。它打破了企业活动过程的不同环节的前后逻辑关联,使不同企业、不同专业人员,包括设计人员、工艺制造、销售维修、市场营销人员等,组成一个多专业的小组协同工作。任务小组分为普通任务小组和自我管理任务小组。

其中,自我管理任务小组更符合自组织协作原理。它不存在一个核心人物,小组中的每一个成员拥有更大的自主权,确定了要完成的目标以后,它就有权自主地决定工作分派、工作方式等。自我管理任务小组中的成员共同解决每一项问题,相互评价工作成绩。在自我管理任务小组中,成员间的地位是平等的,信息的流动是双向的或多向的,从而使创新过程犹如一个纵横交错的网络。这样可以保证产品设计阶段尽可能消除不必要的重复工作,大大缩短开发周期,并可以大大提高创新效率。它的另一个优势体现在通过信息的多向流动,不同专业间可以密切合作,这有利于产生新的思想和概念。

2．项目小组模式

项目小组一般由技术中心各专业、各部门技术人员组成,根据项目的进展情况,成员可以根据需要进行调整。为了保证研究开发成果最终实现向生产部门的转移,在项目的研究开发阶段就要充分考虑工艺、装备和生产条件,促使研发与生产制造界面的有效联结。在研究开发计划安排与科技转化的组织与管理方面,保持与企业内其他职能部门的沟通与配合,企业要采取有效措施,协调各部门的工作,鼓励和支持研发部门、生产制造部门以及市场营销部门人员的交流与合作。为了确保技术中心的研究开发成果向生产部门顺利转移,生产及营销部门的人员一般在研究开发尚未完成时就要选择一个适当的时机介入。

建立跨职能部门的项目小组使研发部门和营销部门的人员分工协作,大大减少了跨越边界导致的效率损失。在新产品设计阶段,研发部门保证营销人员知道研发部门对产品的看法,营销人员将来自顾客、竞争对手以及技术进展等信息告知研发部门人员,并对产品的构思提出建议,通过设定目标的意见交换,使研发部门和营销人员项目开始就在多方面达成一致;在产品的初始商业化阶段,在制定营销战略时,研发人员出谋划策帮助营销人员打开市场;在销售阶段,研发人员和营销人员更共同服务于新产品的使用者,使创新最大化地体现其自身价值。小组模式的最大功效是处理现存组织结构所无法解决的临时性问题和机会,它将问题涉及的多个部门进行横向联合,由这些部门的代表作为组织成员,共同解决问题。

随着技术进步的加快和市场对新产品要求的提高,企业的研究重点已从单纯高深的科研项目转向追求更注重顾客需求、更易商业化的技术创新项目上,这对项目小组的构成形式及运作方式提出了更高的要求。针对这一变化,通用电器公司开创了独特的新产品开发模式——"一壶咖啡"式产品开发小组。该小组是由通用电气公司研发人员和市场营销人员组成的。他们被一起安排到某个地方,边喝热咖啡,边制定出新产品开发战略[①]。

3. 技术创新小组

技术创新小组是由除技术中心的技术开发部门外还有工程部门、市场营销部门的人员组成的一种创新组织,具有明确的创新目标和任务,企业高层主管对创新小组充分授权,完全由创新小组成员自主决定工作方式。来自不同部门的人员既分工又协作,并接

---

① 陈劲:《永续发展——企业技术创新透析》,科学出版社2001版。

受专业部门和创新小组的双重领导,大大减少了创新活动中跨越边界导致的效率损失。创新小组所有成员都参与小组创新活动的决策,共同确立小组的工作目标。在小组内部,排除了小组成员在等级与权力上的差别,纯粹是一种协作关系。创新小组成员更易具有认同感、归属感和成就感,具有更多的自由意志,因而更能发挥每个小组成员的潜在能力,从而提高创新效率。

创新小组由完成任务所需的各方面专业人员所组成,所有小组成员都参与小组创新活动的决策,共同确立小组的工作目标。在小组内部,不再存在传统意义上的上下级关系,小组的领导权仅被视作一种管理职能,它与其他职能纯粹是一种协作关系,处于同等地位,这就排除了小组成员在等级与权利上的差别。创新小组结构的这些特点,使小组成员对实现小组目标负有共同责任,整个组织有较高的信息透明度,所有成员都有与任务相适用的信息分工,并由此可以形成有明确目的的延伸至企业内部的信息交流网络。在一定意义上,创新小组更接近于"自由人的联合体"。在很多企业中,如杜邦公司、3M公司、摩托罗拉公司等,创新小组已成为激发企业创新活力的有效的组织形式。

4. 风险小组

风险小组也称"风险群体",其成员来自不同职能部门,但完全脱离了原有部门,作为专为技术创新设置的小型执行委员会来活动。风险群体承担的开发项目的风险较大,他们运用公司或事业部赋予的资源自己承受产品开发中的各种风险,而不用转嫁到现有经营事业之中。风险小组或风险群体的自主性较强,是一种分权化程度较高的组织形式,比较适合风险较大的单个产品开发项目运用,是界面管理有效的组织形式。

负责新产品开发活动的跨职能小组就是一种风险小组。风险小组对于公司创新的长期成功有着极其重要的作用,但并不意味着它不需要其他任何的组织职能。管理层、其他支持职能和风险小组间应坦诚交流,以保证每个人都了解应该如何交互、其任务内容和互相期望之结果。大致有三种情况:第一,管理层决定新产品开发过程纲要,确立开发战略,给风险小组派下任务,通过引导、帮助、建议、教授和提供专业知识等形式来支持风险小组的工作。第二,风险小组在分配的资金范围内冒风险达到企业创新目标,在组织内外寻找支持、帮助和专业知识技能。第三,其他支持职能如会计、人事资源等则在必要时支持风险小组并加入其活动。

风险小组成立后,重要的是成员应该学会如何共同工作,花时间来界定各自的任务和目标,制定出详细计划,达成共识。跨职能风险小组作为一种界面管理的组织形式,可以说是企业技术创新过程中最为典型的组织结构形式①。

四、企业技术创新组织形式的发展趋势

它是信息化网络组织的具体表现形式之一,是一种更具开放性和灵活性的、被高度信息化的技术创新组织形式。虚拟技术创新联盟是指由一些拥有不同核心能力的企业以某种方式组织起来,通过信息技术平台和手段进行联结,为了抓住市场机会,共同进行技术创新,并将共同的技术创新成果快速推向市场而形成的一种新的技术创新组织形式。虚拟技术创新联盟组织是一种虚拟的公司或联合体,是一种无确定边界的动态性网络组织。虚拟技术创新联盟组织具有较强的风险承受能力和迅速响应环境变化的能力,通常不是一个法人实体,只是由一些独立的经济实体基于某种共同的目标而组织起来的一种灵活的临时性联盟。虚拟技术创新联盟组织的成员共担创新风险,共享创新利益。当创新目标实现时,组织随之解体②。

这种技术创新组织形式的形成原因在于:在人类进入信息化

---

① 赵玉林著:《创新经济学》,中国经济出版社 2006 年版。21 世纪以来,"虚拟技术创新联盟"是企业技术创新组织形式的一个新动向。
② 王军:《企业技术创新组织分析》,《西安财经学院学报》2005 年第 4 期。

社会的 21 世纪之时,企业的竞争方式和强度都发生了显著变化,技术创新成为企业适应变化的外部环境、建立和保持竞争优势的决定性因素。有效率的技术创新活动要求有相应的组织机构及其机制作保障,把偶然发生的缓慢的个体创新行为转变为必然发生的快速的群体的乃至社会的创新行为,成为新形势下企业技术创新组织必须具备的功能。传统企业的技术创新组织结构和信息机制缺陷,影响了技术创新组织对信息搜集的速度和对信息流精确度的判断,造成组织的信息机制运行成本提高,导致技术创新组织的功效弱化。为此迫切需要重造企业技术创新组织,并借助其他企业的技术创新资源弥补自身的不足,实现企业之间核心能力的互补。在此背景下,虚拟技术创新联盟产生了。虚拟技术创新联盟强调通过企业间功能的整合和核心能力的互补,加快产品开发速度,缩短产品开发周期,以最快的速度和最有效的技术创新手段捕捉市场机遇,及时满足市场需求,从而占领市场。它具有组织结构上的暂时性和地域分散性的特点,能够最大限度利用现代信息技术,有效率地整合成员企业的技术创新资源,形成一种规模经济优势,对迅速变化的市场做出快速反应。企业在技术创新过程中,面对的技术风险、市场风险、经营风险的复杂性明显加大,虚拟技术创新联盟的出现可在有效防范和降低风险的同时,将技术创新风险分散到各个联盟企业。例如技术创新中巨大的研发费用可被分散到各个联盟企业,从而降低单个企业的风险。虚拟技术创新联盟的实施还可以优化社会资源的配置,实现柔性制造和分散网络化制造,缩短新产品制造时间,降低技术创新成本。适应网络环境变化要求的企业虚拟技术创新联盟具有如下特征:

第一,组织的柔性。柔性组织结构亦被称为双形式结构,它是一个多维概念,要求灵活性与多样性的统一,要求具有创新和弹性机制。柔性组织能应付许多诸如集权与分权、稳定与变化、统一与多样等成对出现的压力,并具有调和的功能。它的主要构件之一便是为完成柔性技术所面临的新任务而形成的技术创新组织保证。信息时代要求技术创新组织具有稳定性、灵活性、多面性和持续的创新能力等优势，这是因为信息时代技术创新组织系统在某种程度上超出了集权—分权的范围。一方面，它要求保持松散性，分权和差异性，以具有主动和敏捷的技术创新能力；另一方面，它需要集权式管理，以便在最高管理层制定战略方向，限定个人与团队行为界限的时候减少技术创新行为的时间延缓，从而在保证信息时代技术创新组织在柔性的同时组织内部的稳定性。柔性组织结构在后工业社会和信息时代将被广泛采用，并引发新型技术创新组织的出现。

第二，结构的扁平性。为了提高技术创新效率和组织应变能力，进入信息时代的企业组织要求组织结构尽可能扁平化。扁平化的组织结构是具有许多优点：一是效率高。由于管理层次少，信息的传递速度快，从而可以使高层尽快发现问题，并及时采取相应的纠偏措施。二是失真率低。由于信息传递经过的层次少，传递过程中失真的可能性也较小。三是虚拟技术创新联盟正是这样一种组织形式。在这种组织结构中，技术创新工作由小型团队来完成，在小型团队中，每个人都是企业家，成员在相对简单的工作环境中完成复杂的技术创新任务。这种组织的连接方式是企业文化，更强调利用网络进行的信息交互。在当今社会中，扁平网络化组织将不断出现，并将成为技术创新组织设计的结构趋势。

但是，网络结构带来的益处并不是轻而易举就能获得的，它需要在协调合作方面付出相当大的努力，有效的网络结构必须符合被称为"生态学"的一种系统论——整体大于部分之和。如果简单地把企业拼凑在一起，由于各个企业之间的摩擦、缺乏交流、资源无法共享等原因，很可能产生让人不满意的结果，那就是整体远远小于部分之和。如果处理不好，这种风险是很高的。关于组织之间网络结构的研究表明,像对待一个特殊结构的组织那样,网络结构有八个关键环节需要处理(见表 5 – 9)。基础的网络结构研究认为,这八个环节处理的好坏直接关系到网络结构的效率高低。例如,如果一个网络结构没有确立明晰的解决争端的规则,那么在处理争端上,就要比一个具备这类规则标准的网络结构的效率要低。

表 5 – 9　　　　　　　组织间网络结构中的关键管理环节

管理环节	潜在的问题
网络结构的建立	成员的确定与维系
决策	决策如何、在哪个层次、什么时候、由谁做主等
争端的解决	争端如何解决
信息处理	信息如何流通和管理
管理环节	潜在的问题
知识的获取	知识如何整合,并为整个网络的成员所获取和共享
激励/承诺	如何激励成员参加网络和留在网络中,例如可以通过共享发展成果来实现
风险/利益共担	如何共同承担风险和共同分享利益
整合	网络结构中各个成员的代表如何建立和维护相互之间的关系

资料来源:Bessant, J. and G. Tsekouras. Developing Learning Networks. A. I. and Society, 2001, 15 (2), pp.82 – 98.

第四节　创新型企业组织的评价体系

一、创新型组织评价的指导思想与原则

创新型组织的评价不同于企业财务评价或公司业绩评价,主要集中于企业组织对环境变化的适应性和自我变革与创新方面。企业组织创新的目的是构建出能适合技术创新的先进组织结构。

因此,我们必须制定出创新型组织创新能力的评价体系,在这里,我们从创新型组织结构来考虑制定评价体系。

创新型组织结构先进性评价的指导思想是既考虑组织结构的适应性和自我变革性,又考虑该组织运作的经营业绩。因此,一个先进的企业组织结构类型一定会带来整个企业良好的经营绩效,这也是我们的基本假设条件。

创新型组织结构先进性评价的基本原则:

（一）系统性原则

组织结构先进性评价是一个较为复杂的工作,它应该全面地考虑体现先进性的各项内容,因此,必须以系统理论为指导,视先进性评价为一个系统,分清评价系统的层次以及各层次之间的相互关系。

（二）可操作性原则

在确定组织结构先进性的评价指标体系时,要坚持可操作原则,即各项数据可获得性以便在运用评价模型时,切实可行。

（三）定性与定量相结合原则

企业组织结构先进性评价对象较为复杂,有些对象可以直接量化,而有些则不能,因此,只能用定性定量相结合的方法,在可能条件下,将定性因素转变为定量因素,便于更好地评价。

（四）合理有效性原则

在组织结构先进性评价中,应以足够的指标来描述新型组织结构现状,但评价指标不能太多,否则会造成打分、统计和获取数据的困难,所以,在确定指标体系时,合理有效成为我们应坚持的原则。

（五）组织适应性与经营业绩相结合原则

在评价组织结构先进性时,除了注重新时期新条件下企业组织应具有的基本特征之外,还要添加新型组织运营的经营业绩评价内容,才能真实、全面地反映组织结构创新的成果。

二、创新型组织评价指标体系与模型构建

(一)建立创新型组织创新能力评价指标体系

为有效评价新型组织的先进性、合理性,本书采用模糊评价方法。模糊评价法的基础工作是制定、设计一套合理的综合评价指标体系。指标的科学性、合理性、可操作性决定了评价结果的准确性。在参考模糊评价法其他应用的基础上,根据科学性和合理性,本书构建了创新型组织创新能力的评价指标。在科学性上,严格按照组织结构适应性强等特点来进行识别判断;在合理性上,既保证指标数量适中,又考虑相应数据的可获得性。

以下是创新型组织创新能力识别系统的指标体系:

1. 信息技术

信息技术支持是指信息技术的使用对组织创新与管理的支持程度,主要体现在员工对组织采用信息技术进行协作、沟通、寻找与获取、模型与预测,以及系统性存储知识的水平的感受程度。其测量量表主要来源于 Malthotra 和 Segars(2001)、Heeseok Lee 和 Byounggu Choi(2003)和 Andrew H. Gold(2001)等的研究。

2. 组织知识创新

在本书的研究中,技术采用由 Nonaka 和 Takeuchi(1995)提出的 SECI 知识创新四个过程(知识社会化,知识外部化,知识整合化,知识内部化)作为描述组织知识创新效果的子变量。原因如下:(1)我们从认知视角研究的技术创新本身就是一个知识创新过程,而 Nonaka 和 Takeuchi 的研究也是从认知的角度来分析的,且 Nonaka 和 Takeuchi 的研究得到了广泛的认可。(2)他们的模型不仅包括了组织知识创新过程,还包括了知识的传递(Venzin, Krogh and Roos, 1998),而知识创新和知识传递是知识管理的两大主要任务,都必须要同时加以考虑(Krogh and Grand, 2000)。(3)在他们的模型中包括了创新型组织的吸收能力、转化能力、学习能力。组织知识创新四个子变量,即知识社会化、知识外部化、

知识整合化以及知识内部化等变量表参考了 Nonaka(1995)、Hunseok Oh(2002)以及 Heeseok Lee 和 Byounggu Choi(2003)等人的研究。

表 5-10　　　　　创新型企业组织创新能力评价指标体系

	信息技术 X_1	X_{11}使来自不同部门的员工可以一起协作的程度
		X_{12}促进企业不同部门和职能领域的员工交流的程度
		X_{13}促进员工寻找和获得工作所需要的信息和知识的程度
		X_{14}促进企业进行模拟和预测市场信息和经营行为的程度
		X_{15}有利于企业系统存储信息和知识的程度
学习能力	知识社会化 X_2	X_{21}从市场和生产现场收集相关经营信息
		X_{22}与供应商和客户分享经验
		X_{23}致力于与竞争者合作
		X_{24}通过审视企业内部条件发现新的战略和市场机会
		X_{25}创造同事间能认知和学习彼此技能和经验的工作环境
	知识外部化 X_3	X_{31}有创造性和实质性的交流
		X_{32}推论性和诱导性思维方式的应用
		X_{33}概念创造的隐喻交流
		X_{34}多样化思想和观点的交流
		X_{35}主观意见交流
转化能力	知识整合化 X_5	X_{51}通过现有资料、计算机模拟和预测来制定战略
		X_{52}建立企业产品和服务的手册和文件
		X_{53}建立产品和服务的数据库
		X_{54}通过收集管理数据和技术信息积累相关经营信息
		X_{55}传播新概念和思想
吸收能力	知识内部化 X_4	X_{41}通过跨功能开发小组来实现部门之间的有效交流和合作
		X_{42}形成工作团队交流经验，并与全体部门共享知识经验
		X_{43}探究和共享新的价值观和思想
		X_{44}通过同事之间交流来分享和尝试理解企业管理远景

資料来源：林山、黄培伦、蓝海林：《组织结构特性与组织知识创新的关系研究》，经济科学出版社 2005 年版。

（二）创新型组织创新能力评价模型

1. 确定识别评价指标集

根据上述评价指标体系，可以得出：

一级指标有：$X = (X_1, X_2, X_3, X_4, X_5)$

二级指标有：$X_1 = (x_{11}, x_{12}, x_{13}, x_{14}, x_{15})$

$$X_2 = (x_{21}, x_{22}, x_{23}, x_{24}, x_{23}) \ .$$
$$X_3 = (x_{31}, x_{32}, x_{33}, x_{34}, x_{33})$$
$$X_4 = (x_{41}, x_{42}, x_{43}, x_{44})$$
$$X_5 = (x_{51}, x_{52}, x_{53}, x_{54}, x_{55})$$

2. 确定各指标层的权重

设 X_i 对 X 的权重分别为 b_1, b_2, b_3, b_4, b_5,则对应的权重矩阵 $B = (b_1, b_2, b_3, b_4, b_5)$;同样又设 X_{ij} 对 X_i 的权重矩阵分别为: $W_1 = (W_{11}, W_{12}, W_{13}, W_{14}, W_{15})$; $W_2 = (W_{21}, W_{22}, W_{23}, W_{24}, W_{25})$; $W_3 = (W_{31}, W_{32}, W_{33}, W_{34}, W_{35})$; $W_4 = (W_{41}, W_{42}, W_{43}, W_{44})$; $W_5 = (W_{51}, W_{52}, W_{53}, W_{54}, W_{55})$,对于以上权重,可以通过专家评分法或德尔斐法确定。

3. 确定、判定评语集合

对于上述评价指标体系,相应采用如下评语集合:

$Y = \{Y_1, Y_2, Y_3, Y_4, Y_5\} = \{$很好,较好,一般,较差,很差$\}$

4. 计算处理

第一步:确定 X_i 的模糊评价判断矩阵 R_i。

单独考虑二级指标评价隶属于各评语的程度,可以利用专家评分的方法,得到相应的数值。

$$R_1 = \begin{bmatrix} r_{111}, r_{112}, r_{113}, r_{114}, r_{115} \\ r_{121}, r_{122}, r_{123}, r_{124}, r_{125} \\ r_{131}, r_{132}, r_{133}, r_{134}, r_{135} \\ r_{141}, r_{142}, r_{143}, r_{144}, r_{145} \\ r_{151}, r_{152}, r_{153}, r_{154}, r_{155} \end{bmatrix}$$

$$R_2 = \begin{bmatrix} r_{211}, r_{212}, r_{213}, r_{214}, r_{215} \\ r_{221}, r_{222}, r_{223}, r_{224}, r_{225} \\ r_{231}, r_{232}, r_{233}, r_{234}, r_{235} \\ r_{241}, r_{242}, r_{243}, r_{244}, r_{245} \\ r_{251}, r_{252}, r_{253}, r_{254}, r_{255} \end{bmatrix}$$

$$R_3 = \begin{bmatrix} r_{311}, r_{312}, r_{313}, r_{314}, r_{315} \\ r_{321}, r_{322}, r_{323}, r_{324}, r_{325} \\ r_{331}, r_{332}, r_{333}, r_{334}, r_{335} \\ r_{341}, r_{342}, r_{343}, r_{344}, r_{345} \\ r_{351}, r_{352}, r_{353}, r_{354}, r_{155} \end{bmatrix}$$

$$R_4 = \begin{bmatrix} r_{411}, r_{412}, r_{413}, r_{414}, r_{415} \\ r_{421}, r_{422}, r_{423}, r_{424}, r_{425} \\ r_{431}, r_{432}, r_{433}, r_{434}, r_{435} \\ r_{441}, r_{442}, r_{443}, r_{444}, r_{445} \\ r_{451}, r_{452}, r_{453}, r_{454}, r_{455} \end{bmatrix}$$

$$R_5 = \begin{bmatrix} r_{511}, r_{512}, r_{513}, r_{514}, r_{515} \\ r_{521}, r_{522}, r_{523}, r_{524}, r_{525} \\ r_{531}, r_{532}, r_{533}, r_{534}, r_{535} \\ r_{541}, r_{542}, r_{543}, r_{544}, r_{545} \\ r_{551}, r_{552}, r_{553}, r_{554}, r_{555} \end{bmatrix}$$

第二步:确定一般指标的模糊综合评判集合 A_i。

由 $A_i = W_i \times R_i$ 得到一级指标的模糊综合评判集合 $A_i = (a_{i1}, a_{i2}, a_{i3}, a_{i4}, a_{i5})$;$A_1 = W_1 \times R_1 = (a_{11}, a_{12}, a_{13}, a_{14}, a_{15})$;$A_2 = W_2 \times R_2 = (a_{21}, a_{22}, a_{23}, a_{24}, a_{25})$;$A_3 = W_3 \times R_3 = (a_{31}, a_{32}, a_{33}, a_{34}, a_{35})$;

$A_4 = W_4 \times R_4 = (a_{41}, a_{42}, a_{43}, a_{44}, a_{45})$;$A_5 = W_5 \times R_5 = (a_{51}, a_{52}, a_{53}, a_{54}, a_{55})$;$A = (A_1, A_2, A_3, A_4, A_5)^T$

第三步:确定最终评价对象的模糊性评价矩阵 E。

$$E = B \times A = (b_1, b_2, b_3, b_4, b_5) \begin{bmatrix} a_{11}, a_{12}, a_{13}, a_{14}, a_{15} \\ a_{21}, a_{22}, a_{23}, a_{24}, a_{25} \\ a_{31}, a_{32}, a_{33}, a_{34}, a_{35} \\ a_{41}, a_{42}, a_{43}, a_{44}, a_{45} \\ a_{51}, a_{52}, a_{53}, a_{54}, a_{55} \end{bmatrix} = (e_1, e_2, e_3, e_4, e_5)$$

第四步:对 E 作归一化处理。

由于所有的 e_i 的和可能并不等于 1，需要对其进行归一化处理：

即：$e'_i = e_i / \sum e_i (i = 1, 2, 3, 4, 5)$

得到：$E' = (e'_1, e'_2, e'_3, e'_4, e'_5)$

e'_i 分别对应前面的评语要素 Y_i，即从概率的角度来说，对该项指标与集合评价值吻合程度的判断分别隶属于强度 Y_i 的可能性是 e'_i。

第五步：判断。

上述计算机处理结束后，一般做法是根据最大隶属原则进行判定。对于创新型组织结构的先进性问题，只要满足"很好"和"较好"的概率之和并达到一个可能接受的下限即可。从而可以认定这样的组织具有先进性，能适应企业技术创新的需要。

三、案例应用

选取某电子产品生产企业（ABB 公司），其产品主要给通信电子行业配套。通信行业竞争激烈，产品的技术进步很快，竞争压力较大，该企业不得不进行组织结构的调整。公司目前采用职能与项目小组相结合的组织形式，ABB 公司是否具备了组织结构先进性，让我们进行如下评价。

（一）确定各指标层的权重

采用专家评分法，评出 X_i 对 X 的权重矩阵：

$B = (b_1, b_2, b_3, b_4, b_5) = (0.25, 0.15, 0.1, 0.25)$

同时，评出 X_{ij} 对 X_i 的权重矩阵：

$W_1 = (w_{11}, w_{12}, w_{13}, w_{14}, w_{15}) = (0.2, 0.2, 0.2, 0.2, 0.2)$

$W_2 = (w_{21}, w_{22}, w_{23}, w_{24}, w_{25}) = (0.3, 0.3, 0.3, 0.3, 0.3)$

$W_3 = (w_{31}, w_{32}, w_{33}, w_{34}, w_{35}) = (0.4, 0.4, 0.4, 0.4, 0.4)$

$W_4 = (w_{41}, w_{42}, w_{43}, w_{44}) = (0.2, 0.2, 0.2, 0.2)$

$W_5 = (w_{51}, w_{52}, w_{53}, w_{54}, w_{55}) = (0.2, 0.2, 0.2, 0.15, 0.25)$

（二）确定判定评语集合

按照组织结构先进性评价指标体系，对应的评语集合：

$$Y = \{Y_1, Y_2, Y_3, Y_4, Y_5\} = \{很好, 较好, 一般, 较低, 很低\}$$

（三）确定 X_1 的模糊评价判断矩阵 R_1

采用专家评分法，对二级指标进行评定。确定一种科学、合理的抽样方法，将指标体系的内容制成问卷调查表，发放给企业，由企业中的有关成员给每项指标打分。程度指标采取 5 级分制，最高评分为 5 分，最低评分为 1 分，分别对应优秀、良好、中等、一般、差的评语标准集，或对应绝对、非常、较、略、稍的评语标准集。企业实证数据取得后，利用社会统计软件 SPSS 对数据进行处理，以计算出每个评价维度以及总体水平的评分值，最后检验出该指标体系的评价信度和效度水平。

（四）计算处理

由以上 ABB 公司二级指标的评语得出评语矩阵：

$$R_1 = \begin{bmatrix} 0 & 1 & 0 & 0 & 0 \\ 0 & 1 & 0 & 0 & 0 \\ 0 & 0 & 1 & 0 & 0 \\ 0 & 0 & 1 & 0 & 0 \\ 0 & 0 & 1 & 0 & 0 \end{bmatrix} \quad R_2 = \begin{bmatrix} 0 & 1 & 0 & 0 & 0 \\ 0 & 1 & 0 & 0 & 0 \\ 0 & 0 & 1 & 0 & 0 \\ 0 & 0 & 1 & 0 & 0 \\ 0 & 0 & 1 & 0 & 0 \end{bmatrix}$$

$$R_4 = 1$$

$$R_3 = \begin{bmatrix} 0 & 1 & 0 & 0 & 0 \\ 0 & 1 & 0 & 0 & 0 \\ 0 & 0 & 1 & 0 & 0 \\ 0 & 0 & 1 & 0 & 0 \\ 0 & 0 & 1 & 0 & 0 \end{bmatrix} \quad R_5 = \begin{bmatrix} 0 & 1 & 0 & 0 & 0 \\ 0 & 1 & 0 & 0 & 0 \\ 0 & 0 & 1 & 0 & 0 \\ 0 & 0 & 1 & 0 & 0 \\ 0 & 1 & 0 & 0 & 0 \end{bmatrix}$$

将上述各数值代入下列公式计算：

$$A_1 = W_1 \times R_1; A_2 = W_2 \times R_2; A_3 = W_3 \times R_3$$

$$A_5 = W_5 \times R_5; A_4 = W_4 \times R_4$$

$$A = (A_1 \ A_2 \ A_3 \ A_4 \ A_5) T; E = B \times A$$

得出 ABB 公司组织结构先进性的模糊评价矩阵 E_1：

$$E = (e_1, e_2, e_3, e_4, e_5) = (0.05, 0.5145, 0.5375, 0, 0)$$

$\because \sum E_1 = 1$

$\therefore$ 不需要进行归一化处理

（五）判断

由于 ABB 公司满足"很好"和"较好"的概率之和 0.57（＜0.75），由此判定组织结构不具有先进性，不符合新技术革命条件下对组织结构的快速、灵活、动态、自我变革与创新的要求，需要对 ABB 公司的组织结构进行创新。

这个下限值的确定，很值得研究，目前没有资料可参考。笔者认为，该下限值为 0.75 为宜，取值过高可能会脱离实际情况。

通过对不同被选项的上述处理，可以基本判断出哪些组织结构具有先进性，符合企业技术创新的需要。

第六章　企业技术创新认知环境的构建

正如前文所述,企业技术创新既是企业自主创新的过程,也是一个复杂的系统认知建构过程。因此,它需要创新主体与创新环境的共同参与。技术创新不仅需要大量的资金和人力资本投入,还需要有利于技术创新的环境支持,如信息、社会制度与国家政策、文化传统和观念等。技术创新系统本身所具有的开放性、自组织性等特征,客观上要求系统与环境相适应。一方面,技术创新系统创新功能的发挥有赖于系统自身的运行状况;另一方面,一切技术创新活动都是技术创新系统与环境相互作用的结果。环境对技术创新系统的影响无时不在,从长远来看,它起着决定性作用。因此,只有培育适应技术创新特征的创新环境,才能促进创新系统的发展。

第一节　企业技术创新内部认知环境的构建

一、重构企业知识创新的实现环境

在企业技术知识创新过程中,企业组织的作用是提供有助于团队和个人知识创造与知识积累的环境。本节借鉴了野中郁次郎和竹内弘高的关于企业知识创新的动态理论①,阐述企业技术知识创新的内部认知环境的构建。

（一）构建企业组织知识创新意图

组织意图是技术知识创造重要的驱动要素。意图即为组织对

---

① ［美］钱德勒（ChandlerA.D.）:《透视动态企业:技术、战略、组织和区域的作用》,吴晓波、耿帅译,机械工业出版社2005年版,第184～185页。

其目标的渴望。Neisser(1976)认为,只有在有目的的活动背景下,作为"认识"(knowing)和"理解"(understanding)的认知过程才能进行。此外,Weick(1979)从组织理论的角度指出,组织对环境信息的解读具有自我实现式预言的因素,因为组织为其自我成就具有强烈的意志。他将这种现象称之为对环境的"制定"(enactment)。在企业经营环境中,实现组织意图的努力通常是以战略形式表现的。从知识创造的观点来看,企业战略的实质就是开发那些能够获得、创造、积累及利用知识的组织能力。企业战略中最关键的要素是将愿景概念化——指出应该开发哪些知识并将其纳入管理体系以备实施之用。如当日本电气株式会社(NEC)公司在开发核心技术时,它视技术为一个知识体系。当时 NEC 公司从事三项主要业务:通信、计算机和半导体。因为对这三个领域的研发工作协调很困难,有必要在较高和更抽象的层次上(即知识)领会这些技术的本质。根据前总裁 Michiyuki Uenohara 的意见,通过对未来十年各产品群进行预测的方式,NEC 确认了"基础技术",包括抽出对这些产品群共同和必需的技术。然后,将具有协同效用的基础技术划分为若干"核心技术",如模式识别、图像处理和超大规模集成电路技术。此外,为了将核心技术和商业活动更好地匹配,NEC 还提出了"战略技术单元"(strategic technology domain, STD)的概念。一个 STD 将几个核心技术联系起来创造一个新概念或者开发一个新产品。因此,一个 STD 不仅是一个技术单元,而且还是一个知识单元。现在,公司内有六个这样的 STD:(1)功能型的材料/器件;(2)半导体;(3)材料/器件功能机械;(4)通信系统;(5)知识信息系统;(6)软件。这些 STD 和核心技术项目以矩阵的形式相互作用。通过核心技术项目和 STD 的结合,NEC 内的知识基础在横向和纵向上都联系了起来。通过这些努力,NEC 在公司内部的每个组织层面发展一种创新技术知识的战略意图。

综上所述,组织意图能够为已知知识的真实性提供最重要的基准。在组织层面上,组织标准或愿景常常是意图的形式表述。这些标准或愿景可以用来评估和论证所创造的知识,知识必须是价值取向的。如果没有组织意图,难以对信息或知识的价值作出判断。为创造知识,企业经营组织应该通过制定组织意图,并向员工推荐这种意图以便培育员工的献身精神。企业经营者通过构建组织意图,将组织的注意力吸引到对基本价值观献身的重要性方面上来。

(二) 构建自主管理型团队

在个体层面,只要条件允许,应该让组织的所有成员自主行动。通过自主行动,组织可以提高引入意外机会的可能性,而且也可以提高个人激励自己去创造新知识的可能性;而且,有自主精神的个人是全息结构的一部分。在全息结构里,整体与每个部分共享信息,源自个人的独创性想法在团队内传播,然后变成组织的想法。从知识创造的观点来看,这种组织很可能在获取、解读和陈述信息时,保持很大的灵活性。作为自组织的先决条件,组织是满足"最少重要规定"原则的系统(Morgan, 1986)。因此,应该尽可能地保证自主性①。

在知识创新的企业组织中,为了完成组织意图中所表达的最终目标,个人和群体可以自主地设定他们的任务。在企业组织中,自主管理型团队能够为个人创新提供有利环境。这样的团队应该是多职能的,涉及来自不同组织活动部门的成员。如日本企业在创新的各个阶段都经常使用多职能项目团队,包含研发、规划、制造、质量控制、销售与营销及顾客服务等不同职能部门的成员,这类团队一般有 4~5 位核心成员,每位均具有多种职能经历。

---

① 从西蒙学派的"有限理性"观点以及组织目标是有效处理信息的观点来看,自治只不过是"噪音"的一种来源,不是所希望得到的那种,认知限度是一个基本常识性的概念,难以击破。然而,如果我们从人类具有获得及创造知识的无限潜力观点来审视这个问题,人类在体验和积累默示知识方面显然并不存在极限,而构成默示知识积累的基础正是目的和自主性的意义所在,人类刻意地制造一些噪音,以便战胜自我。

自主管理型团队可以履行许多职能,因此,它将个人的视角放大,并提升到较高层次。如本田公司为开发 Honda City 车型组建了一个跨部门小组,包括销售、研发和制造部门的人员。此系统被称为"SED 系统",最初目标是通过集结"普通人"的知识和智慧,较系统地对开发活动进行管理,而不是依靠少数英雄式的人物。这个系统的运行方式非常灵活,自主管理型团队的建立,通过成员间的合作,能够有效完成以下职能:第一,确保企业得到人员、设施和预算经费;第二,分析汽车市场及竞争形式;第三,设定市场目标;第四,确定价格及产量;第五,实际工作流程要求团队成员密切合作。

(三)构建波动与创造性混沌

波动与创造性混沌是促进企业知识创新的重要条件,能够促进企业组织与外部环境的互动。所谓波动与完全无序不同,其特征为"无重复的有序"。在初始时刻,这种有序的模式是难以预测的(Gleick, 1987)。如果组织对环境各种信号采取开放的态度,就可以利用信息的模糊、冗余和噪音对自身知识体系进行改善。

在组织内导入波动时,它可能"瓦解"成员在既有惯例、习惯或认知上的模式。瓦解是指人们习惯感到舒服的存在状态出现中断。面对这类瓦解时,人们有机会对基本思考方式和视角重新检讨,即开始质疑自己对这个世界的基本态度是否正确。这个过程需要个人的深切投入。瓦解要求人们转而重视作为社会互动手段的对话,以此帮助自己创造各种新的概念①。这种由组织成员对当前假设前提进行质疑和重新思考的"连续"过程,培育着组织的知识创新能力。环境方面的波动常常触发组织内部的震荡,由此可以创造出新的知识。学者们将这种现象称为"从噪音中创造有

---

① 皮亚杰(Piaget, 1974)发现,在主体与外部环境之间的互动中,矛盾的角色具有重要意义。他认为矛盾的根源在于对特定知觉或行为的肯定与否定两方面之间的协调,矛盾对于创造概念来说是必不可缺的。

序"或"从混沌中产生有序"。

当组织面对危机,如因市场需求变化或竞争对手大量涌现造成绩效下降时,自然会出现混沌现象。这也可能是组织领导人通过提出挑战性目标,试图在组织成员中唤起"危机感"而刻意制造的结果。如佳能前总裁贺来龙三郎常说"高层管理者的任务就是向员工提供崇高的理想和危机感"(Nonaka, 1985)。这种刻意造出来的混沌,可称为"创造性混沌",目的是增强组织内部的张力,将组织成员的注意力集中在分辨问题及解决危机境遇上面。这种方式与信息处理范式形成鲜明的对照。在信息处理范式下,问题清晰明了,寻求答案是通过一个基于预设规则系统结合相关信息的过程,因此该过程忽视了对尚待解决问题进行明确定义的重要性。若想明确地表述问题,我们必须在时间和情境的某一点处,利用知识来建构问题。日本企业常常有意识地利用模糊和"创造性混沌"。高层管理者经常使用含糊的愿景(或所谓的模糊战略),有意图地在组织内创造一种波动。

应当指出,"创造性混沌"的益处只有在组织成员具备对自身行动进行反思的能力时才能具体体现。如果成员不具备反思的能力,波动就会造成"破坏性"混乱状态。Schon(1983)认为:"当某人在行动中进行反思时,他便成为在实践背景下的研究者。他不受任何理论及技巧的羁绊,而是在为独特个案建构新的理论。"高层管理者在经营理念和愿景方面的模糊,可以导致对公司决策基础的价值前提进行反思和质疑。在本质上,价值前提是主观的,并且很重视个人的偏好,为广泛的选择留下很多余地。而事实前提是客观的,它关注现实世界是如何运作的。它虽然提供了具体的选择,但选择范围程度却很有限。有时,混沌的出现并不取决于高层管理人员的理念。独立的组织成员可以自设目标,以提升自身素质或者为其所属团队增光。如渡边洋男对"理想"汽车的追求,挑战"底特律常识",就是自设目标的例子。目标无论由高层还是个体员工设定都会促进个人的承诺。

总之,组织中的波动可能触发创造性混沌,正是创造性混沌诱发和增强个人的主观承诺。在实际日常工作中,组织成员并不经常面临这种状况,但日产汽车公司的事例说明,高层管理者可以有目的地引导波动,并让"解释的歧义性"在组织的基层浮现出来。这类模糊所起到的作用是改变组织成员的基本思考方式,它还有助于将个人的默示知识明示化。

二、完善企业内部的激励机制

企业技术创新的成效有赖于内部技术创新人员工作的努力程度。由于人力资本的产权特征[①],对人的激励显得非常重要,管理学中所讲的激励主要是指"用各种有效的方法去调动员工的积极性和创造性,使员工奋发努力去完成组织的任务,去实现组织的目标"[②]。美国哈佛大学的詹姆斯教授对人力资本的激励问题做过专题研究,结论是:如果没有激励,个人的能力发挥只不过是20%至30%;如果施以激励,一个人的能力则可以发挥到80%至90%,所以说如果激励得当,一个人就可以顶四个同样的人用。因此,在员工具有创新意识后,对其创新积极性的调动最有力的武器就是激励。作为社会化的人,都是为了某种追求而工作,虽然目标不一样,但成就感和物质利益是驱动创新的根本。据资料显示,微软公司有2万多名员工,其中百万富翁就有30多人,微软公司就是靠有效的激励来使大批人才献身于微软事业的。因此,制定合适的制度是能否激发员工发挥创造力的关键。本书认为可以采取以下措施:

---

① 人力资本产权天然地属于个人。关于这一点,巴泽尔1977年在其《产权的经济学分析》中指出,奴隶在法权上属于奴隶主,是其主人财产的一部分,奴隶主可以全权支配奴隶的劳动并拿走其全部产出;但是,即使在奴隶社会,奴隶主也会实行"定额制",即容许奴隶在超额后拥有"自己的"私产,以激励奴隶努力工作。
② 郑绍濂:《人力资源开发与管理》,复旦大学出版社1995年版。

（一）差异化的物质激励

在技术创新活动中，企业所有者和技术创新人员形成了事实上的委托代理关系。企业所有者是委托人，技术创新人员是代理人。委托人的目标需要通过代理人来实现，但由于他们的目标不同，且他们掌握的信息不对称，技术创新过程又不便于监督，为防止技术创新中的低效率问题，需要设计一种有效的物质激励措施，来鼓励创新人员的创新行为。企业在通过物质奖励调动创新人员工作积极性时，可以把奖金与工薪分开。工薪由企业统一发放以维持生计，奖金由管理者对创新人员进行绩效评价后，以技术创新进展情况和个人的贡献率分配，以此加强物质激励的公平性。另外，也可以提供一份与工作成绩和生产率挂钩的报酬，把员工的贡献收益与企业的发展前景紧紧捆绑在一起，风险同担、利益共享，目前已出现的购股权、知识参与分配等，就是颇具典型的尝试。

国外有人对影响研发人员工作效率的八十项激励方式作了研究，得出以金钱作为激励的手段使工作效率提高程度最大，达到30%；其他激励方式仅能提高8%至16%。我国目前利用物质激励创新人员，其效果会更显著。但在实施物质激励时，应注意公平问题。亚当·斯密的公平理论的基本观点是，当一个人做出了成绩并取得了报酬以后，他不仅关心自己所得报酬的绝对量，而且也关心自己所得报酬的相对量。因此，他要进行种种比较来确定自己所获报酬是否合理，比较的结果将直接影响今后工作的积极性。一种比较称为横向比较，即他要将自己获得的"报酬"与自己的"投入"的比值与组织内其他人作比较，只有相等时，他才认为公平。除了横向比较之外，人们也经常做纵向比较，即把自己目前投入的努力与目前所获得报酬的比值，同自己过去投入的努力与过去所获报酬的比值进行比较，只有相等时，他才认为公平。因此，分配的公平感影响个体绩效，程序的公平感影响组织绩效，所以，物质激励必须公平，但不能搞"平均主义"，而是应差异化。创新人员对他们所得报酬是否满意不是只看其绝对量，而且还要进行社会纵向或横向比较,判断自己是否得到了公平对待,进而影响自己的情绪和工作态度。据调查,实行平均奖励,奖金与工作态度的相关性只有20%;而进行差别奖励,奖金与工作态度的相关性则能够达到80%。

物质激励应与相应的制度结合起来,企业应通过建立一套制度,创造一种氛围,以减少不必要的内耗,使创新人员能以最佳的效率为实现企业目标多作贡献。

(二) 多样化的精神奖励

物质激励自身也存在一些缺陷。美国管理学家皮特曾指出重赏会带来副作用,它会使员工彼此间封锁消息,影响工作的正常开展。而精神激励能在较高层次上调动研发人员的工作积极性,其激励深度大,维持时间也较长。精神激励的方法有许多,这里论述以下几种:

(1) 目标激励。企业目标是企业凝集力的核心,它能够在理性和信念的层次上激励研发人员。

(2) 荣誉激励。荣誉激励成本低,但效果很好。美国 IBM 公司有一个"百分之百俱乐部",当公司员工完成他的年度任务,他就被批准为"百分之百俱乐部"会员,他及其家人荣获邀请参加隆重的集会,结果,公司的雇员都将获得"百分之百俱乐部"会员资格作为第一目标,以获取那份荣耀。

(3) 人性化的情感激励。情感激励就是加强企业管理者与创新人员的感情沟通,尊重创新人员,使之始终保持良好的情绪和高昂的工作热情。情绪具有一种动机激发功能,因为在心境良好的状态下工作人的思路开阔、思维敏捷、解决问题迅速。因此,加强企业管理者和创新人员之间的沟通与协调,是情感激励的有效方式。

(4) 创建学习型组织——不断提高创新人员的创新能力。创建学习型组织,为员工提供学习、培训的机会,不断提高创新人员的创新能力,重视员工的个体成长和事业发展。企业除了给员工提供一份与其贡献相称的报酬外,还应健全人才培养机制,为创新型员工提供受教育和不断提高自身技能的学习机会,使其能不断提高创新能力。同时,要充分了解员工的个人需求和职业发展意愿,为其提供富有挑战性的发展机会,创造开拓、发挥的最大空间,包括授权管理和内部提升机制两个方面,即让员工在工作中有发言权和一定的管理决策权,提供适合其要求的上升道路,让创新型员工能够随企业的成长获得公平职位升迁,或是创造新事业的机会,让员工能够清楚地看到自己在组织中的发展前途,使之与组织结成长期合作、荣辱与共的伙伴关系,为企业尽心尽力地贡献自己的力量。

三、重塑企业内部创新文化

有利于创新的企业文化是企业技术创新的不竭精神动力,它能够使全体员工为企业创新目标的实现而努力工作,并最大限度地发挥自己的潜能。正因如此,世界各国的优秀企业都十分重视企业文化这一创新"软环境"的建设,并以此来推动企业的创新活动。一个企业能否创新,关键在于企业文化中是否具有促进创新的要素和相应的组织规范。很多学者对此进行了卓有成效的研究。Karen Anne Lien 和 Sheldon A. Buckler(1993)对世界上成功的公司如何保持其创新精神、如何重新点燃和重新振作创新精神进行研究,结果发现了组织内促进创新的几个关键因素,这些因素没有地域和行业差别,适用于所有的创新公司。它们是:(1)创新公司的持续忠实(sustain faith)和珍惜一致(treasure identity);(2)所有职能上进行真正的实验,尤其是在创新前端(front end);(3)构建市场和技术人员之间"真正真实"(really real)关系;(4)与顾客之间的关系亲密;(5)全员参与创新;(6)在组织内传播典型的创新故事。Enrique Claver(1998)认为企业组织内促进创新的文化要素主要包含在以下范畴内:第一,价值观。公司对于实验的鼓励,激发创造性,关键在于思想的质量,而不是思想提出者的权威性,创新者可以得到公司的支持和奖励。第二,人力资源。不断学习团队工作的必要性,公司成员拥有一定程度的自治权利和主动性,员工拥有一定从事自己感兴趣创新活动的自由。第三,决策制定的程序。决策制定的灵活性和迅速性,公司内全体员工都要拥有冒险精神,共同的责任感,由于高风险,所有决策都要逐步制定。第四,以市场为中心。要时刻明白创新的目的是为了更好地满足顾客的需要,不专注于短期利益,通过产品和市场的多样化来开发新市场和新产品,创新行为的道德观。第五,组织结构。组织拥有分散型结构,组织的灵活性和适应性,允许非正式组织的存在,系统思考而不是片断和零星思考,公司的文化一定要适应创新的目的。众多的文化研究学者也对组织内有利于创新的要素和规范进行了一系列的研究,最终发现了一些共同的要素:挑战性和信仰,鼓励自由和冒险,组织的活力和持续发展,组织对外界环境的敏感性,信任和开放,辩论,跨职能的交流和自由,创新成功的寓言和故事,领导对创新的支持和参与,奖励和薪酬,可支配的创新时间和创新培训,一致性,非官僚的组织结构,等等。

我国企业要增强企业技术创新的自主能力,就必须着力塑造和培育有利于创新的企业文化。具体可采取以下做法:

1. 确立企业创新价值观

在企业中确立创新价值观,主要是培养面向市场的价值取向,培养不屈不挠的实干精神,培养共事合作的团队精神,培养追求开拓、变革、高效和卓越的精神。在实际工作中,确立企业创新价值观主要应抓好以下几个方面的工作:首先,要推动员工的全面发展,突出员工在技术创新中的主体地位;其次,要积极捕捉在企业经营管理过程和日常行为中涌现的创新点并加以大力弘扬和倡导,将其升华到企业追求的价值体系中;再次,要开展持之以恒的宣传教育活动,给员工以强烈的刺激,形成创新光荣的良好氛围;

最后,要充分发挥先进典型人物的示范作用。通过对在企业创新发展中贡献突出的先进典型人物事迹的宣传和奖励,引导员工学习效仿。

2.树立"以人为本"的核心管理理念

21世纪的管理核心是发挥人的积极性和主动性。随着知识经济的到来,组织形式日益朝着扁平式的灵活方向发展,企业也将成为学习型组织。在这种情况下,人的作用越来越重要。传统管理理论对人的认识主要经历了三个阶段,即自然人—经济人—社会人。而企业文化则跳出了传统观念,把人推向一个更高的阶段,即"文化人"或"决策人"。每个人都要有一定的决策机会和能力水平,因而发挥人的积极性就非常重要。创新亦是如此。根据现在的观念,创新不单单是个别人的聪明才智所能奏效的,而是一个组织内的群体相互作用、相互启发,到一定程度产生一个突发,才能产生较理想的创新效果。因此,企业在创建企业文化时要十分关注人的志趣,注重人的文化背景,尊重人的价值和尊严,满足员工物质和精神需要。所以说,企业在进行经营管理时,必须以人为中心,要想尽一切办法,创造一切条件,使人能够轻松、自如、愉快地工作,这样才能充分发挥员工的积极性和创造性。

3.培育积极进取的创新精神

企业创新精神是一种人格化的企业员工群体的心理状态的外化,是企业基于自身的性质、任务、宗旨、时代要求和发展方向,为使企业获得更大的发展,经过长期精心培育而逐步形成和确立起的思想成果和精神力量。它是企业赖以生存的精神支柱,是企业内部凝聚力和向心力的有机结合体,是"企业之魂"。发展企业创新精神并使之在员工中发扬光大,是企业文化建设的重要内容。因此,培育、创造企业创新精神是企业文化建设的核心和基石。具体地说,树立企业创新精神,就是要在企业员工中培养追求创新、不断进取的精神,形成不惧风险、容忍失败的观念,保持危机意识和竞争意识等。

4．设置和构建完善的创新制度文化

创新制度文化是指企业在生产经营管理活动中所形成的与企业创新精神、企业创新价值观等意识形态相适应的企业制度、规章、条例、组织结构等。它反映了企业的创新价值观和创新精神，实际上是企业的一种规范性文化。良好的制度创新是企业创新的基本保证。如果企业只有创新的价值观和创新精神，而缺乏必要的制度安排和落实，那么企业的创新只能停留于观念上。在大多数日本企业里，就设有鼓励企业员工在各自岗位上努力创新的提案制度，这种制度使企业员工的创新意识及创新行为习惯化，并成为企业文化创新中的一个重要内容。而当前，我国企业少有创新，主要原因就在于企业制度方面存在问题。因此，在现阶段，我国企业设置和构建的创新制度文化应包括：创新组织体系的设置，创新的行为规范，创新的管理制度，创新的激励制度，创新的考评制度，创新的约束制度，等等。

第二节　企业技术创新外部认知环境的构建——政府的作用

在市场经济中，由于企业是微观经济活动的主体，绝大多数技术创新活动的目标和方式的制定和实施都是企业行为，因此，企业是技术创新活动的主体。但是政府在企业外部认知环境的构建中，发挥着特殊的作用。政府主要通过制度安排、政策的引导、资金和税收的支持、优化资源配置等宏观调控手段，为企业技术创新活动创造良好的环境。随着国际竞争日趋激烈，对政府宏观调控作用的要求也越来越高，政府在创新系统中的作用越来越重要。政府既可以为企业技术创新构筑良好的符合本国国情的政策法律环境和基础设施，也可以通过政策、法规、计划、项目、采购、服务等多种形式，影响、引导与干预创新活动的作用与效率。

一、政府激励系统的构建

(一) 进一步完善政府采购制度,促进自主创新

虽然企业是技术创新的主体,但政府作为企业技术创新的启动和推进者,可以通过公共采购政策的安排,创造和增加企业创新产品的市场需求,产生对创新的"市场拉动"效应。政府采购是政府促进技术创新的最重要政策工具之一。在美国、加拿大、英国、日本等国家中,政府采购一直作为促进科技创新、实现科技进步的重要政策工具而存在并发挥了不可替代的作用。目前,我国经济发展正面临着自主创新能力不足、从国外引进先进技术难度增加等困难,我们应当借鉴发达国家经验,通过政府采购政策促进自主创新的实现,以确保国家经济持续发展。

发达国家的实践证明,任何一个政府采购制度完善的国家,都确立促进技术创新目标。美国是最早采用政府采购政策的国家之一,也是世界上采用政府采购对技术创新进行扶持和推动最成功的国家之一。在美国《联邦采购法》中,有专门针对技术创新成果采购方面的内容。西部硅谷地区和东部128公路沿线高技术产业群的迅速发展,联邦政府采购政策发挥了关键作用。如在1933年制定的《购买美国产品法》,对处于技术领域工业发展早期的产品进入市场,政府采购有效地降低其进入市场的风险。1960年集成电路产品刚刚问世,100%由联邦政府购买,1962年占94%,1968年占37%,克林顿政府仅计算机及相关产品的政府采购就达90亿美元。美国政府的技术采购不仅份额大,且采购价格高于市场价格。加拿大和日本等国家的政府采购也基本是由国内供应商提供的。在门槛以上的外国产品的比例,加拿大为20%,日本为16%,美国9%。[1] 目前,为了使我国的政府采购有效地发挥作用,应力争做好以下几个方面:

---

[1] 郭丽峰、刘彦:《运用政府采购促进高新技术产业自主知识产权发展》,《中国科技产业》2004年第7期,第11页。

1．将政府采购进程中技术创新目标明确化

要充分发挥政府采购在促进技术创新方面的作用,就必须把政府采购政策纳入国家创新政策体系,通过立法建立可操作的政府采购制度。其一,应当选择适当的时机修订处于政府采购法律体系中的《政府采购法》,调整政府采购法的制定目标,明确规定促进技术创新为实行政府采购制度的目标之一。其二,相关部门、各级政府要在《政府采购法》的指导下,细化促进技术创新的目标规定,建立一套完善的政策法规以保证这一目标的落实。要明确各级政府用政府采购手段扶持技术创新的任务,并规定技术创新产品采购的品种和数量,确定各级政府采购中的国内自主创新产品比例,等等。

2．确保政府采购促进自主创新的有效性

首先,政府采购促进科技创新,应该有选择的、有针对性地扶持部分自主创新主体的发展。政府采购的总额有限,不可能对何一个创新主体都给以支持,否则可能导致一个项目都不能成功扶持的结果。作为宏观调控者的政府必须突出重点,挑选具有发展前景、对社会经济发展影响深远、对增强综合国力有重大影响的项目加以支持。其次,政府采购促进自主创新应具有连贯性。政府采购对某一创新项目的支持应当是对该自主创新项目的初期、中期及后期均给予科学合理的支持。政府要根据科技产品市场化的程度相应地调整政府采购政策。如美国政府采购对计算机、半导体和集成电路等工业的支持持续了多年,每年政府采购的比例是随着民间技术市场需求的逐步形成而逐渐降低的。这种做法值得我国借鉴。再次,政府采购,也要引入竞争机制。竞争原则是政府采购中的一条重要原则,在实行政府采购促进自主创新目标的过程中,要认清扶持的概念,而不是扶持落后,扶持的同时也要引入适当的竞争机制,至少要保证国内自主创新主体之间的竞争。国外经验告诉我们,如果政府采购在发挥扶持、拉动功能时忽略竞争问题,不但不能实现赶超国际先进技术,甚至还有可能导致国家整体竞争力处于长期低弱的状况。欧洲国家在 20 世纪中期半导体技术的追赶就陷入此误区。欧洲国家通过政府的采购政策发展半导体技术,追赶美国,成效不佳,非但没能促进本国市场的竞争,反而保护了本国落后的企业。有学者分析了其中的原因,发现美国政府的采购与西欧不同,在项目的结构上,美国的采购计划包含了对研发合同和产品购买的竞争,而西欧却没有①。

3. 建立促进中小企业自主创新的政府采购制度

中小企业一般规模小,技术、设备落后,资金短缺,承受市场风险的能力较弱,经营管理水平落后,在市场竞争中同大企业或外国企业相比处于不利的地位。但同时,在我国有相当一部分的中小企业都是自主创新的主体,因此,应当建立更为特殊的政府采购政策以鼓励、扶植和促进中小企业发展,提高其技术创新能力和整体竞争力。这也是各国政府通行的做法。

第一,规定给予中小企业以特别优惠。在国外一般表现为门槛价优惠和价格优惠。如美国规定 10 万美元以下的政府采购合同,要优先考虑中小企业,并给以价格优惠扶持:中型企业价格优惠幅度在 6% 以下,小型企业价格优惠幅度在 12% 以下②。我国可以对此进行借鉴,建立中小企业参与政府采购的优惠政策以达到扶植中小企业发展的目的。

第二,规定在一定条件下允许将大额采购合同分割成若干部分进行招标,使中小企业享有更多机会参与投标竞争。由于中小企业规模小,资金不雄厚,在参与投标竞争中,与大型企业相比明显处于劣势,为了使之与大型企业有相等的机会,并为中小企业创造更多的投标机会,就应规定允许将大额采购合同实行分割招标,

① 沈木珠、徐升权:《促进技术创新的政府采购政策研究》,《中国政府采购》2006 年第 1 期。
② 罗艺力:《政府采购与中小企业发展探析》,《生产力研究》2003 年第 5 期。

使其能参与投标,充分发挥小而专、小而特的优势而中标①。

(二) 以多种形式资助企业技术创新

鉴于我国正处在经济转型时期,企业自主创新能力不足,本书认为,当前我国政府对企业技术创新活动仍应给予一定的直接资助。如对进行先进产品开发且技术开发已获得成功的企业,对创新产品已经过中试阶段,可以进入工程化阶段的企业,对现有产品市场占有率高、需求潜力大,需进一步提高产品质量、增加产品品种或扩大生产能力而缺乏资金的企业,建立技术开发中心或测试中心缺乏资金的企业等,都应分情况给予一定的资助。

政府资助的形式可以灵活多样:

1. 实行财政补助

政府直接对技术创新项目进行补助,凡是企业进行的尖端技术研究以及以满足社会需要为目的的基础研究、应用研究经费,或是工业化试验阶段研究开发所必需的设备费和运转经费,其中一半可以由补助金提供。研究取得成功时,研究试制阶段的收入可以作为其收益,到实用化阶段后,5 年内偿还,不收利息。

2. 政府建立技术创新基金,实行有偿投资

政府可运用一部分财政拨款,建立技术创新基金,实行低息贷款或无息贷款,通过发放给企业,作为企业进行技术成果转化和应用活动开发阶段的启动资金。这种有偿投资方式由政府承担风险损失,如果技术创新失败,贷款损失由政府承担,如果技术创新成功了,则企业还贷付息。

3. 资本金投入

对少数起点高、具有较深创新内涵、较高创新水平的项目,采取资本金投入方式。资本金投入以引导其他资本投入为主要目的,数额一般不超过企业注册资本的 20%,原则上可以依法转让,

---

① 沈木珠、徐升权:《促进技术创新的政府采购政策研究》,《中国政府采购》2006年第 1 期。

或者采取合作经营的方式,在规定期限内依法收回投资。

4.贷款贴息

对已有具有一定水平、规模和效益的创新项目,原则上采取贴息方式支持其使用银行贷款,以扩大生产规模。一般按贷款额年利息的 50% 至 100% 给予补贴,贴息总额一般不超过 100 万元,个别重大项目最高不超过 200 万元。

总之,我国在调整技术创新投资政策的时候,不应当减少政府投资,而是要增加政府投资。只有在增加政府投资的同时,大力发展非政府投资,才能使技术创新投资有较大幅度的增长,才能适应技术创新发展的要求。

(三)调整企业技术创新的税收优惠政策

技术创新的税收优惠政策,作为激励企业技术创新的经济手段,是国家从财力上保证企业技术创新而采取的有力措施。针对我国目前在技术创新税收优惠政策方面存在的问题,本书提出以下对策:

第一,制定一部独立的促进技术创新和高科技发展的税收优惠法律,把散见于财政部、国家税务总局发布的各种通知、规定之中的具体税收优惠政策归总起来并进一步完善,使之成为一部完整的、规范的、系统的税收法律,从而减少税法在操作中的盲目性和随意性,同时使税收法规透明度增大,更好地、公平地执行税收优惠政策,从而引导技术创新,促进经济可持续发展。

第二,保持税收优惠政策的一致性,将税收优惠的重点从对企业优惠转向对具体研究开发项目的优惠。首先,要统一内、外资企业的所得税法,从根本上解决不同性质企业享受不同税收优惠政策的现状,为内资企业进行技术创新营造公平的竞争环境。其次,要统一高新技术开发区内、区外的企业税收优惠政策,不论区内、区外,企业只要进行技术创新的,该项目所得都享受在一定期限内免征企业所得税的优惠。只有这样,才能使企业真正感到要想从税收上受益,必须进行先进技术的开发和应用,从而引导和鼓励企业的技术创新活动。

第三,将税收优惠从侧重产业化阶段为主向科研开发、中试孵化并重转移,实现事前扶持与事后鼓励相结合。为了加强企业对技术创新投入的税收鼓励措施,将对高新技术企业所得税"两免"改为"从获利年度起",或者改为从被认定之日起一定时期内减按15%税率征收。对用于科技开发和研究的研发费用实行税额抵扣的税收优惠;研发经费年增长在10%以上的,可按实际发生额的5%左右予以抵扣企业所得税额;对企业用利润进行技术创新或再投资的,实行投资税收抵免;企业用于研究开发的进口仪器、仪表等试验和检测设备、试剂、材料和其他技术资料等免征关税。

第四,完善税收优惠方式,使优惠方式从直接优惠为主转向直接优惠与间接优惠相结合上来。以减免税为主的直接优惠,虽然具有透明度高、激励性强的特点,但形式单一,针对性不强,管理复杂。应借鉴国外经验,采取多种税收优惠形式,弥补直接优惠的不足。例如,可以对试验研究用机械设备与新技术设备实行加速折旧制度,技术转让所得收入的一定比例可以减免税费,还可以对高技术企业在创新初期出现的亏损予以税惠补贴。

第五,扩大优惠对象,从对创新企业优惠扩大到对科技人员优惠,实行鼓励人力资本投资的税收优惠政策。对从事企业技术开发的科技人员,在个人所得税上给予适当的政策倾斜;对于科技人员认股权征税问题,应将属于奖励性质的工薪所得与属于财产转让性质的证券交易所得分开;对于高科技人才以自己的技术创新发明作为对企业的入股资本所获得的股息,免征个人所得税3~5年。

(四)支持企业技术创新的金融体系的重构

适当的金融制度安排是促进技术创新的重要因素。要推动我国高新技术产业的快速发展,并逐步形成国际竞争力,就应该加大金融支持的力度,努力构建和完善多形式、多渠道、全方位的技术创新金融支持体系。本书认为,作为一项复杂的系统工程,技术创新金融支持体系的构建与完善主要包括三个方面的内容:一是制度环境,二是多层次、发达的金融市场,三是丰富、高效的金融组织,它是推进技术创新的组织保证。

1. 优化外部环境

(1) 法律环境。为了推动 21 世纪技术创新的顺利发展,许多发达国家和一些新兴市场经济国家和地区都特别注意营造良好的法律环境。为了促进我国技术创新的顺利发展,有必要对现有的科技进步法律进行发展完善,如在高新技术领域的两部基本大法《科技进步法》和《转换法》中,增加关于高新技术产业化投资的内容,对政府和商业银行在高新技术领域的金融支持方面的法律定位进行重新界定等。同时,要对相关金融法律法规、知识产权法律、风险投资相关法律法规进行修改和完善。

(2) 社会服务基础环境。技术创新发展过程中,需要为其提供信息、咨询与人才等服务。技术创新社会服务基础环境,就是指为保证技术创新活动各环节顺利进行,促成技术创新各相关主体之间合作,以及促进技术开发和产业化的社会服务环境。其内容包括信息集散子系统、咨询服务子系统、技术中介子系统、人才服务子系统、资金服务子系统、法律仲裁服务子系统、技术评估服务子系统等。

(3) 金融政策。正如斯蒂格利茨所指出的:"金融部门运行的成功与失败有着很深的政策根源。"同样,技术创新金融支持体系的建立和完善,离不开金融政策的配合与支持。根据技术创新金融支持的发展现状和国际经验,我国可实施如下金融政策:①应逐步放开地方合作制中小金融机构,为技术创新提供多层次的金融支持。②加强证券市场监管和银行监管,提高政府监管的效率,对技术创新项目形成约束机制,提高投资效率。③中央银行应该按照有利于技术创新的原则,在确保信贷资金安全的前提下,调整科技贷款的标准、利率浮动范围和管理模式,切实增强金融机构发放科技贷款的积极性。④国家政策性银行应当设立企业技术创新专项贷款,实行最优惠的利率,也可以通过进口信贷和出口信贷等方式,支持高新技术的引进和高新技术企业开拓与占领国际市场。

2．健全金融市场

要通过建立多层次的金融市场,形成合理、完善的金融市场结构,为推动技术创新及时提供充裕的资金支持和监督评价机制。

(1)二板市场。所谓"二板市场",即第二证券市场,或称创业板市场,通常称为"高新技术产业的孵化器"、"新兴产业的摇篮"。二板市场对于技术创新发展而言具有特殊意义与价值。二板市场在技术创新相关资源配置的广度和深度上都具有主板市场所不具备的优势。二板市场能够较好地解决公司融资的"背反"现象。能够在主板市场上市说明公司财务状况良好,其可获得的融资便利比较充分,即使不上市也可以合理的成本获得资金而急需融资支持的技术创新企业,财务状况不理想,无法达到主板市场的上市标准。二板市场则可以为不同偏好的投资者提供不同的风险—收益组合。从增加资源配置角度来讲,二板市场的市商制度带来了交易效率、配置效率的提高和风险处置能力的增强。同时,二板市场可以化解证券市场的潜在风险,有利于加快资本社会化进程,能够为新兴技术与产业提供高效率的融资机制。

二板市场的建立是一个复杂的系统工程,需要解决一系列问题。其中最为重要的是二板市场的定位、内在结构以及交易机制问题。本书认为,在二板市场的定位上,比较可行的思路是在现有主板市场之外,建立一个有独立运行规则、独立发展目标、独立服务对象、独立上市标准、独立交易机制的二板市场。而目前深圳证券交易所的中小企业板市场只能作为过渡措施。在方向定位上,建议将二板市场的服务对象设定为技术创新型企业,既包括高新技术企业,也包括高成长性的中小企业。在市场结构方面,分体结构较适合我国国情,不但有利于我国形成资本市场的层次结构和完整体系,而且也有利于不同风险偏好的投资者进行投资选择,是一个较好的发展方向。

(2) 企业债券市场。债券融资对于技术创新企业的好处,不仅可以改善企业财务状况和资本结构,获得财务杠杆利益,还可以督促企业形成符合国际惯例的治理结构,加速与国际接轨。同时,发达的债券市场还可以为不能上市的中小企业和高新企业提供一条资本市场融资渠道,通过保证资金的到期偿还来提高企业的再融资能力。

我国企业债券市场规模小、筹资少、品种单一,且近年来,在各种融资手段中,企业债券融资呈下降趋势。针对技术创新企业的发展需要,应逐步放宽债券发行主体,打破地区界限,扩大发行范围,增加债券种类,实行利率市场化,债券发行应减少政府干预,更多地发挥市场配置资源的作用,改革现有的企业债券监管模式,推行中小企业债券发行核准制,放宽中小企业债券募集资金的使用限制和上市交易限制,在有条件的地区开设柜台交易市场。总之,需要通过改革与创新,发展壮大我国企业债券市场,为技术创新型企业提供强大的支持。

(3) 技术产权交易市场。技术产权交易市场是为科技项目、科技企业和成长性企业提供技术转让、产权交易和股权融资等服务的专业化非公开权益资本市场,并且以技术创新成果转化为先导,优化资源配置。其交易客体又具有智力资本的特征。技术产权交易市场的主要功能包括:①创业者的资本市场,即为科技型企业、成长型企业以及高科技成果转化项目提供融资市场,并为创业(产业)投资基金提供私募场所,促进技术与资本的高效融合。②风险资本的退出市场。即使一板市场在我国成功推出后,由于市场规模的限制,每年能够上市的企业估计也极为有限,更多的中小科技企业需要通过高新技术产权交易所来实现风险资本的退出与流动。因此,技术产权交易市场是我国风险资本退出机制的重要组成部分。③对二板市场的服务功能。技术产权交易市场作为创业资本市场的基础部分,可以为国内一板市场以及境外创业板市场输送经过市场净化和检验的优质上市公司资源,促进一板市场的良性发展①。

3．建立和完善金融组织

建立和完善多种金融组织,是根据技术创新运动发展规律需要,对金融机构进行设计和优化,并促进金融创新,以更好地履行其服务技术创新的金融职能。

(1) 风险投资公司。风险投资公司是技术创新金融支持的重要载体。从总体上看,我国风险投资资金来源有限,资本结构单一,资金缺口很大,远远不能满足我国技术创新发展的需要。目前,保险、养老等各种基金尚未开展风险投资业务,也缺少民间资本进入风险投资领域的渠道和运作保障机制,所以,应尽快解决风险投资的运作、退出与法律保障等机制,逐步形成以民间投资为主体的风险投资运行体系,以动员更多资金尤其是民间资金进入风险投资领域,实现风险资本来源多元化。风险投资公司可以通过公开上市、定向募集、发行债券、吸收外资等多种形式筹集资金,应允许、鼓励工商企业、银行、信托公司、保险公司等金融机构参股风险投资公司,以壮大风险资本规模。

(2) 科技发展银行。由于技术创新具有巨大的溢出效应与外部性,国家应该对有关技术创新型企业的金融支持提供一定的政策性支持安排。其中,组建以财政投资为主的股份制国家科技发展银行是一个比较好的途径。国家科技发展银行的主要业务品种为贴息贷款,贴息部分来自政府财政支持,或者由国家担保机构如

---

① 唐绪兵、钟叶娇:《论我国技术创新的金融支持》,《财经理论与实践》2005 年 137 期。

中国经济技术投资担保公司提供担保,科技发展银行除了主要对技术创新型企业提供科技贷款外,还可以利用自己的独特优势,开展技术创新成果的吸纳与转化、技术转移中介、技术信托投资、技术贸易等相关业务,特别是目前很多企业资金缺乏,无力购买技术创新成果,科技发展银行则可以通过贷款方式,或者与企业组建技术与资金合股形式的公司,联合开发产品,以达到技术创新转化为生产力的目的。

(3) 技术创新产业投资基金。技术创新产业投资基金是通过借鉴西方发达市场经济国家规范的投资基金运作形式发行基金券,将投资者的不等额出资汇集成一定规模的信托资产,交专门投资管理机构直接投资于特定产业的未来上市企业,并通过资本经营和提供增值服务对融资企业加以培育和辅导,使之相对成熟和强壮,以实现资产增值、利益共享、风险共担的一种金融投资形式产业投资基金能够较好地满足技术创新型企业在资本支持和经营管理服务上的双重需求,是支持我国技术创新和创新成果产业化,提高我国产业领域的科技含量,实现经济集约化发展的一条有效途径。

二、政府保障系统的构建

(一)加大对知识产权的保护力度

知识产权的保护是维护公平的市场环境所不可或缺的。有效保护技术创新过程中形成的知识产权,一方面,可以吸引广大科技人员和技术创新主体积极主动参与科技创新活动,从而有利于不断扩大技术创新活动的领域和范围,另一方面,可以刺激技术创新主体加大技术创新投入,从而既有利于提高技术创新主体遵守技术创新规则的自觉性和维护技术创新规则的严肃性,又有利于维护正常的技术创新程序,防止各种知识产权矛盾和纠纷的发生。然而,在我国,各种侵犯知识产权的行为已经严重影响了我国科学技术的发展,干扰了一些领域的正常经济秩序,因此,加大知识产

权的保护力度已成为当务之急。目前,我国政府迫切需要作好以下四个方面的工作:

1. 加快产权制度改革,从根本上为知识产权保护提供基本的法律保证

产权制度的基本功能是给人们提供一个追求长远利益的稳定预期和重复博弈的规则,明晰的产权是人们追求长远利益的动力和市场交易信用的基础。建立"归属清晰、权责明确、保护严格、流转顺畅"的现代产权制度,并在此基础上营造市场交易"自由、平等、诚信"的商业信用氛围,是建立市场经济制度之根本。知识产权制度作为产权制度的一部分,尤其在知识经济条件下,知识产权构成了产权的最重要的和最有活力的部分。我国宪法的2004年修正案,明确了对私有财产的保护。但这还不够,作为私权的知识产权,是私有财产权的一部分,并且是私有财产权最重要的一部分,所以,在市场经济体制继续改革和完善的条件下,应加快产权制度的改革,明晰产权主体并在法律上进一步明确"私有"和"国有"产权具有同样的不可侵犯性,为"理性经济人"提供一个追求长远利益的稳定预期,进而为人们提供一个尊重知识和保护知识产权的法律基础,从根本上铲除侵犯知识产权的土壤。知识产权是一种私权,是知识的发明创造者依法享有的独占、排他和一定程度上的对自己发明创造的成果的垄断权利,拥有这种权利不仅能使人们有发明创造的自由权利,而且还能依据这种权利获得利益回报,形成对人们发明创造的激励机制。

2. 加快我国知识产权法律法规的制定和修订,增强执法的可操作性

制度经济学强调制度尤其是产权制度对经济发展的决定性作用,国外学者认为,对科技发展起着最直接促进和保护作用的就是知识产权法律制度。要激励技术创新必须发展一套法律规范以便为无形资产的所有和交换提供有效的保障。经过30多年的努力,

我国在知识产权保护领域取得了举世瞩目的成就，相继颁布实施了专利法（尤其是 2000 年第二次涉及条文达 36 条的大幅度修正）、商标法、著作权法等 8 部知识产权领域法律以及 30 多部相关法律法规，已经形成比较完备的知识产权法律制度。

但是在执法过程中法律法规的可操作性不强，知识产权侵权判断标准模糊，尤其是侵权案的举证责任问题，是造成知识产权侵权案难立和判决不公的主要原因。虽然我国民法规定的侵权责任认定已从单一的过错责任发展为过错推定责任、公平责任和无过错责任并存，但过错推定责任和无过错责任的采用需要法律明文规定。目前，知识产权类侵权责任尚未列入过错推定责任中。因此，一旦出现此类侵权，被侵权人负有举证责任，不但要证明侵权人有侵权事实，还要对侵权行为造成的损害事实的性质、损害程度以及具体数量都要一一举证，才能实现诉讼请求，这无疑是非常困难的，所以很多案子仅立案就拖了很久。因为知识产权类侵权行为是以无形财产为侵权客体，行为人是通过非法利用或使用他人无形的智力成果而实现的，并不直接作用于权利人，因此不易被觉察。等到发现了侵权行为的存在，又苦于被侵权人没有调查和侦查的权利，难以直接取得与侵权行为有关的证据，从而无法得知其具体的侵权手段，更无从得知其侵权所得，所以只有从立法上确立对此类案件的过错推定责任，通过举证责任倒置的方式，由原告初步证明被告有侵权行为，继而由被告来证明自己没有过错，否则就推定被告有过错，并承担侵权的民事责任。

我们要按照《中共中央关于制定国民经济和社会发展第十二个五年规划的建议》，以鼓励自主创新、优化创新环境、建立和维护良好的贸易投资环境和公平竞争环境为宗旨，抓紧研究制定国家知识产权基本法的问题，制定和完善有关知识产权行政执法的规章和知识产权侵权判断标准，切实加强保护知识产权，加强与知识产权法律法规相配套的政策研究和制定工作，增强法律法规的可操作性。大大加快知识产权侵权案件的审理速度,减少社会成本的浪费。

3. 强化知识产权执法力度,提高依法保护知识产权的水平

知识产权保护工作涉及多个行政部门和司法机关,要继续推行行政和司法"两条途径、并行运作"的知识产权保护模式,加强领导、明确责任、协同配合。加大知识产权保护力度,健全知识产权保护体系,优化创新环境。进一步整顿和规范市场秩序,坚决打击制假售假、商业欺诈、盗版和假冒专利等知识产权侵权的违法行为。进一步完善行政执法程序,依法公正、高效地调处知识产权纠纷。积极发挥跨部门执法协作机制和区域协作执法机制的作用,打击和防范群体侵权、反复侵权行为。巩固知识产权重大案件联合督办制度以及与外国政府、国际组织间的沟通对话机制。强化知识产权司法保护,认真落实知识产权司法解释,依法追究侵犯知识产权犯罪行为的刑事责任。

4. 加强知识产权保护的文化建设,增强知识产权保护意识

知识产权文化是人类在知识产权及相关活动中产生的、影响知识产权事务的精神现象的总和,主要是指人们关于知识产权的认知、态度、信念、价值观以及涉及知识产权的行为方式。文化对一个民族、一个国家、一个地区的发展越来越重要。国家与国家之间、地区与地区之间的竞争,在某种程度上也是文化的竞争。没有深厚的文化底蕴,没有先进文化的引领,在竞争中就有可能要落后。

建设创新型国家和全面小康社会需要有一个与之相适应的创造物质财富和知识财富的文化氛围,其中知识产权文化体系的再造尤为迫切。知识产权文化是文化发展战略的重要组成部分。因此,适时提出构建我国知识产权文化作为一项长远性、现实性任务摆在了我们而前。目前,盗版软件的盛行、背景音乐的随意使用,从某些侧面说明,公众正在以消极的方式淡化知识产权保护制度

的作用。只有让普通民众在日常生活和经营中了解知识产权保护的意义,并且自发地维护知识产权,那么知识产权保护制度才算真正落到了实处。任何一个企业都应将保护别人的知识产权作为一种义务,作为一种社会责任。只有人人都尊重、保护他人的知识产权,自己的知识产权才不会受到侵害。长期以来,我国社会缺少尊重知识产权的氛围。对于知识产权的尊重,本书认为最重要的是在全社会努力促进知识产权文化的形成,这是提高民族素质的关键因素。知识产权文化包括科技创新、创新发明、专利保护,同时也包括对青少年创新意识的培养。知识产权文化的基础是努力发展科技,促进源头创新要从青少年抓起,既要重视直接面向需求的研究,也要重视源头的基础研究。现在,世界上的一些大企业创新了很多的专利,用这些专利去开发新产品并满足社会的需求,然后用得到的利润再来支持研发,加上自己的新思维,又产生新的专利,然后再支持包括基础研究、公益性活动、青少年教育等,形成了一个良性循环,因此建设知识产权文化,应当成为知识产权事业发展的重要组成部分,也应是实施知识产权战略的基础工程[①]。

(二) 人力资源环境的构建

人力资源是社会环境系统中对创新行动的"硬性约束"要素,主要包括企业家群体和创新各环节所需的专门人才,它构成了企业技术创新的人力资源环境。企业技术创新作为一个包含诸多运行环节或阶段的社会行为,其全过程的顺利展开和成功实现必须通过人的活动和行动来完成。其每个环节,每个阶段的运行质量和速度都取决于从事该环节工作的人才的科技水平、创造能力和管理能力的高低。企业家群体是技术创新的启动者、协调管理者和风险承担者,而技术创新各环节所需的专门人才则是创新能否正常运行和顺利实现的技术性保证。因此,如果技术创新系统不

---

① 吴学军:《试论加强我国知识产权保护的对策》,《商业现代化》2006 年第 3 期。

能同人才资源环境进行畅通的交换和互动,就会导致创新所需的企业家和各类专门技术人才的匮乏和枯竭,从而导致技术创新行动的瓦解。舒尔茨就曾经指出,"资本的传统概念必须加以扩大,以便容纳人力资本","从分析的角度来说,如果有可能将所有不同形态的人力资本集中在一起,其作用会大大超过全部非人力资本"①。

这些真知灼见是对现实的真实描绘。一切技术创新的动力和经济增长的源泉,最终应归结为人力资本的内在积累和建设。因此,促进技术创新的关键还在于人才,在于用新的方式培养人才,用新的概念认识和开发人才,用新的模式高效率的使用人才。我们可以采取以下措施:

1. 改革教育体制,培养具有创新素质的人才

改革教育体制首先要转变教育思想和教育观念,把培养学生全方面的创新素质作为一项重要目标。创造的技能固然重要,但更重要的是创造的意识。我国学生的创新意识和创新精神培养不足的一个重要原因,就是在他们的成长过程中充满了对继承和填鸭式学习的要求,而缺乏对创新意识和创新精神的引导和培育。许多发达国家都非常重视创新教育。美国是开展创造教育最早的国家。1916年,美国教育家杜威就率先提出了培养创造型人才的学说。因此,美国教育一向注重培养青少年的实践动手能力和创造能力,并从1942年开始举办每年一届面向高年级大学生的"科学人才选拔赛",从20世纪50年代开始每年组织一次的面向9~12年级学生的"国际科学与工程博览会"②。日本也很重视创造教育的开展,从1941年开始,日本发明协会就开始举办"全日学生儿童发明工夫展",每年一届,一直至今。1982年成立了创造学会和

---

① [美]T.W.舒尔茨:《人力资本投资》,商务印书馆1990年版。
② N. Rosenberg, R. R. Nelson. American universities and technical advance in industry. Research Policy, 1997 (23), pp. 323 - 349.

创造开发研究所,培养和造就了一批有一定影响的创造学家。因此,为了推动我国企业的技术创新,我国必须效仿美、日等国,全面开展创造教育,培养具有创新素质的人才。

2. 加强校企的合作,建立面向市场的科技创新和人才培养机制

大学在技术创新和发展高科技产业方面,要加强与企业多种形式的联合、合作。要鼓励企业在高等学校建立工程研究中心、生产力促进中心等。高校要创造条件,建立大学科技园区,发挥科技开发"孵化器"作用,兴办高技术企业。

3. 构建终身学习型社会

知识经济时代,科学技术迅猛发展,专业性教育或一次性学校教育已无法适应社会生产生活的需要,终身教育正是在这样的时代背景下提出的。教科文组织著名教育学家保罗·伦格兰德认为,数十年来,人的生活分为两个部分,前半部分接受教育,后半部分进行工作,这是不能适应创新需要的传统教育观念,要想跟上迅速膨胀和更新的当代知识发展,防止知识老化,就要确保教育的连续性,在教育的一切阶段面向发生变革的生活,培养活生生的、具有创新意识的人才①。因此,为使"终身学习社会"得以实现,应尽快研究制定全民终身教育法,明确各级各类学校教育与培训的功能和关系,促进终身学习的制度化和法治化,充分发挥政府、企事业单位、民间团体、社区及家庭的作用,确立由成人学习者个人与聘用者(企事业中位)合理分担、政府社会对弱势人群给予必要资助的终身学习经费的保障机制,创造多种学习机会。同时还要开展创建学习型组织、学习型社区、学习型活动,促进学习型社会的形成。注重挖掘和利用社区内的各种教育资源,推动社区内的学校教育设施向社区居民开放,使学校教育与构建学习型的企业、组

① 吴铁男:《知识经济、技术创新与人才教育》,《航天工业管理》2001年第11期。

织、社区和城市等相互沟通,进一步完善社区学习中心建设,充分利用博物馆、图书馆、文化宫、科技馆等文化设施和现代远程教育网络在社区教育中的运用,为社区居民的多样化学习提供必要的场所。

三、政府服务系统的构建

(一) 建立技术创新中介服务体系

中介服务作为创新市场交易的一个重要的环节,可以有效解决科技成果向市场化转化难的问题,为创新技术的供求提供一个场所。从发达国家的情况来看,技术市场中介服务水平一般较高,能够为技术交易提供全方位、高效率的服务。而我国技术中介服务体系的建设由于起步晚,其发展水平与发达国家还存在较大的差距,在全国技术市场成交的合同书和全国技术市场成交合同金额中,由技术贸易中介机构完成的技术商品交易所占的比例还不高。因此,应尽快地培育技术交易中介服务体系。可行的做法是:

第一,发挥中介组织的独立服务职能,为技术创新创造更适宜的政策环境和良好的基础设施与氛围。当前,应尽快把隶属政府的中介组织与政府部门脱离进入市场,变"国营"为"民营",在政府提供的创新政策扶持下,逐渐按市场机制运作。专门作为政府创新政策执行工具的各种中介机构,以及政府的咨询评估机构,要分类管理,有的应是非营利机构,以社会效益为主要追求目标,则按照非营利方式运行,例如,应由国家建立科技成果信息网络,全国联网,为用户提供便捷的信息查询服务,民营中介机构无力完成这一庞大工程;改造一批科技开发机构,成为中介服务;绝大多数要让其成为独立的企业法人,实行企业化管理,更多地依靠自身的努力,自己在服务市场上表现而生存与发展。这类机构必须转制,按现代企业制度重组,明晰产权,自主经营,人员动态筛选,明确服务功能。政府予以必要的扶持,但不能在政府的"庇护"下参与市场竞争。政府为引导、规范中介机构的发展,在不同行业培育与支持非营利的中介机构,依公开、公正的原则和规范化的操作,定期对各类中介机构进行评估,划分等级,根据每次的评估结果,作出升级与降级处理,渐次评出权威机构,作为政府各类创新政策制定与执行的依托和工具。

第二,加快中介服务人才的培养。社会化科技服务体系是智力产业,人员队伍的建设和发展是行业发展的关键。借鉴国外经验,应当尽快建立科技服务从业人员执业资格准入制度。可通过行业协会组织制定科技服务服务人员和机构的执业资格标准,凡申请从事科技中介服务活动的人员,必须通过资格考试、专业审查和工商登记等程序才能注册开业。同时,在已有人员中推进继续教育。要鼓励和支持中介机构制定详细的培训计划,对中介人员进行系统的技术培训和法律培训,提高中介人员的理论水平、职业道德和实际工作能力。最后,充分挖掘和利用高等院校、科研院所、管理部门及留学归国等人才群体的资源。高等院校、科研院所是高学历人才群体聚集的机构,是智力服务业宝贵的人才库。科技中介机构应实行有效的激励机制,充分利用这一优势群体,吸收并发展壮大中介队伍,提高科技中介服务水平,促进中介服务业的发展。

第三,积极扶持多类中介机构。政府创新政策的制定与执行,要紧密地依靠和有效地利用中介机构,对技术创新的管理要实现专业化、民主化、科学化。政府的扶持措施可分为行政扶持、经济扶持、制度扶持。行政措施主要是把现在的行政职能中,本应由中介组织操作的事分离出来,并且成为制度。经济扶持,除了对部分中介机构给予一定的资助外,主要在财政税收方面给予优惠。技术创新有相当的风险,财政税收是降低技术创新风险从而激励创新的重要手段,一定要把技术服务与一般第三产业区分开来,在政策上充分体现国家对服务于技术创新的中介机构鼓励与支持。财政税收优惠政策对培育风险资本市场,有特殊功效。制度扶持是为中介组织建立适宜的法律环境,注意创造公平竞争的环境,规范行为,促进民营中介组织的健康发展。美国政府制定完备的法律制度支持,是美国中介组织发达的重要因素之一。结合德国、日本的经验,培育行业协会,提高同行业自组织程度,增强行业协会在技术创新中的功能,应为当前及今后一段时间我国政府部门的一项重要的工作(孙冰,2003)。

(二)培养和完善技术市场

技术市场作为一个社会服务部门,可以为企业创新活动提供与科技成果供求相关的信息,协助企业完成创新活动,对推动技术创新具有重要作用,因此,大力培养和健全技术市场,不断完善其服务功能,是提高企业技术创新整体效率的关键。本书认为,要加强技术市场对创新的推动作用,解决我国技术市场存在的技术成果供给不足以及服务功能不健全等诸多问题,应采取以下几项措施:

(1)继续培育和健全技术交易市场,大力发展生产力促进中心、科技成果展示中心等各种服务机构,加强对科技成果的宣传和推广,借助互联网传播和利用国内外科技成果的相关信息,为科技与经济的结合架起桥梁。

(2)健全相关法律法规,建立科技成果交易中心、技术转让中心、技术评估所、技术经纪所等服务机构以及为技术交易提供法律服务的技术合同仲裁委员会、知识产权事务所、知识产权审判庭等配套组织,促进技术市场的有效运作。

(3)加快科技咨询业和科技信息业的发展,为企业科技创新提供相关咨询,主动了解企业对科技成果的需求状况,增进大学、科研机构与企业界的相互联系和了解,促进企业与大学、科研院所进行技术合作,建立"咨询机构—企业—大学(研究所)"相结合的技术创新模式。

(4)加强创业服务机构的运作是强化科技产业化的重要环

节,因此有必要建立创业投资策划机构。该机构可以投资银行为主体,挖掘、组织一批懂科技、经济、金融并了解市场需求的高级人才,专门进行技术项目的选择、培育,拿出成熟的投资项目供中外投资者挑选实施,以提高我国科技成果的转化率(孙冰,2003)。

第三节　企业技术创新的文化环境构建

良好的创新文化氛围是培育创新人才和获取创新成果的基础。作为企业技术创新重要的非正式激励制度,创新文化涵盖了整个社会的各个方面,不仅要在企业内部建立创新型企业文化,而且还应在企业外部构建激励创新的社会文化环境。社会各界要充分认识创新时代对创新文化需求的迫切性,大力培育创新文化,在全社会树立激励创新的世界观、科技观、价值观、人才观,为激励企业技术创新形成良好的社会基础和外部环境。

一、认知与文化

知识的建构过程是通过语言完成的。任何语言活动都是以一定的语境为条件的,或者说,一切涉及语言的活动,都不可能离开其语言环境而独立存在。在日常经验中,被称作"语境"的东西以某种结构性和规律性展现在我们眼前。语言意义的稳定性至少部分是以语境的这种规律性为基础的。英国人类学家马林诺夫斯基在1923年给奥格登(Ogden)和理查兹(Richards)的《意义的意义》一书所写的补录中第一次完整地提出语境概念时,把语境看做是由言语环境(context of utterance)、情景语境(context of situation)、文化语境(context of culture)三个层次组成的集合体。文化语境指的是某一言语共同体特定的社会规范和习俗,它包括当时的政治、历史、哲学、民俗等思想文化意识。弗斯(Firth)在划分语境时,也充分意识到社会文化这一大背景,他将语境分成三个等级,其中文化语境制约着情景语境,情景语境又影响着语言环境。因此,文化语境是社会结构的产物,是整个语言系统的环境。综观这些学者的观点,语境是一个用语码编织的多层次文化集合体的特殊的"场",文化语境则是各种语境的总括。本书所论及的文化语境,即宏观语境,包括社会文化、民俗习惯、价值观念、社会心态、舆论环境等诸多方面,它涵盖了意识层面(理想、信念、价值观念、世界观等)的文化心理语境和文化操作语境(习俗化场境、对象化情景、特定的日常交际规范态度、程度等外部具体情景)。文化语境是文化的载体之一,它可以反映文化的形态或内容。

正如多萝西·李所说:"文化是一个符号系统,它把物理实在(存在的东西)转变为经验的实在。"[①] 而这是无可否认的。因此,"作为我在西方世界知道的和想象的宇宙,同玻利尼西亚群岛上的提科皮亚人的宇宙是不一样的"[②]。文化提供了关于现实的不同法典以及根据这些法典而得到的不同应答。正如李所主张的,个人本身的文化素质提供了一个受到牢固地制约的预先给定范畴的观察现实的框架。事物是以语言为基础的,沃尔夫已经证明,语言是思想形成的一个重要因素:"人对他周围世界的真正知觉是根据他使用的语言来编程序的,就像编计算机程序一样。和计算机类似,人的思维也仅仅是根据这些程序编得很不相同,所以没有什么信仰和哲学体系被认为是同语言无关的。"[③] 霍尔把沃尔夫的观点加以引申,人们不仅有解释现实的不同"程序",而且"他们居住在不同的感觉世界里。感觉材料之筛接纳了一些事物而滤掉了其他事物,因此通过一组文化模式的感觉筛而感知到的经验完全不同于通过另一组感觉筛而感知的经验"[④]。文化向人们展示了一种思维方式,一个考察问题的角度和出发点。文化不仅是一种信

---

① 多萝西·李:《自由和文化》,纽约,1996年版,导言。
② 多萝西·李:《自由和文化》,纽约,1996年版,导言。
③ E. T.霍尔:《隐含的度量》,纽约,1996年版。
④ E. T.霍尔:《隐含的度量》,纽约,1996年版。

息筛选机制,而且也是一种意识形态。诺斯认为,"意识形态是普遍存在的,人们必须对他们周围的世界作出合理解释。在这一意义上,作为解决日常生活中一个人面对的许多问题的一种机制,意识形态节约了人们必须拥有的信息数量。"① 麦克劳德和查菲(1972年)认为:"一个人最初的信念、态度和价值观形成了一个参照系。这个参照系是一种解释的认知图,它明显地支配着信息的交换和影响……"② 所有这些都无疑是正确的。当我们比较和评价由具有不同文化的人们所建构的"世界透视图"(或经验模式)时,一定要考虑这个因素,但也很明显,所有的人,无论他们属于什么类型的文化,都具有相同的神经系统和类似的感觉接受器,并控制着同样的响应模式和运用服从非常类似的规律或规则的思想模式。换句话来说,看来基于文化—认知相互依存性的某些"普遍性"特征还是存在的:乔姆斯基研究出了"语言的普遍性"③,而克劳克翰则发现了许多"文化的普遍范畴"④。

二、文化环境定义及功能

技术创新系统的文化环境是指影响技术创新系统的各种社会文化因素的总和,包括风俗、习惯、道德价值观等。一个国家的文化传统与现实状况,在最广泛和最深层的范围内影响着技术创新系统的行为方式、目标设定和价值标准。任何技术创新的决策与实施,都会自主地遵从现实的社会文化观念,求得社会的认同。文化环境是影响和制约技术创新系统演化的重要环境因素。

文化环境与技术创新系统的作用是相互的。一方面,文化环境对技术创新系统有激励和制约的作用,它在激励人们创新时又

---

① 诺斯:《交易成本、制度和经济史》,G·菲吕博顿、鲁道夫·瑞切特(编):《制度经济学》,上海财经大学出版社1998年版。
② 转引自霍奇逊:《现代制度主义的宣言》,北京大学出版社1993年版。
③ N.乔姆斯基:《笛卡尔哲学的语言学》,纽约,1966年。
④ C.克劳克翰:《文化的普遍范畴》,载克罗伯:《当代人类学》,芝加哥,1953年版。

设定了起制约作用的行为与价值规范。文化环境对研究开发人员的创新激励和价值取向,对企业家的精神和行为方式的影响,都体现了这种强大的作用。积极进取的、符合创新精神的文化环境能促进技术创新系统朝更高级、更完善的方向进化,为系统创新功能发挥创造良好的条件。消极的、与创新精神相悖的文化环境会阻碍技术创新系统的进化甚至会使之退化,抑制创新功能的发挥。另一方面,技术创新系统也可以选择、影响乃至创造文化环境。技术创新系统在发展过程中不断地对文化环境提出新的价值目标,直接地影响文化环境的特征,推动文化环境的变革与发展。在许多时候,技术创新系统可以突破文化环境的束缚,选择和制造新的文化模式,引起旧有文化模式与制度的变迁。创新活动是引起文化变迁最重要的力量之一。

社会文化背景以文化价值规范为核心内容,它作为一种特殊的环境变量在对企业技术创新的运行发挥制约和规范作用中具有两个基本特征:第一,作用方式的非正式性,即社会文化背景对技术创新系统的制约,表现在社会文化价值规范的功能发挥并不完全以正式形式为条件,这种作用以观念、心理的形式为主,不一定有相应的组织实体和制度来体现和承载。正因为如此,文化环境的作用可以离开物质的束缚,显示出间接的、无所不在的、强有力的力量。它不仅影响着技术创新系统的各个环节和方面,而且深刻地支配着从事技术创新活动的企业家和相关人员的心理模式、行为特征、思维方式和价值取向。第二,作用层次的内在性和外在性的统一。这是指文化环境以社会文化价值规范的形式外在地作用于技术创新系统,同时又体现在每个从事创新的行为个体身上,从而内在地作用于系统。具体来说,外在性表现为任何技术创新行为的选择,决策和实施都不得不依从于现有的社会文化观念,从而为创新的启动、开展和实现求得社会的普遍认同。内在性表现为社会文化的深远而广泛的历史沉淀和累积,并积淀在每个创新者的意识之中,通过他们自觉地遵从文化传统的行为而内在地影响着所从事的创新活动。文化环境作用于技术创新系统的特殊性体现了其对创新行为起着既促进又制约的作用性质,发挥着与物质资源环境和制度环境不同的但必不可少的支持功能,与它们共同构成了完整的创新环境系统。

三、创新文化环境的特征

技术创新系统所具有的特定的系统特征,客观上要求与相应的文化环境相适应。

首先,技术创新系统需要不停地与外界进行物质、能量、信息交换,而且这些交换对系统来说必须不断地呈现新的属性,或者说对系统意味着新质的输入,才能维持创新行为,这表明技术创新应具有超越一般意义的开放性。与之相应,文化环境也应具备充分开放的特性,应具有优良的交换和吸纳的能力,提倡学习、进步和超越。对于技术创新系统而言,开放的文化环境是指在继承和发扬已有的优秀文化成果基础上,注重交流与借鉴,不固步自封,不墨守成规,博采众长、兴利抑弊,孕育新观念、新思想,成为技术创新系统的精神保障和智力支持。

其次,由于创新活动日益复杂,技术创新系统越来越显现出复杂的网络状结构。正如前文所述,创新是不同主体和机构间的复杂的相互作用的结果。技术变革并不以一个完美的线性方式出现,而是系统内部各要素之间的互相作用和反馈的结果。技术创新系统的整体功能不仅依赖于系统部门的创新功能,更依赖于部门间的密切合作、同心协力。这种协作不仅要靠制度和管理来保障,从更深层次的机制来说,要使这种协作自觉、持久,必须发挥文化环境的作用。同时,随着科学技术迅速发展,技术创新越来越趋向于合作创新,它强调不同企业间以及企业与其他机构之间的坦诚合作,达到优势互补,这愈发需要塑造以提倡团结协作、密切配合、共同努力、发挥集体智慧为特征的群体文化环境。它赋予创新者健全的人格与强大的精神动力,是解决技术创新系统和国家创新系统失效问题的关键所在。如果创新者思想观念与意识保守、交流与协调不畅,就会妨碍企业内部、企业之间、企业与其他机构间的相互联系与协作,使创新系统处于低效状态。

再次,当企业技术创新系统与环境进行物质、能量和信息的交换时,内部某个参量在与环境相互作用的过程中,达到一定临界时,系统某一点的微小涨落就会通过系统放大机制而成为巨大涨落,从而为创新系统的进化提供了可能。涨落是有序之源,没有涨落的系统是无法由平衡态进入非平衡态而实现系统向更高层次进化的。技术创新行为导致企业不断打破自身平衡,不断寻求偏离平衡态的机会,通过这种涨落促使技术创新系统进化。因此,技术创新行为就是系统涨落的诱发动力,它的贡献就在于推动了系统的涨落。然而,涨落的产生是系统与环境共同孕育和相互选择的结果。企业技术创新系统的运行产生"涨落"所要求的"偏离"、"突破"成为创新系统的核心思维方式,与其相适应的文化环境的突出特征就是力求促使"涨落"因子不断涌现。

根据 1980 年霍夫斯特的文化四维度的分析,下面对美国、日本和中国三国文化对技术创新影响做一个比较:

表 6-1　　美国、日本和中国三国文化对技术创新的影响

文化参数	美国	日本	中国
权力差距	鼓励各种试图清除权力差距的创新活动	等级森严,权力的拥有不会因创新成功而太大改变	拥有高权力才有力量推动创新,创新阻力大
个人主义和集体主义	个人创新活动强,但协作性不强	强调集体合作,个人创新必须融于集体之中	强调合作精神,个人思维难以为集体容纳
不确定性回避	勇于面对不确定性,鼓励向风险挑战	在风险面前不盲动,但条件成熟时不放松机会	尽力回避风险,提倡循序渐进
阴柔与阳刚	崇尚竞争和个人价值的追求刺激着创新,但缺乏协调,对创新不利	刚性极强,虽然创新时必不可少,但常对创新起消极作用	强调社会关系和谐融洽,但过分慎重的创新选择有时会抑制创新

资料来源:盛亚、吴建中:《论企业制度创新、技术创新和文化创新》,《科技进步与对策》1998 年 5 月。

通过比较,我们从中可以清晰地看到文化环境对技术创新的现实作用。消除严格的等级差距,鼓励向风险和不确定性挑战,合理地处理个人创新精神和集体协作精神的关系,保持人们对个人价值、个人成就的正确选择观,将有助于创新行为的产生。具备这样特征的文化是诱发技术创新的最佳文化环境。每个国家的文化都具备上述某些特征,不能一概肯定或否定。但是应该承认,美国、日本、中国三国的文化对技术创新的有利影响是依次递减的。20世纪90年代以来,美国经济持续增长,技术创新层出不穷,而日本等国技术创新发展的后劲不足。在中国,技术创新还只是刚刚兴起,这虽然不能完全归结为文化环境的作用,但这种影响肯定是巨大的,并且有着广泛和深远的影响。

四、构建我国的创新文化环境

由以上论述可以看出,文化中的创新精神是促进一个民族兴旺发达的根本动力,它对于一个民族的生存和发展有着重大的影响。中华民族有着悠久的历史,灿烂文明绵延五千多年而不衰竭,创造了丰厚的精神财富,对人类文明的发展做出了巨大的贡献。中华民族在长期实践中所形成与发展起来的开拓进取、勇于创新、自强不息的民族精神,是中华文明存在与发展的根本原因之一,是中华民族生存和发展的根本动力。

(一) 我国传统文化中的创新精神

1. 积极进取,自强不息

积极进取、自强不息是中华民族的优良传统。这种精神激励着一代又一代的优秀儿女为中华民族的繁荣昌盛而不懈奋斗。它要求人们自强不息、自立自强,同时也勉励人们不断改革图强。《易传》中讲:"天行健,君子以自强不息。"又说:"通其变,使民不倦;神而化之,使民宜之;易,穷则变,变则通,通则久。"自强不息是一种永不满足、不断积极向上的人生观。

2. 重视整体思维,讲究综合创新

重视整体思维，是中国传统文化的重要特征。在古代，人们很早就提出了含有朴素辩证法的自然观。这些关于万物生成的自然观中就蕴含着整体观点。其后，这种整体思维方式得到进一步发展。《老子》一书中用有与无、一与二、阴与阳的对立统一关系来表述自然界，宋代周敦颐的"太极图"和邵雍的"先天图"提出了描述世界本体及其形成和发展的整体图式。整体思维在我国古代工程、建筑、医疗、艺术等实践中，也有充分体现。战国时建造的都江堰、秦朝的骊山陵墓、汉代的上林苑、明清故宫以及长城、大运河等巨大工程，其策划、构思、设计和施工都体现了重视整体思维、勇于创新的精神和气魄。

3．孜孜不倦、勇于创新

勤学苦读是中华文化的优良传统。孔子有"学而不厌"、"其为人也，发愤忘食，乐以忘忧，不知老之将至"等名言。勤学是创新的基础，只有学好才能后用，才能创新。古人用存疑来促进学术进步。学则须疑，疑则有进。孟子曰："尽信《书》，则不如无《书》。"墨子主张读书治学要"述而且作"，他说："吾认为古之为善者则述之，今之善者则作之，欲善之者多也。"唐代韩愈认为，只要能"抒意立言，自成一家新语"，就能创新而不因循守旧。战国时代的诸子百家，在自由的学术范围中，大胆冲破旧思想的束缚，敢于探求与创新，大大促进了思想的发展①。

在中华民族的传统文化中，除了有丰富的创新精神外，还存在着一些不利于创新的因素。由于我国长期处于农业社会，主要根据自然气候来劳作，靠天吃饭，自给自足的思想应运而生。加之封建统治者实施专制统治，遏制思想自由，阻碍了新思想的发展。同时，起始于隋代的科举制度，使绝大部分知识分子都倾向于钻研经学，其他学科如天文、地理、算术等都得不到发扬光大，限制了科学

---

① 冯之浚：《国家创新系统研究纲要》，山东教育出版社 2000 年版。

和技术的发展。这些因素反映到文化中,造成了我国传统文化中有严重的保守倾向。孔子说:"乐知天命",董仲舒提出"天不变,道亦不变"、"祖宗之法不可改"的观念影响深远,成为绝大多数人的行动准则。长期占据统治思想的儒学,强调区分贵贱,维护等级尊严。封建君主利用这种思想来宣言忠君,唯命是从,不利于新思想的产生与发展;此外,中华文化多强调继承,对创新提倡得不够。崇尚继承传统而不提倡创新的保守观念,对于发扬人们的创造性思维是不利的。最后,中国传统文化中以猜测和思辨为主的整体思维对于通过科学实验、分析和符号表达来解剖自然界,这对把握真理是一个巨大的障碍,它使得人们对自然现象的认识只能停留在直观猜测、经验和技巧摸索的水平,使近代科学失去了产生、发展的土壤,而科学是技术和创新的基础,因而也就使创新失去了持久性。

(二) 重构我国的创新文化

我国技术创新的发展,要求培育符合时代精神的创新文化环境。当代经济、科技、社会、文化的发展愈来愈紧密,文化的创新是我国社会主义建设的一个重要方面。

第一,高度文明的文化环境成为现代企业实现技术创新的必要条件。技术创新系统的进化内在地要求有相应的文化环境与其适应,文化环境对技术创新系统的深刻影响,促进技术创新系统的发展。同时,技术创新系统的进化也激励了文化的发展。因此,技术创新系统与其文化环境的密切关系内在地要求实现技术创新系统与文化环境的一体化发展。

第二,努力营造创新氛围,在全社会鼓励和提倡创新。实践证明,在僵化、封闭、束缚个人智慧、压抑个人潜能的文化环境中,创新精神难以得到提高和发挥。只有在一个活跃、开放、有强大激励机制的文化环境中,人们的创新潜能才能得到发挥和提高。在知识经济时代,知识总量猛增,更新周期加速,科学技术迅猛发展,我们必须营造出有利于创新的文化氛围,坚持批判社会上那些守旧、害怕变革、嫉妒、压制甚至摧残创新的观念和恶习,在全社会鼓励和提倡创新,只有这样才能促进科学、技术、文化等方面的创新深入开展,只有这样才能适应越来越激烈的国际竞争。

第三,加强教育功能,发挥教育的导向作用。创新的关键是人才,人才的关键在教育。教育机构要为创新人才的培养发挥基础作用。提高文化素质和精神素养是教育能力的重要内涵,创新人才的关键是要具有创新能力,即具有捕获信息和敏感度、开拓进取、勇于承担风险的能力。因此重视和改进教育与培训,形成有利于技术创新进化的,即可开放的、协调合作的、充满竞争的创新文化环境,是增强我国企业持续创新力和竞争力的战略之举。

第四,丰富和完善有利于培育创新文化氛围的制度、政策和法律体系,营造适合于技术创新的大环境。对于技术创新行为和技术创新系统进化有促进作用的文化因素应该得到保护和弘扬,反之就应该得到抑制,使创新文化环境建设在制度和法律方面得到根本保障。世界各国和地区先后出台的创新政策,都制定了促进创新文化发展、鼓励创新活动的相关措施,对技术创新活动起到了重要的支持作用。这是值得我们借鉴的。

参考文献

中文文献

1. 阿兰·斯密德：《制度与行为经济学》，中国人民大学出版社 2005 年版。

2. 艾森克、M.T.基恩：《认知心理学》第 4 版，华东师范大学出版社 2003 年版。

3. 安布罗西尼：《企业赢得持续竞争优势的源泉》，詹正茂等译，经济管理出版社 2005 年版。

4. 贝克尔：《人类行为的经济分析》，上海三联书店 1995 年版。

5. 彼得·圣吉：《第五项修炼》，上海三联书店 1998 年版。

6. 波兰尼：《个人知识》，许泽民译，贵州人民出版社 2000 年版。

7. 波普尔：《开放社会及其敌人》，郑一明译，中国社会科学出版社 1999 年版。

8. 波普尔：《走向进化的知识论》，李本正等译，中国美术学院出版社，2001。

9. 陈伟：《创新管理》，科学出版社 1996 年版。

10. 陈欣、和金生：《个人知识与组织知识相互转化的机理与机制》，《中国地质大学学报（社会科学版）》2004 年第 3 期。

11. 陈英和：《认知发展心理学》，浙江人民出版社 1996 年版。

12. 戴维·玻姆：《论创造力》，上海科学技术出版社 2001 年版。

13. 党兴华、李莉:《技术创新合作中基于知识位势的知识创造模型研究》,《中国软科学》2005 年第 11 期。

14. 道格拉斯·C.诺斯:《经济学和认知科学》,北京大学学报(哲学社会科学版)2004 年第 6 期。

15. 笛德等:《创新管理:技术变革、市场变革和组织变革的整合》,金马工作室译,清华大学出版社 2004 年版。

16. 丁华仙:《论企业家创新的认知模式》,《江苏市场经济》2001 年第 3 期。

17. 董静:《企业创新的制度设计》,上海财经大学出版社 2004 年版。

18. 杜月升:《个人知识的增进与市场经济的演化》,中国经济出版社 2004 年版。

19. 多西、C.弗里曼等:《技术进步与经济理论》,经济科学出版社 1992 年版。

20. 方统法:《组织设计的知识基础论》,复旦大学出版社 2004 年版。

21. 冯晓莉:《我国企业技术创新动力机制研究》,西北大学[博士学位论文],2005。

22. 弗罗门:《经济演化——探究新制度经济学的理论基础》,李振明等译,经济科学出版社 2003 年版。

23. 福布斯、韦尔德:《从追随着到领先者:管理新兴工业经济的技术创新》,高等教育出版社 2005 年版。

24. 福尔迈:《进化认识论》,武汉大学出版社 1994 年版。

25. 傅家骥:《技术创新——中国企业发展之路》,企业管理出版社 1992 年版。

26. 傅家骥:《技术创新学》,清华大学出版社 1998 年版。

27. 傅世侠、罗玲玲:《科学创造方法论》,中国经济出版社 2000 年版。

28. 郭丽峰、刘彦:《运用政府采购促进高新技术产业自主知识产权发展》,《中国科技产业》2004 年第 7 期。

29. 哈耶克:《致命的自负》,冯克利等译,中国社会科学出版社 2000 年版。

30. 哈耶克:《个人主义与经济秩序》,邓正来译,三联书店 2003 年版。

31. 哈耶克:《科学的反革命——理性滥用研究》,冯克利等译,译林出版社 2003 年版。

32. 何克抗:《创造性思维理论一 DC 模型的建构与论证》,北京师范大学出版社 2000 年版。

33. 赫伯特·西蒙:《西蒙选集》,黄涛译,首都经济贸易大学出版社 2002 年版。

34. 赫伯特·西蒙:《人类的认知:思维的信息加工理论》,荆其诚译,科学出版社 1986 年版。

35. 赫伯特·西蒙:《管理行为》,詹正茂译,机械工业出版社 2004 年版。

36. 贾根良:《演化经济学——经济学革命的策源地》,山西人民出版社 2004 年版。

37. 姜劲、徐学军:《技术创新的路径依赖与路径创造研究》,《科研管理》2006 年第 3 期。

38. 柯武刚、史漫飞:《制度经济学:社会秩序与公共政策》,商务印书馆 2003 年版。

39. 科鲁夫:《知识创新:价值的源泉》,北乔译,经济管理出版社 2002 年版。

40. 克拉克:《经济理性:个人学习与外部结构的互动.新制度经济学前沿》,德勒巴尔等主编、张宇燕等译,经济科学出版社 2003 年版。

41. 克劳奈维根:《交易成本经济学及其超越》,朱舟、黄瑞虹译,上海财经大学出版社 2002 年版。

42. 克瑞斯提诺·安东内利:《创新经济学新技术与结构变迁》,刘刚等译,高等教育出版社 2006 年版。

43. 李弘毅:《波兰尼意会理论的深层内涵及其意义》,《南京社会科学》1997 年第 106 期。

44. 李琳、李一智:《产业集群中的知识流动与创新机制研究述评》,西北民族大学学报(哲学社会科学版)2005(2)。

45. 李龙一:《技术创新与企业组织结构》,《科技进步与对策》,2001 年第 3 期。

46. 李平、陈向、张志林:《科学·认知·意识:哲学与认知科学国际研讨会文集》,江西人民出版社 2004 年版。

47. 李兆右:《技术创新论:哲学视野中的技术创新》,辽宁人民出版社 2004 年版。

48. 理查德·L.达夫特:《组织理论与设计精要》,李维安译,机械工业出版社 1999 年版。

49. 理查德·霍尔:《组织、结构、过程及结果》,上海财经大学出版社 2003 年版。

50. 梁宁建:《当代认知心理学》,上海教育出版社 2003 年版。

51. 梁正:《科学、技术与创新经济学》,山西人民出版社 2004 年版。

52. 林东清:《知识管理理论与务实》,电子工业出版社 2005 年版。

53. 林慧岳:《论技术创新的知识空间》,自然辩证法通讯,2002(4)。

54. 林山、黄培伦、蓝海林:《组织结构特性与组织知识创新的关系研究》,经济科学出版社 2005 年版。

55. 刘爱伦:《思维心理学》,上海教育出版社 2002 年版。

56. 刘从九:《基于技术创新的组织结构变革研究》,中国科技论坛,2003(5)。

57. 刘仲林.波兰尼:《"意会知识"结构及其心理学基础》,天津师范大学学报(社会科学版)2004 年第 2 期。

58. 柳卸林:《技术创新经济学》,中国经济出版社 1993 年版。

59. 鲁若愚、银路:《企业技术管理》,高等教育出版社 2006 年版。

60. 罗伯特·索拉索:《21 世纪的心理科学与脑科学》,北京大学出版社 2002 年版。

61. 罗亚非、李敦响:《企业内部技术创新激励机制的研究》,科技管理研究,2005(11)。

62. 罗艺力:《政州采购与中小企业发展探析》.生产力研究,2003(5)。

63. 马克斯·H.博伊索特:《知识资产——在信息经济中赢得竞争优势》,张群、陈北译,上海人民出版社 2005 年版。

64. 马克斯·H.布瓦索:《信息空间——认识组织、制度和文化的一种框架》,王寅通译,上海译文出版社 2000 年版。

65. 迈诺尔夫·迪尔克斯等:《组织学习与知识创新》,上海人民出版社 2001 年版。

66. 纳尔逊与温特:《经济变迁的演化理论》,胡世凯译,商务印书馆 1997 年版。

67. 奈德·赫曼:《全脑优势》,宋伟航译,中国人民大学出版社 2005 年版。

68. 尼科·斯特尔:《知识社会》,上海译文出版社 1998 年版。

69. 欧文·拉兹洛:《系统、结构和经验》,李创同译,上海译文出版社 1997 年版。

70. 欧文·拉兹洛:《系统哲学引论:一种当代思想的新范式》,钱兆华等译.商务印书馆 1998 年版。

71. 帕普克编:《知识、自由与秩序——哈耶克思想论集》,中国社会科学出版社 2001 年版。

72. 彭纪生:《中国技术协同创新论》,中国经济出版社 2000 年版。

73. 皮亚杰:《发生认识论原理》,王宪钿等译,商务印书馆 1997 年版。

74. 奇凯芩特米哈伊:《创造性:发现和发明的心理学》,夏镇平译,上海译文出版社 2001 年版。

75. 钱德勒等:《透视动态企业:技术、战略、组织和区域的作用》,吴晓波、耿帅译,机械工业出版社 2005 年版。

76. 秦海:《制度、演化与路径依赖——制度分析综合的理论尝试》,中国财政经济出版社 2004 年版。

77. 秦世亮、万威武、朱莉欣:《个人知识和企业知识创造》,《研究与发展管理》,2004 第 1 期。

78. 青木昌颜:《比较制度分析》,周黎安译,上海远东出版社 2001 年版。

79. 青木昌颜、奥野正宽:《经济体制的比较制度分析》,中国发展出版社 1999 年版。

80. 卿志琼:《有限理性、心智成本与经济秩序》,经济科学出版社 2006 年版。

81. 饶育蕾:《行为金融学》,复旦大学出版社 2005 年版。

82. 沈木珠、徐升权:《促进技术创新的政府采购政策研究》,中国政府采购,2006(1)。

83. 盛亚:《企业创新管理》,浙江大学出版社 2005 年版。

84. 盛亚、吴建中:《论企业制度创新、技术创新和文化创新》,科技进步与对策.1998(5)。

85. 史忠植:《智能主体及其应用》,科学出版社 2000 年版。

86. 斯滕伯格:《认知心理学》,杨炳钧等译,中国轻工业出版社 2005 年版。

87. 宋清华:《哈耶克有限理性论的认识论基础》,电子科技大学学报社科版,2005(3)。

88. 孙冰:《企业技术创新动力研究》,(博士学位论文),哈尔滨工程大学2003年版。

89. 唐绪兵、钟叶娇:《论我国技术创新的金融支持》,财经理论与实践,2005(137)。

90. 汪丁丁:《在经济学与哲学之间》,中国社会科学出版社1996年版。

91. 汪丁丁:《记住未来:经济学家的知识社会学》,社会科学文献出版社2001年版。

92. 汪丁丁:《制度分析基础讲义Ⅰ》,上海人民出版社2005年版。

93. 汪丁丁:《制度分析基础讲义Ⅱ》,上海人民出版社2005年版。

94. 汪丁丁:《观念创新与符号交往的经济学》,社会学研究,2001(1)。

95. 汪丁丁:《人际交往、观念创新与研发风险》,当代经济科学,2003(4)。

96. 汪丁丁:《行为、意义与经济学》,经济研究,2003(9)。

97. 汪丁丁:《语言的经济学分析》,社会学研究,2001(6)。

98. 汪丁丁:《知识沿时间和空间的互补性以及相关的经济学》,经济研究,1997(6)。

99. 汪丁丁:《注意力的经济学描述》,经济研究,2000(10)。

100. 王国顺等:《企业理论:能力理论》,中国经济出版社2006年版。

101. 王苏、汪安圣:《认知心理学》,北京大学出版社2004年版。

102. 王雪苓:《当代技术创新的经济分析——基于信息及其

技术视角的宏观分析》,西南财经大学出版社 2005 年版。

103. 威尔逊:《论契合——知识的统合》,田　译,三联书店 2002 年版。

104. 韦森:《经济学与哲学:制度分析的哲学基础》,上海人民出版社 2005 年版。

105. 维娜·艾莉:《知识的进化》,珠海出版社 1998 年版。

106. 维特根斯坦:《哲学研究》,商务印书馆 2005 年版。

107. 维托德·瓦斯尼基:《知识、创新和经济》,仲继银、胡春译,江西教育出版社 1999 年版。

108. 吴敬琏:《比较(5)》,中信出版社 2003 年版。

109. 吴永忠、关士续:《技术创新系统建构观:背景及其涵义》,自然辩证法通讯,2002(5)。

110. 吴永忠:《科学、技术与经济之间关系的再认识——基于创新理论发展的哲学思考》,北方论丛,1999(4)。

111. 希林:《技术创新的战略管理》,谢伟等译,清华大学出版社 2005 年版。

112. 夏保华:《技术创新哲学研究》,中国社会科学出版社 2004 年版。

113. 肖力维:《组织学习模型的研究》,(硕士论文),华东师范大学 2003 年版。

114. 熊哲宏:《认知科学导论》,华中师范大学出版社 2002 年版。

115. 薛求知等:《行为经济学——理论与实践》,复旦大学出版 2003 年版。

116. 杨小凯:《不完全信息与有限理性》,《开放时代》2002 年第 3 期。

117. 尹绍清、李舜:《现代认知心理学的知识观评述》,《楚雄师专学报》2001 年第 2 期。

118. 余光胜：《企业发展的知识分析》，上海财经出版社 2000
     年版。

119. 俞国良：《创造力心理学》，浙江人民出版社 1996 年版。

120. 俞胜、洪晓楠：《论波兰尼的科学与技术划界观》，自然辩
     证法研究，2003(4)。

121. 郁义鸿：《知识管理与组织创新》，复旦大学出版社 2001
     年版。

122. 袁庆明：《技术创新的制度结构分析》，经济管理出版社
     2003 年版。

123. 约翰·福斯特、梅特卡夫：《演化经济学前沿：竞争、自组
     织与创新政策》，贾根良等译，高等教育出版社 2005 年
     版。

124. 约翰·齐曼：《技术创新进化论》，孙喜杰等译，上海科技
     教育出版社 2002 年版。

125. 约瑟夫·熊彼特：《经济发展理论》，商务印书馆 1997 年
     版。

126. 詹森、麦克林：《特定知识、通用知识和组织结构》，《知识
     管理与组织设计》，珠海出版社 1998 年版。

127. 张德政、阿孜古丽：《创新理论与实现技术：企业技术创
     新与组织创新的利器》，冶金工业出版社 2005 年版。

128. 张钢：《企业组织网络化发展》，浙江大学出版社 2005 年
     版。

129. 张雷：《注意力经济学》，浙江大学出版社 2002 年版。

130. 张茉楠、李汉铃：《基于认知资源观的企业家创造性决策
     研究》，《中国软科学》2005 年第 8 期。

131. 张义帧：《西蒙的"有限理性"有限理论》，《中共福建省委
     党校学报》2000 年第 8 期。

132. 张芸:《对创造性思维的探索》,(硕士论文),中央民族大学2004年版。

133. 章华:《认知模式与制度创新》,《浙江社会科学》2003年第5期。

134. 章华:《认知模式与制度演化分析》,《浙江社会科学》2005年第4期。

135. 章华:《制度演化分析的两种范式比较——新制度经济学与演化经济学评析》,经济学家》2005年第5期。

136. 章华:《嵌入性与制度演化》,(博士学位论文),浙江大学2002年版。

137. 赵南元:《认知科学揭秘》,清华大学出版社2002年版。

138. 赵玉林:《创新经济学》,中国经济出版社2006年版。

139. 周其仁:《真实世界的经济学》,中国发展出版社2002年版。

140. 周业安、赖步连:《认知、学习和制度研究——新制度经济学的困境和发展》,《中国人民大学学报》2005年第1期。

141. 朱宪辰、黄凯南:《基于生物学基础行为假设与共同知识演化分析》,《制度经济学研究》2004年第4期。

142. 朱宪辰:《一个基于个体基本假定的共同知识考察框架》,《东岳论丛》2005年第2期。

143. 竹内弘高、野中郁次郎:《知识创造的螺旋:知识管理理论与案例研究》,李盟译,知识产权出版社2005年版。

英文文献

1. Anderson, Philip and Michael L. Tushman. Technological Discontinuities and DominantDesigns: A Cyclical Model of Technological Change. Administrative Science Quarterly, 1990, 35:604 - 633.

2. Arrow, Kenneth Joseph. *The Limits of Organization*. New York: Norton, 1974.

3. Arthur J. Robson. Evolution and Human Nature. Journal of Economic Perspectives—Volume16, Number2—Spring 2002.

4. Arthur B. Competing Technologies: an Overview. pp. 590 – 607 in *Technical Changeand Economic Theory*, edited by G. Dosi, C. Freeman, R. Nelson, G. Silverberg, and L. Soete. London: Pinter. 1988.

5. Axelrod, Robert M. *Structure of Decision: the Cognitive Maps of Political Elites*. *Princeton*, N. J.: Princeton University Press. 1976.

6. Baron, Robert. Cognitive Mechanisms in Entrepreneurship: Why and When Entrepreneurs Think Differently Than Other People. Journal of Bussiness Venturing, Volume: 13. Issue: 4, July, 1998, pp. 294 – 303.

7. Bertin Martens. The Cognitive Mechanics of Economic Development and Institutional Change, London and New York: Routledge, 2004.

8. Bijker, Wiebe E. The Social Construction of Bakelite: Toward a Theory of Invention. pp. 159 – 189 in *The Social Construction of Technological Systems*, Edited by W. E. Bijker andT. J. Pinch. Cambridge, Mass.: MIT Press. 1987.

9. Bijker, Wiebe E., Thomas Parke Hughes, and T. J. Pinch. *The Social Construction Oftechnological Systems: new Directions in the Sociology and History of Technology*. Cambridge, Mass.: MIT Press, 1987.

10. Cohen M. D., Sproull, L. S. (eds.) Organizational Learning. CA: Sage, Thousand Oaks, 1996.

11. Cohen W. M. Levinthal, D. A. Where are the Theories for the "New" Organization Forms? An Editorial Essay. *Organization Science*, 1992, 4 (4): i − vi.

12. Cohen W. M., Bacdayan, P. Organizational Routines as Stored Procedural Memory: Evidence From a Laboratory Study. *Organization Science*, 1994, 5(4):554 − 569.

13. Cohen W. M., Levinthal, D. A. Absorptive capacity: A new Perspective on Learning and Innovation. *Administrative Science Quarterly*, 1990, 35:128 − 152.

14. Daft R. L. Organization Theory and Design, 5th ed. West Publishing Company, St. Paul, MN. 1995.

15. Damanpour. Organizational Innovation: A Meta − analysis of Effects of Determinannts and Moderators. Academy of Management Journal, 1991, 34(3):555 − 590.

16. Dosi, Giovanni. Technological Paradigms and Technological Trajectories: A SuggestedInterpretation of the Determinants and Directions of Technical Change. Research Policy, 1982, (11):147 − 162.

17. Freeman, Christopher and Luc Soete. *The Economics of Industrial Innovation*. London: Pinter. 1997.

18. Garud R. and P. Karnoe. Path creation as a process of mindful deviation. pp. 1 − 28 in *Path Dependence and Creation*, Edited by R. Garud and P. Karnoe. Mahwah, N. J. : Lawrence Erlbaum. 2001

19. Garud, Raghu and Michael A. Rappa. A Cocio − cognitive Model of Technology Evolution: The Case of Cochlear Im-

plants. Organization Science, 1994, 5:344 – 362.

20. Garud, Raghu and Peter Karnoe. Bricolage Versus Breakthrough: Distributed and Mbedded Agency in Technology Entrepreneurship. pp. 277 – 300 in *Research Policy*. Amsterdam. 2003.

21. Gopalakrishnan, F. Damanpour. A Review of Innovation Research in Economics, *Sociology and Technology Management*. Omega, 1997, Vol. 25, No. 1:15 – 28.

22. Grant R. M. The Resource – based Theory of Competitive Advantage: Implications for Strategy Formulation. *California Management Review*, 1991, 33:114 – 135.

23. Grant R. M. Prospering in Dynamically – competitive Environments: Organizational Capability as Knowledge Integration. Organization Science, 1996, 7(4):375 – 387.

24. Grant, R. M. Toward a Knowledge – Based Theory of the Firm. Strategic Management Iournal, 1996, 17: 109 – 122.

25. Hayek. The Sensory Order: An Inquiry into the Foundations of Theoretical Psychology. Chicago: University of Chicago Press, 1952, pp. 16 – 17.

26. Hedlund Gunnar. A Model of Knowledge Management and the N – Form Corporation. Strategy Management Journal, 1994, 15: 73 – 90.

27. Henderson, Rebecca M. and Kim B. Clark. Architectural Innovation: The Reconfiguration of Existing Product Technologies and the Failure of Established Firms. Administrative Science Quarterly, 1990, 35: 829 – 830.

28. Henderson, Rebecca. Of life Cycles Real and Imaginary:

The Unexpectedly Long Old Age of Optical Lithography. *Research Policy*, 1995, 24:631 – 643.

29. Hippel E., The Sources of Innovation. Oxford Univ. Press, Oxford. Wigner, E., 1960. The Unreasonable Effectiveness of Mathematics in the Natural Sciences. Communications in Pure and Applied Mathematics, 1988, 13: 222 – 337.

30. Hippel, Eric and Ralph Katz. Shifting Innovation to Users via Toolkits. pp. 821 – 833 in Management Science. Linthicum. 2002.

31. Hippel, Eric. Lead Users: A Source of Novel Product Concepts. *Management Science*, 1986, 32:791.

32. Huff, Anne Sigismund, James Oran Huff, and Pamela S. Barr. *When firms change direction*. Oxford [England]: New York: Oxford University Press. 2000.

33. Huff, Anne Sigismund. Mapping Strategic Thought. pp. 11 – 49 in *Mapping Strategic Thought*, Edited by A. S. Huff. Chichester, New York: John Wiley and Sons. 1990.

34. Hutchins, Edwin. *Cognition in the Wild*. Cambridge, Mass.: MIT Press. 1995.

35. Jacky Swan. Using Cognitive Mapping in Management Research: Decisions about Technical Innovation. British Journal of Management, 1997, Vol. 8, 183 – 198.

36. John Conlisk. Why Bounded Rationality?. Journal of Economic Literature Vol. XXXIV (June 1996):669 – 700.

37. Kahneman & Tversky. On the Psychology of Prediction. Psychological Review, 1973, 80: 237 – 251.

38. Kahneman, Daniel, Paul Slovic, and Amos Tversky. Judgment Under Uncertainty: Heuristics and Biases: Cambridge University Press. 1994.

39. Kaplan, Sarah, Fiona Murray, and Rebecca M. Henderson. Discontinuities and Senior Management: Assessing the Role of Recognition in Pharmaceutical Firm Response to Biotechnology. *Industrial and Corporate Change*, 2003, 12:185 – 233.

40. Koufteros XA, Vonderembse Ma. The Impaction of Organizational Structure on the Level of JIT Attainment: Towards the Theory Development. Int. J. Prod. Res, 1998, 10:2863 – 2878.

41. Krogh, Georg and Johan Roos. A tale of the unfinished. *Strategic Management Journal*, 1996, 17:729 – 737.

42. Levinthal, Daniel A and James G March. . The myopia of learning. *Strategic Management Journal*, 1993, 14:95.

43. Levitt, Barbara and James G. March. Organizational learning. pp. 516 – 540, (Originally appear in Annual Review of Sociology, Vol. 14, 1988) in *Organization-allearning*, edited by M. D. Cohen and L. Sproull. Thousand Oaks: Sage Publications. 1988/1996.

44. Nelson, Richard R. and Sidney G. Winter. In Search of a Useful Theory of Innovation. *Research Policy*, 1977, 6: 36 – 76.

45. Nicola Dimitri, Marcello Basili and Itzhak Gilboa. Cognitive Processes and Economic Behaviour, London and New York: Routledge, 2003.

46. Orlikowski, Wanda J. Using Technology and Constituting

Structures: A practice Lens Forstudying Technology in Organizations. *Organization Science*, 2000, 11: 404 – 428.

47. Orlikowski, Wanda J. and Deborah C. Gash. Technological Frames: Making Sense ofInformation Technology in Organizations. *ACM Transactions on Information Systems*, 1994, 2: 174 – 207.

48. Paul Nightingale. A Cognitive Model of Innovation. Research Policy, 1998, 27: 689 – 709.

49. Pavitt K. Sectorial Patterns of Technological Change: Towards a Taxonomy and a Theory. Research Policy, 1984, 13: 343 – 374.

50. Pavitt K. National Policies for Technical Change: Where are the Increasing Returns to Economic Research ? Proceedings of the National Academy of Science USA, 1996, 93: 12693 – 12700.

51. Penrose, Edith T. Biological Analogies in the Theory of the Firm. American Economic View, 1952, 52: 804 – 819.

52. Penrose, Edith T. Limits to the Growth and Size of Firms. American Economic Review Papers and Proceedings, 1955: 531 – 543.

53. Penrose R. The role of Asthetics in Pure and Applied Mathematical Research. . Bulletin Institute of Mathematical Applications, 1974, 78:266 – 271.

54. Penrose R. The Emperor's New Mind. Vintage, 1989.

55. Perrow C. Complex Organizations (3ed.). New York: McGraw – Hill, 1986.

56. Petroski H. To Engineer is Human: The Role of Failure in Successful Design. New York, 1985.

57. Pinch, Trevor J. Why You Go to a Piano Store to Buy a Synthesizer: Path Dependence and the Social Construction of Technology. pp.381 – 400 in *Path dependence and creation*, edited by R. Garud and P. Karnoe. Mahwah, N. J.: Lawrence Erlbaum, 2001.

58. Pinch, Trevor J. and Wiebe E. Bijker. The social Construction of Facts and Artifacts: or How the Sociology of Science and The Aociology of Technology Might Benefit Each Other. pp. 17 – 50 in *The Social Construction of Technological Systems*, Edited by W. E. Bijker andT. J. Pinch. Cambridge, Mass.: MIT Press, 1987.

59. Pinker S. The Language Instinct. Allen Lane, 1994.

60. Polanyi M. Knowing and Being. Mind N. S, 1961, 70: 458 – 470.

61. Polanyi M. The creative imagination. Chemical Engineering News, 1966, 4417:85 – 99.

62. Polanyi M. The Tacit Dimension. Kegan Paul, Routledge, London, 1967.

63. Polanyi M. Knowing and Being. Routledge, London, 1969.

64. Porac, Joseph F. Local Rationality, Global Blunders, and the Boundaries of Technological Choice: Lessons From IBM and DOS. pp. 129 – 146 in *Technological Innovation : Oversights and Foresights*, Edited by R. Garud, P. R. Nayyar, and Z. B. Shapira. Cambridge ; New York: Cambridge University Press, 1997.

65. Porac, Joseph F., Howard Thomas, and Charles Baden – Fuller. Competitive Groups as Cognitive Communities: The Case of Scottish Knitwear Manufacturers. *Journal of Management Studies*, 1989, 26:397 – 416.

66. Porac, Joseph F., Howard Thomas, and Charles Baden – Fuller. Competitive Groups as Cognitive Communities: The Case of Scottish Knitwear Manufacturers. *Journal of Management Studies*, 1989, 26:397 – 416.

67. Porac, Joseph, Howard Thomas, Fiona Wilson, Douglas Paton, and Alaina Kanfer. Rivalry and the industry model of Scottish knitwear producers. *Administrative Science Quarterly*, 1995, 40:203 – 227.

68. Rogers, Everett M. *Diffusion of innovations*. New York: Free Press, 1995.

69. Rosenberg, Nathan. The Direction of Technological Change: Inducement Mechanisms Andfocusing Devices. pp. 1 – 24 in *Economic Development and Cultural Change*. Chicago: University of Chicago Press. 1969.

70. Rosenkopf, Lori and Michael L. Tushman. The Coevolution of Community Networks Andtechnology: Lessons From the Flight Simulation Industry. *Industrial and Corporate Change*, 1998, 7:311 – 346.

71. Rosenkopf, Lori, Anca Metiu, and Varghese P. George. From the Bottom up? Technicalcommittee Activity and Alliance Formation. *Administrative Science Quarterly*, 2001, 46:748 – 772.

72. Sarah Kaplan and Mary Tripsas. Thinking About Technology: Understanding the Role of Cognition and Technical

Change. Working Paper, http://web.mit.edu/ipc/publications/pdf/03 - 007.pdf, 2003.

73. Scott W. R. Institutions and Organizations. Thousand Oaks, CA: Sage, 1995.

74. Scott W. R., Meyer, J. W. The Organization of Societal Sectors: Propositions and Early Evidence, in Powell, W. W., DiMaggio, P. ed., The New Institutionalism Organizational Malysis 108 - 140. Chicago: University of Chicago Press, 1991.

75. Simon, Herbert Alexander. *Administrative Behavior*; *a Study of Ecision - making Processes in Administrative Organization*. New York, : Macmillan Co, 1947.

76. Spender J. C The Dynamics of Individual and Organizational Knowledge. pp. 13 - 29 in *Managerial and Organizational Cognition*, Edited by C. Eden and J. - C. Spender. London: Sage Publications, 1998.

77. Spender J. C., Grant, M. Knowledge and the Firm: Overview. Strategic Management Journal, 1996, 17(VY-inter Special Issue):5 - 9.

78. Spender J. C. Competitive Advantage From Tacit Knowledge? Unpacking the Concept and Its Strategic Implications. Academy of Management Best Paper Proceedings, 1993, 37 - 41.

79. Spender J. C. Organizational Knowledge, Collective Practice and Penrose Rents. International Business Review, 1994, 3:353 - 367.

80. Spender J. C. Making Knowledge the Basis of a Dynamic Theory of t: he Firm. Strategic Management Journal,

1996, 17(Winter Special Issue):45 – 62.

81. Stewart I., Cohen, J. Why are There Simple Rules in a Complicated Universe. Futures, 1994, 266: 648 – 664.

82. Stewart I., Golubitsky, M. Fearful Symmetry. Blackwell, 1992.

83. Stewart I., Tall, D. The Foundations of Mathematics. Oxford Science Publications, 1977.

84. Taylor C. Sources of the Self. Harvard Univ. Press, Cambridge, 1989.

85. Teece D. J. Towards an Economic Theory of the Multi – Product Firm. Journal of Economic Behavior and Organization , 1982, 1:223 – 247.

86. Teece D. J. Capturing Value From Knowledge Assets. California: Management Rview, 1998, 40(3):55 – 76.

87. Teece D. J., Pisano, G. The Dynamic Capabilities of Firms:An Introduction. Industrial and Corporate Change, 1994, 3:537 – 556.

88. Teece D. J.,Pisano, G.,Shuen, A. Dynamic Capabilities and Strategic Management Strategic Management Journal, 1997, 18(7):509 – 533.

89. Teece D.J. Economics of Scope and the Scope of the Enterprise. Journal of Economic Behavior and Organization, 1980, 1: 223 – 247.

90. Teece D.J. Economic Analysis and Strategic Management. California Management Review, 1984, 26: 87 – 110.

91. Teece D.J.,Rumelt, R. P.,Dosi, G,Winter, S. G. Understanding Corporate Coherence: Theory and Evidence. Journal of Economic Behavior and Organization, 1994,

23:1 – 30.

92. Teece David J. Profiting from Technological Innovation:
    Implications for Integration, Collaboration, Licensing and
    Public Policy. Research Policy, 1986, 15:285 – 305.

93. Turro N. J. Geometric and Topological Thinking in Organ-
    ic Chemistry. Angew Chem. Int. Ed. 25, 882 – 901,
    English, 1986.

94. Tushman M. L. and L. Rosenkopf. Organizational Deter-
    minants of Technological – Change – toward a Sociology
    of Technological Evolution. *Research in Organization-
    alBehavior*, 1992, 14:311 – 347.

95. Tushman, Michal L. and David Nadler. Organizing for Inno-
    vation. *CaliforniaManagement Review*, 1986, 28:74 – 92.

96. Tushman, Michael L. and Lori Rosenkopf. Executive
    Succession, Strategic Reorientationand Performance
    Growth: A Longitudinal Study in the U. S. Cement in-
    dustry. *Management Science*, 1996, 42:939 – 963.

97. Tushman, Michael L. and Philip Anderson. 1986. "Tech-
    nological Discontinuities AndOrganizational Environ-
    ments." *Administrative Science Quarterly* 31:439 – 465.

98. Tyler, Beverly B. and H. Kevin Steensma. Evaluating
    Technological Collaborative Opportunities: A Cognitive
    Modeling Perspective. *Strategic Management Journal*,
    1995, 16:4 – 70.

99. Valerle Chanal. Methods for Studying Innovation Process-
    es: Towards a Complementarity Between Organizational
    and Cognitive Perspectives. European Journal of Economic
    and Social Systems, 1999, 13 N 1: 41 – 58.

100. Vincenti W. G. What Engineers Know and How They Know It. John Hopkins, 1990.

101. Weick, Karl E. Cartographic Myths in Organizations. pp.1 - 11 in *Mapping Strategicthought*, Edited by A. S. Huff. Chichester, New York: John Wiley and Sons, 1990.

102. Weick, Karl E. and Karlene H. Roberts. Collective Mind in Organizations: Heedfulinterrelating on Flight decks. *Administrative Science Quarterly*, 1993, 38: 357 - 381.

103. Wittgenstein L. Philosophical Investigations. Basil Blackwell, Oxford, 1953.

104. Wittgenstein L. On Certainty. Basil Blackwell, Oxford, 1969.

105. Woodward J. Industrial Organization: Theory and Practice. Oxford University Press, 1965.

后　记(一)

这篇论文成稿时,已经是春满南开园。时光匆匆,三年南开学习生活,成为我人生中最难忘的旅程。我有幸自己有在南开学习的宝贵机会,南开名师云集,人文底蕴深厚,将使我终身收益无穷。

这篇论文从选题、写作、思考以及成文的过程得到了多方面的关心和帮助。首先要得益于我的导师何自力教授的悉心指导。论文从选题到准备开题报告,再到论文的修改,何老师都倾注了大量的心血,与他的每次交谈,都使我受益匪浅。何老师在繁忙的工作之余,时时不忘从学问到做人方面对我们悉心教导,让我在以后的学习和工作中终身受用。在此,谨向恩师及师母表示深深的感激之情。

其次,还要感谢张仁德教授、贾根良教授、张彤玉教授、景维明教授、卿志琼教授的关心和教导,同时,在读博士期间,也结识了很多其他导师和其他专业的博士生,他们是张蒴荟博士,刘洪海博士,尤建设博士,林孔团博士,房贤会博士,何立胜博士,李礼博士,钟正生博士,马赞甫博士,旷文勇博士,范煜辉博士,陈德球博士,董志刚博士。他们给我的求学生活带来了无尽快乐和鼓励,在我最需要帮助和支持的时候是他们给了我信心和勇气,和他们共同度过的这三年时光让我终身难忘。在这里,还要特别感谢我的师兄卓越和师姐张珉,他们给我的论文提出了不少宝贵的意见。

再次,要感谢我的硕士导师刘长庚教授,不管是在学术上,还是在生活上。他一直对我关怀备至,对我恩重如山。在此,表示深深的感谢。

还要感谢我的师弟师妹们,没有他们的帮助,很难想象我的论

— 350 —

文能够顺利完成。博士论文是一个庞大的系统工程，仅凭我一个人的力量很难达到今天的效果。因此，我求助于众多师弟师妹们，他们的智慧给本书增添了不少色彩，在此深表感谢，他们是：陈静、尹碧波、吕志华、陈琳、邓仕燕、高联水等学友。

最后，对于一直默默地关心我，照顾我，支持我的父母，谨以此书献给他们，没有他们就没有我今天的成绩。

但无论如何，论文虽然已完稿，心理却惴惴不安，我深知自己离导师的要求差距甚远，心头总浮现一种愧对先生及诸位师长的感觉。由于初涉技术创新领域研究，时间和能力有限，论文中留下诸多缺憾，唯有留待来日努力弥补。

"路漫漫其修远兮，吾将上下而求索"。

湛　泳

2007 年 4 月于南开园

后　记(二)

博士毕业已经匆匆五年了，由于生活的琐事，论文至今才出版，论文从选题到最终定稿得到了很多人的帮助，内心一直充满感激，在这里再次表示感谢。

本书的出版得到了湖南省重点学科——湘潭大学政治经济学专业、湖南省普通高校哲学社会科学重点研究基地——湘潭大学社会主义经济理论研究中心、湖南省重点专业——国际经济与贸易、湘潭大学商学院学术丛书资助。同时，上海财经大学出版社的相关同志也为此付出了大量的劳动，在此一并表示感谢。本书也是湘潭大学博士基金课题"基于认知视角的企业技术创新研究(07jm06017)"和湖南省软科学课题"湖南省高校科技创新能力评价研究(2011ZK3174)"的阶段性成果。

由于水平有限，本书中会存在很多研究的局限性，欢迎学界同仁与读者提出宝贵意见。

湛　泳

攻读博士学位期间发表的学术论文与研究成果

一、学术论文

1. 湛泳、刘长庚:《论劳动产权的形成》,《求索》2005 年第 1 期,第 8～10 页。

2. 湛泳:《联合产权制度下的劳动产权分析》,《江汉论坛》2005 年第 8 期,第 9～12 页。

3. 湛泳、李礼:《我国劳务输出与出口贸易关系的实证研究》,《山西财经大学学报》2006 年第 3 期,第 54～57 页。

4. 湛泳:《日本金融监管的改革与变化》,《经济导刊》2006 年第 1 期,第 121～124 页。

5. 湛泳、蔡伟贤:《投资效率、消费率与我国经济持续增长》,《求索》2006 年第 10 期,第 28～30 页。

6. 湛泳、陈立荣:《劳动产权与国有企业改革》,《生产力研究》2006 年第 11 期,第 190～191 页。

7. 湛泳、李勇辉:《住房制度改革及其对我国居民收入分配影响探讨》,《探求》2005 年 02 期,第 35～37 页。

8. 张立军、湛泳:《我国金融发展与城镇居民收入差距的关系》,《财经论丛》,2005 年第 2 期,第 66～70 页。

9. 张立军、湛泳:《我国农村金融发展对城乡收入分配差距的影响》,《财经科学》2006 年第 4 期,第 53～60 页。

10. 张立军、湛泳:《金融发展与降低贫困——基于中国 1994－2004 年小额信贷的分析》,《当代经济科学》2006 年第 6 期,第 36～42 页。

11. 张立军、湛泳:《金融发展影响城乡收入差距的三大效应分析及其检验》,《数量经济技术经济研究》2006年第12期,第73~81页。

12.张立军、湛泳:《小额信贷降低贫困效应的国际经验及其启示》,《新金融》2006年第11期,第45~48页。

二、参与研究的项目

1.天津市社科项目(2003):"三个代表"重要思想与马克思主义经济学理论创新。

2.参与南开大学985项目:认知与创新经济学——一个创新视角的经济学新范式。

作者简介

湛泳,男,1976 年出生,湖南沅江人,南开大学经济学博士,湘潭大学商学院副教授,硕士生导师,湖南省技术经济与管理现代化副秘书长。1998 年获湘潭大学工学学士学位,2004 年获湘潭大学经济学硕士学位,2007 年获南开大学经济学博士学位。2013 年 5月－2013 年 11 月,在美国得克萨斯州阿灵顿分校做访问研究。已在国家核心期刊发表论文 20 多篇,多篇论文被《新华文摘》等收录或转载。主持省、部级课题 5 项。主要研究领域:收入分配、技术创新。

上接本书封底

《创新产品供应链的供应柔性和库存风险管理》(2010.5) (张以彬 著 上海交通大学博士)

《产品市场竞争与公司治理有效性理论与实证》(2010.8) (谭云清 著 上海交通大学博士)

《信息差异化模型和形成机理研究》(2010.6) (朱启红 著 上海交通大学博士)

《组织创新气氛对员工创新行为的影响过程研究》(2011.6)(刘 云 著 上海交通大学博士)

《海外子公司的网络学习——经济社会学视角》(2009.9) (王宇露 著 复旦大学博士、博士后)

《中国上市公司多元化经营实证研究》(2009.8) (潘瑞姣 著 复旦大学博士)

《产权竞争与国企改制》(2009.9) (朱亚兵 著 复旦大学博士)

《中国和平崛起背景下人民币国际化战略研究》 (张青龙 著 复旦大学博士)

《能源对中国经济增长的动态效应研究》(2010.3) (胡 斌 著 上海财经大学博士)

《个人型和社会型象征意义对品牌忠诚的作用研究》(2010.3)(侯历华 著 上海财经大学博士)

《品牌经营研究》(2011.4) (马永生 著 上海财经大学博士)

《分销渠道中窜货行为及其治理策略研究》(2012.6) (洪 明 著 上海财经大学博士)

《渠道关系治理方式对农户行为影响机理研究》(2011.1) (蔡文著 著 江西财经大学博士)

《非均衡理论下住宅市场供求机制研究》(2011.1) (王万力 著 同济大学博士)

《基于多CODP的MC生产模型及其关键问题研究》(2012.2)(王 凤 著 同济大学博士)

《生态地产的技术发展和生物化模式管理研究》(2013.7) (施 堃 著 同济大学博士)

《房地产市场有效性的理论与实证研究》(2013.6) (段 芳 著 华东师范大学博士)

《收益共享契约下供应链渠道协调研究》 (齐 源 著 东华大学博士)

《香港回归与"一国两制"的"香港模式"研究》(2009.10) (王 燕 著 中国人民大学博士)

《基于公司控制权考虑的资本结构理论研究》(2009.11) (宋晓梅 著 天津大学博士)

《信息技术创新的组织实施问题研究》(2011.7) (陈 冬 著 天津大学博士)

《基于认知演化视角的企业技术创新研究》(2014.1) (湛 泳 著 南开大学博士)

《营销人员聘用管理模拟研究》(2010.5) (刘凤霞 著 华中科技大学博士)

《房地产企业成长理论模型与实践研究》(2006.9)　　　（史立辉　著　American Liberty University 博士）

《基于信息技术的企业组织柔性构建——以虚拟企业为例》(2011.4)（原海英　著　武汉理工大学博士、上海交通大学博士后）

《企业高层管理团队人力资本与工作绩效评价研究》(2011.11)（王　卿　著　上海理工大学博士、同济大学博士后）

《中国房地产居间服务的功能及其实现机制研究》　　　（杨玉红　著　上海交通大学博士、同济大学博士后）

《可召回机制下的民航收益管理航位控制研究》(2012.6)（钟之阳　著　北京理工大学博士、同济大学博士后）

《大型工业企业供应链中创新项目的扩散管理研究》　　（王祎森　著　法国格勒布尔大学博士、同济大学博士后）

《电动汽车能量供给机制的复杂性与充电设施空间布局策略研究》（丁雪枫　著　上海理工大学博士、同济大学博士后）

《提供商的信任对于发包商合作的影响——基于在华国际服务外包企业的实证》(2013.9)（谭云清　著　上海交通大学博士、复旦大学博士后）

《"十二五"期间上海中小企业发展政策支持体系研究》(2010.12)（谈　毅　著　西安交通大学博士、清华大学博士后

杨　杰　著　上海财经大学博士）

《知识系统和电子商务中的网络理论与应用研究》(2011.3)（刘建国　著　大连理工大学博士、中国科技大学博士后

郭　强　著　大连理工大学博士）